重庆大学经济与工商管理学院
School of
Economics and Business Administration
Chongqing University

重庆大学经济管理文库

本书系四川省交通运输厅科研项目"丽攀高速公路路地共建模式与效益评价研究"的研究成果，感谢四川省交通运输厅、四川高速公路建设开发总公司、丽攀高速公路有限责任公司、攀枝花市政府的支持和协助。

丽攀高速公路
路地共建模式与效益评价研究

RESEARCH ON CO-CONSTRUCTION MODEL OF
BUILDING SIDE AND LOCAL GOVERNMENT AND BENEFIT EVALUATION OF LIPAN HIGHWAY

晏国苑 ● 著

经济管理出版社
ECONOMY & MANAGEMENT PUBLISHING HOUSE

图书在版编目（CIP）数据

丽攀高速公路路地共建模式与效益评价研究/晏国菀著.—北京：经济管理出版社，2014.8
ISBN 978-7-5096-3302-1

Ⅰ.①丽… Ⅱ.①晏… Ⅲ.①高速公路—道路建设—研究—中国 ②高速公路—交通运输企业管理—运营管理—效益评价—中国 Ⅳ.①F542.3

中国版本图书馆 CIP 数据核字（2014）第 190538 号

组稿编辑：杨雅琳
责任编辑：杨雅琳　王格格
责任印制：司东翔
责任校对：张　青

出版发行：经济管理出版社
（北京市海淀区北蜂窝 8 号中雅大厦 A 座 11 层　100038）

网　　址：	www.E-mp.com.cn
电　　话：	（010）51915602
印　　刷：	三河市延风印装厂
经　　销：	新华书店
开　　本：	720mm×1000mm/16
印　　张：	19.25
字　　数：	293 千字
版　　次：	2014 年 11 月第 1 版　2014 年 11 月第 1 次印刷
书　　号：	ISBN 978-7-5096-3302-1
定　　价：	58.00 元

·版权所有　翻印必究·
凡购本社图书，如有印装错误，由本社读者服务部负责调换。
联系地址：北京阜外月坛北小街 2 号
电话：（010）68022974　　邮编：100836

《重庆大学经济管理文库》编委会

顾　问：陈传明　徐二明　高　闯

主　编：刘　星

编　委：王　钦　冉光和　龙　勇　孟卫东　杨　俊
　　　　杜莹芬　余　菁　但　斌　罗仲伟

《重庆大学经济管理文库》出版说明

  《重庆大学经济管理文库》是重庆大学经济与工商管理学院和经济管理出版社组织出版的系列学术丛书。组织出版《重庆大学经济管理文库》，是重庆大学经济与工商管理学院进一步加强课题成果管理和学术成果出版的规范化、制度化建设的重要举措。

  近年来，重庆大学经济与工商管理学院的广大教师和科研人员在社会主义市场经济以及具有中国特色的管理理论等方面积极开展科学研究和实践探索工作，完成了大量的研究课题，推出了一批重要的研究成果，主要覆盖管理学和经济学门类的工商管理、管理科学与工程、应用经济学等学科。为了系统地总结和展示这些研究成果，从现在起，我们经过一定的评审程序，逐年从中选出一批通过各类别课题研究工作而完成的具有较高学术水平和一定代表性的著作，编入《重庆大学经济管理文库》出版。我们希望这将能够从一个侧面展示重庆大学经济与工商管理学院的科研状况和学术成就，同时，也为优秀学术成果的面世创造更好的条件。

重庆大学经济与工商管理学院

2012 年 11 月

前　言

高速公路建设涉及公众利益，是一项大规模的"系统工程"。与一般公路相比，高速公路具有更强大与便利的服务功能，但其建设所需资金巨大，建设成本和质量等级要求更高，并且在建设过程中受土地政策限制和经济规划影响极大。BOT融资模式是完成高速公路建设的一种有效方式，按惯例BOT项目由政府负责征地拆迁及办理有关文件手续、解决项目建设过程中的社会问题及严格履行合同条款中有关税收、交通管制等责任。而投资方的资金落实和到位情况是BOT项目建设的前提和基础，投资方和政府的责任与义务并存是项目成功的关键所在。降低高速公路建设管理成本、提高管理效益，需要充分调动高速公路建设投资方和地方政府的积极性，本书称之为路地共建。在路地共建过程中，高速公路建设对各方参与者尤其是与政府的协调具有极高的要求，但也导致其容易受地方利益、地方势力的影响和干扰，需要地方政府的支持。

作为基于BOT的高速公路建设项目，丽攀高速公路攀枝花段建立了新的合作方式，地方政府负责征地拆迁及其费用，并进行建设环境的协调，丽攀公司则全面负责工程施工的投资建设。本书以丽攀高速建设模式为研究基础，分析了阻碍项目建设的关键因素，包括研究路地双方效用和互动关系、规范参与各方行为达到控制风险的目的、选择和制定路地共建运行机制、优化高速公路路地共建模式，形成建设管理系统理论框架，并建立多级的路地共建效益评价指标体系。本书有较强的理论价值和现实指导意义，可优化高速公路建设管理、保障建设项目高效实施，研究构建的多级路地共建效益评价指标体系，基本上能从工程项目的各个方面反映工程的实际状况和优化管理的效果。

晏国菀

2014 年 9 月

目 录

第一章 绪论 / 001

第一节 研究背景 / 001

第二节 国内外研究概况 / 005

第三节 研究内容 / 009

第二章 丽攀模式的运营环境 / 013

第一节 丽攀高速建设模式的选择 / 013

第二节 运营环境的研究方法 / 024

第三节 丽攀高速 PEST 分析 / 028

第三章 基于丽攀模式的相关理论分析 / 051

第一节 高速公路建设中的利益冲突研究 / 051

第二节 丽攀模式中的路地行为效用研究 / 057

第三节 丽攀模式中的路地双方关系分析 / 067

第四节 丽攀模式的 SWOT 分析 / 073

第四章　丽攀模式的运行机制 / 083

　　第一节　征地拆迁管理 / 083
　　第二节　运营目标管理 / 094
　　第三节　风险管理 / 103

第五章　基于丽攀模式的地方政府职能 / 121

　　第一节　丽攀模式下的政府工作要求 / 121
　　第二节　地方政府职能定位及其工作成效 / 129
　　第三节　保证地方政府职能的措施 / 141
　　第四节　丽攀模式制度化设想 / 149

第六章　基于丽攀模式的建设企业管理 / 155

　　第一节　丽攀模式下的建设企业管理战略 / 155
　　第二节　丽攀模式下的企业组织设计 / 178
　　第三节　丽攀模式下的企业管理制度 / 184

第七章　路地共建效益评价 / 227

　　第一节　路地共建效益评价的研究思路与方法 / 227
　　第二节　构建基于层次分析法的指标体系 / 233
　　第三节　应用评价模型进行综合评价 / 247
　　第四节　基于评价体系的效益分析 / 249

第八章　丽攀模式的工作建议 / 271

　　第一节　现行丽攀模式的阻滞 / 271

第二节　政策建议 / 275

附　录 / 285

　　A. 效益评价指标权重调查问卷 / 285

　　B. 效益评价定性指标调查问卷 / 288

参考文献 / 291

后　记 / 295

第一章 绪 论

第一节 研究背景

高速公路在20世纪二三十年代出现在德国、意大利、美国等发达国家。第二次世界大战以后,由于战后重建和发展经济的需要,西方工业发达国家掀起了修建高速公路的热潮。一些发展中国家在实现现代化的过程中,也把修建高速公路作为一项重要的措施。我国高速公路起步虽晚但发展很快,目前全国的高速公路网正逐渐形成,并初步发挥整体效益,为我国经济、社会发展提供了坚实的物质基础。

自2007年12月四川省委九届四次全会提出要着力打造"一枢纽、三中心、四基地",建设贯通南北、连接东西、通江达海的西部综合交通枢纽的总体目标以来,四川交通建设已进入了新的发展阶段,发展态势由谋篇布局逐渐变为加快推进,发展要求由蓄势聚能逐渐变为强力攻坚,发展重点由做大规模逐渐变为集中建设。2010年4月,四川省委省政府制订了《四川省交通重点项目三年集中建设攻坚活动方案》,作为交通建设的行动纲领,不仅规划了四川交通发展的宏伟蓝图,更确定了2013年底全省高速公路通车超过5000公里(其中BOT项目1200公里,川高公司3800公里),建成12条高速公路进出川大通道,基本建成四川省高速公路网络主骨架的奋斗目标，明确了工作和责任体系，提出了"进度、质量、安全、投资和廉政"五大管理重点。

高速公路具有自身的技术特点和经济特性，如投资大、建设周期长、线长面广、受环境因素影响复杂以及准公共品特性、社会公益性、自然垄断性等。在我国欠发达的西部地区，由于建设资金严重短缺，国家投入远远不能满足西部地区经济建设发展的需要，地方财政也无力加大对交通建设的投入，引入BOT投融资方式能有效地解决地方政府投资的资金"瓶颈"问题。特别是与东部省市相比，四川的交通建设和营运条件较为不利，在四川建设与其他地区同样标准、同样长度的高速公路需要更多的建设工程量、投资、养护工作量以及能耗。这一现状决定了采用BOT融资模式是完成四川高速公路建设的又一有效方式，有助于改变四川基础设施建设的落后局面。

丽攀高速公路攀枝花段（以下简称"丽攀高速"）是四川省高速公路网络的重要组成部分。攀枝花市位于四川西南部的川滇交界处，是古代"南方丝绸之路"上重要的商贸物资交通枢纽，丽攀高速对补充和完善国家西南部高速公路网具有重要作用，将成为四川省西南部重要的出川大通道，对四川融入东南亚经济圈，加快拓展对外开放合作，构筑南向开放大通道，从而不断提高对外开放的水平和层次具有重要意义。丽攀高速也是攀枝花市次级枢纽的主要组成部分，该项目的建成，将极大地推动次级枢纽的建设，对后续项目的跟进有极大的推动作用。该项目穿过攀枝花市区，在不足40公里范围内设置6座互通立交，将有效缓解攀枝花市区的交通压力，同时把攀枝花市各经济组团有机联系起来，对攀枝花市的经济社会发展具有十分重要的战略意义。丽江至攀枝花市高速公路建成贯通，不仅将极大地推动省市交通枢纽的建设，有效缓解攀枝花市区的交通压力，还可以直接打通攀枝花到丽江等旅游景点的通道，是川滇两省的省际口岸，随着高速公路通行功能和服务区功能的完善，对人流物流在攀枝花的集散具有重要的牵引和拉动作用，这对攀枝花市的社会文化和经济发展都有极大的促进作用。因此，攀枝花市和四川省政府高度重视丽攀高速项目，在人力、物力、财力上都对丽攀高速项目给予了大力支持。

作为基于BOT的路地共建项目，丽攀高速项目建立了新的合作方式，由丽攀高速公路有限责任公司（以下简称"丽攀公司"）与攀枝花市政府根据《丽攀高速公路投资协议》共建。根据投资协议，攀枝花市政府筹资4亿元负责丽攀高速项目征地拆迁、补偿安置、建设施工环境及各种矛盾的协调等工作，并承担相应的征地拆迁和补偿安置费用；由四川高速公路建设开发总公司（以下简称"川高公司"）负责投资工程建设、运营、管理，30年后交还给当地政府，其组建的丽攀公司全面负责丽攀高速项目的投资、建设、运营管理及移交，即丽攀高速路地共建模式（以下简称"丽攀模式"）。攀枝花市政府与丽攀公司"路地"双方的合作，可解决攀枝花市基础设施资金短缺的问题，改善当地基础设施现状，提高地方政府服务水平，从而提高当地百姓对政府工作的满意度，使地方政府起到高速公路建设方和沿线居民沟通的桥梁作用，也有利于社会整体的稳定和谐。丽攀模式不像通常意义的路地共建模式那样，由业主单位独立承担高速公路项目的投资、融资、征地、拆迁、建设、运营与维护全过程；也不像地方政府占股的路地共建模式那样由地方政府出资征地，在项目中根据出资额占有一定股份。丽攀模式是由地方政府出资参与项目建设但不占股份，全面主导征地拆迁和施工环境保障工作，使其成为地方政府的责任（责权匹配），由此树立地方政府对路地共建的主人翁意识的模式，为项目的顺利实施给予了强力支持。

丽攀模式中，地方政府在高速公路建设过程中的作用主要体现在按时征地、及时供地，化解施工单位、监理单位以及沿线居民之间的矛盾，为施工单位营造优良的施工环境，及时解决施工过程中当地单位和居民与施工单位间存在的矛盾，确保公路施工能够顺畅进行；项目业主的主要任务是按工程进度提供建设资金，及时、规范地办理项目前期手续，时刻注意有关政策法规信息并保持和地方政府及行政主管部门的沟通，取得地方政府对项目的肯定与支持。丽攀模式很好地解决了征地拆迁过程中的矛盾，使征地拆迁的公平性得到保障、项目业主与地方政府的矛盾得到缓解，创造了攀枝花市公路建设史上最短时间交地、施工单位最短时间进场和最短时间全面开工的记录，被各级部门和领导誉为"路地共建"典范。丽攀模式使项目业主能够专注于工程的建设，减少施工阻滞，提高项目建设效率，缩短项目建设周期，从而减少项目建设的额外成本和降低不可控因素。丽攀模式在项目建设的施工环境协调方面也表现出了明显的优势，有效做到了弃渣弃土的合理堆放、严禁大药量爆破、避免夜间施工等，保持了沿线居民生产生活的便利性，最大限度地降低了施工干扰。在路地合作的过程中，为了配合当地政府维护社会稳定的宗旨，丽攀公司深入了解并及时解决沿线群众的合理诉求，会同设计、监理和施工单位进行了大量的调查研究工作，铺设施工便道、人行通道，并要求广大参建单位在施工过程中做好环境保护工作，关心沿线居民，为沿线群众办实事、办好事，这对维持攀枝花地区的社会稳定起到了积极的作用。

在丽攀模式的实践中，丽攀公司和攀枝花市各级相关职能部门的高效协同、积极努力，化解了各类矛盾，克服了高速公路穿越主城区而征地拆迁难和工程艰巨、施工条件差、技术难度大等难点，为施工单位创造了安全、良好的施工环境和条件，为建设的顺利推进提供了良好保障。丽攀高速项目最终取得了2010年完成年度投资计划115.6%，2011年完成年度投资计划106.6%的可喜成绩。2012年工程建设遭遇了前所未有的困难，仍然完成年度投资计划的101.1%，截至2012年末项目累计完成投资39.19亿元，占预算总投资（51.76亿元）的68.56%。2013年12月26日，丽攀高速公路攀枝花段按时通车。

丽攀模式作为创新的路地合作方式，在建设前期促进了建设项目管理的科学化、规范化、专业化和精细化，在保证质量、安全的前提下，加快了工程进度，控制了工程造价。但是，由于丽攀高速项目是对丽攀模式的第一次实践，工程项目的参加单位和协作单位多、工程量大、建设工期短、技术和质量要求高，在建设过程中也遇到了不少问题，影响了工程的建设进度。2012年上半年，攀枝花市政府的征地拆迁工作由于资金问题而停滞不前，五道河大桥、C1标段征地和拆迁推迟了近半年时间，特别是兰二小区比原计划推迟了一年半，对施工单位造成了严重影响（窝工损失、民工队伍不稳定），再加上施工单位内部管理不善，导致C9和C10标工期严重滞后。为此，有必要强化服务型政府和服务型业主的责任，对丽攀模式继续探索、深入研究、充分总结丽攀高速公路路地共建经验，扬长避短，发挥优势，倾力打造丽攀高速项目路地共建新典范，按原高烽厅长的要求就路地共建"丽攀模式"进行课题研究并向全省推广，实现高速公路建设管理科学、技术先进、经济合理、优质高效、安全廉洁的目标。

第二节 国内外研究概况

高速公路建设管理研究是随着高速公路的快速发展,为了更好地指导高速公路建设,更好地促进建设项目管理科学化、规范化、标准化和精细化而发展起来的,国内外的专家学者已对高速公路建设管理体制进行了一定的研究分析。

一、国外研究现状

国外高速公路建设管理模式经历了十几年甚至半个多世纪的实践,得到了不断的调整、完善,很好地促进了高速公路事业的发展。可以说,现代高速公路建设管理在发达国家已形成了比较成熟的模式。由于高速公路对各国经济和社会发展具有重要作用,许多国外专家、学者对高速公路管理体制进行了多角度的深入研究。

美国是高速公路发展最迅速、路网最发达、设施最完善的国家之一,各国专家、学者对之研究的成果比较全面和成熟。Bruce E.Seely(1988)的 Building the American Highway System[1],Gabriel Roth(2005)的 Liberating the Roads: Reforming U.S. Highway Policy[2] 以及 Kenneth A.Small(1989)的 A New Highway Pricing and Investing Policy[3] 都表明美国的高速公路管理采取由联邦政府资助地方建设,建成后交由地方管理的模式,采取的是分权式体制。联邦政府资助是美国发展高速公路的主要资金来源,但是美国部分州的融资方式也多种多样,如发行债券、发行股票、组织机构贷款、协议投资、养老基金、开发人集资、资产交

---

[1] Bruce E. Seely. Building the American Highway System [J]. Abel Wolman Award, Public Works Historical Society, 1988.

[2] Gabriel Roth. Liberating the Roads: Reforming U.S. Highway Policy [J]. Policy Analysis, No. 538. March 17, 2005.

[3] Kenneth A. Small, Clifford M. Winston, Carol A. Evans. A New Highway Pricing and Investment Policy [M]. Brookings Institution Press, 1989.

换、BOT融资方式筹集资金等。在美国，政府重视高速公路的规划与建设，制定相应政策促进高速公路的建设，城市高速公路发展迅速，同时，也重视发展周边国际高速公路网的建设。

法国在高速公路建设管理上实行特许经营制度，历史悠久，积累了丰富的经验，被世界银行称为"一种真正的法国模式"。James A. Dum. Jr（1995）在 The French Highway Lobby: A Case Study in State-Society Relations and Policymaking[①]一文中指出，法国的高速公路建设是由国家委托成立特许公司实施、政府交通部门负责指导监督的。1969年末，法国对1955年的"高速公路法"进行了修订，规定政府可向被授予高速公路特许经营权的公司提供担保。修订该法的目的是吸引更多的民间资本特别是私人资本，以加快高速公路建设。

英国主要实行国家预算拨款制来资助道路建设，建立了道路建设基金，也允许私人集资建设和管理道路，吸引非政府渠道资金的公路项目逐渐增多。融资方式除了推行BOT及其衍生形式，如DBFO（设计、建设、融资和运营）等以外，还出现了将高速公路的经营权进行有偿转让的融资方式。

德国高速公路养护和管理所需资金通过以下几种方法获得：公路使用者税收和道路通行费、上市募集融资、发行企业债券、开发建设物业设施向银行申请长期贷款等。另外，还采取多种国际性融资，如BOT（建设经营转让）、BOB（建设运营移交）或TOT（收购运营移交）。

日本1952年制定了道路建设特别措施法，建立了由国家及金融机构贷款建设公路并在开通后收取通行费偿还贷款的收费公路制度。日本高速公路的资金来源主要靠贷款和政府发行国内外建设债券、汽油税、简易保险资金等。Nishimura Hiroshi（1999）的 A Turning Point and Challenges of Highway Policy in Japan[②] 和 John A.Black 和 Peter J. Rimmer（1982）的 Japanese Highway Planning: A Western

---

① James A. Dum Jr. The French Highway Lobby: A Case Study in State-Society Relations and Policymaking [J]. Comparative Politics, Vol. 27, No. 3, Apr., 1995.

② Nishimura Hiroshi. A Turning Point and Challenges of Highway Policy in Japan [J]. Business Review, Vol.49, No.4, Page95-112（1999）.

Interpretation① 中都清楚地剖析了日本的高速公路以集股、建设、承包的形式经营管理，属于公司型管理体制。日本收费高速公路的建设和管理是以道路公团的形式组织实施的，该道路公团是由建设省监督的中央集权性质的特殊法人。

从以上学者的研究成果可以知道，各个国家针对本国的环境特征采取了各自适合的高速公路建设方式或者制定了相应法案来指导、促进高速公路建设。虽然我国环境与这些国家有很大不同，但这些研究成果对改善我国高速公路建设管理体制仍具有一定的参考价值。

二、国内研究现状

纵观我国高速公路的发展和演进，高速公路建设管理是在管理理论不足、国内尚无现成模式借鉴、相关法律法规建设滞后的情况下，在传统管理体制作用下，在实践中认知、探索的。目前不少专家学者正对我国高速公路的建设和管理进行分析和研究。

郭超、樊建强（2006）的《高速公路管理体制现状与改革》②一文中将中国高速公路管理体制的发展历程分为三个阶段：起步阶段（1988~1992 年）；探索阶段（1992 年~20 世纪 90 年代中期）；多级化阶段（20 世纪 90 年代中期），并详细地分析了各个阶段的特征。此外，该研究总结出我国高速公路建设管理体制分为"建管一体"和"建管分离"两种。提出了加强政府宏观调控、健全法制、推行企业化特许经营、实现高速公路规模效益等高速公路管理体制改革的具体思路。

何雄伟（2006）的《中外高速公路管理体制研究》③中通过对国内与欧美发达国家在高速公路管理体制方面的对比，总结出我国高速公路建设和管理的三种主要方式："一省一局"管理体制；"一体化"管理体制；"股份制"或"股份合作制"管理体制。

---

① John A. Black, Peter J. Rimmer. Japanese Highway Planning: A Western Interpretation [J]. Transportation, March 1982, Volume 11, Issue 1, Page 29–49.
② 郭超，樊建强. 高速公路管理体制现状与改革 [J]. 长安大学学报（社会科学版），2006（9）：12-16.
③ 何雄伟. 中外高速公路管理体制研究 [J]. 交通科技，2006（5）：114-116.

还有些专家对高速公路的意义进行了针对性的研究，比如熊俊杰（2005）的《高速公路：拉动经济发展的助推器》①一文，指出高速公路是一种具有特别重要政治意义和经济意义的公路。高速公路不仅能直接促进交通运输业的发展、拉动地方经济发展，同时还将极大地推动区域经济的发展。我国公路建设的相对空间比较大，在改革开放的今天，发挥高速公路的经济发展"助推器"作用任重而道远。

此外，我国部分专家学者对外国高速公路建设管理体制也进行了研究，这些经验和成果都对改进我国高速公路建设管理体制有着重要的参考价值。史子然、杨云峰（2000）的《美国的高速公路管理体制》②，介绍了美国高速公路的建设与发展、高速公路管理体制、高速公路投资与建设管理，并结合我国高速公路的实际，提出了改善建议。马睿军（2004）的《浅谈法国高速公路管理体制》③一文则从高速公路投资方式、特许经营的产生和演变，以及高速公路管理机构的角度分析法国高速公路管理体制，用于比较我国高速公路管理体制存在的不足和改革的方向。

而关于我国高速公路建设投融资的方式，学者们也提出了不少建议。贺小玉和徐海成（2005）④指出我国公路建设资金的来源主要有以下几个渠道：政府预算资金、自筹资金、银行信贷和国外资金（包括国际金融组织及外国贷款、合资、项目融资、H股、B股、合作和转让经营权等），他们还分析了民营资本进入公路建设投融资体系的重要性，提出应将民营资本纳入公路建设投融资体系。陆伟（2007）⑤则分析了公司债券的发行对解决我国公路融资问题的意义，认为发行公司债券能够帮助扩大融资渠道，改善公路投资环境，保障公路事业又好又快的发展。古尚宣（2008）⑥从规范社会资金投资高速公路建设财务政策方面进行了探讨，刘志鸿（2007）⑦认为在国家财政不足的情况下PFI（民间主动融资）

---

① 熊俊杰. 高速公路：拉动经济发展的助推器[J]. 中国社会导刊, 2005（19）.
② 史子然, 杨云峰. 美国的高速公路管理体制[J]. 国外公路, 2000, 20（1）.
③ 马睿军. 浅谈法国高速公路管理体制[J]. 公路运输文摘, 2004（9）：58-59.
④ 贺小玉, 徐海成. 对民营资本进入公路建设投融资体系的几点认识[J]. 交通企业管理, 2005（9）：23-24.
⑤ 陆伟. 浅析公司债的发行对解决我国公路融资问题的意义[J]. 交通财会, 2007（12）：14-17.
⑥ 古尚宣. 规范社会资金投资高速公路建设财务政策若干问题的探讨[J]. 交通财会, 2008（2）：8-13.
⑦ 刘志鸿. PFI在高速公路建设中的应用研究[J]. 求索, 2007（9）：35-37.

可以作为高速公路建设的融资模式之一。刘振青、解宪明和薛晓霞（2008）[①]在文中指出 BOT 融资模式已经成为基础设施建设的重要融资模式之一，具有真正意义的可持续发展，是利用民间资金建设高速公路最彻底的融资方式，其作用显而易见。王凌艳（2007）[②]指出 ABS 项目融资（以项目所属的资产为支撑的证券化融资方式，即以项目所拥有的资产为基础，以项目资产可以带来的预期收益为保证，通过在资本市场发行债券来募集资金的一种项目融资方式）可以有效地克服借用国外贷款和吸收国外直接投资等传统引进外资所带来的外债压力与产业安全问题。

随着我国高速公路的进一步发展，我们开始意识到，研究高速公路建设管理体制要与时俱进，要及时把握新情况、新问题。在与国际高速公路建设管理水平接轨的同时，应结合我国已有的研究成果，实事求是地研究我国高速公路建设管理体制。只有进一步完善我国高速公路建设管理体制，才能实质性地提高我国高速公路的建设效率，才能不断满足我国高速公路发展的需求，促进我国交通运输业的发展。

第三节　研究内容

丽攀高速是在政治和经济上具有重大意义的建设项目，丽攀模式的高速公路 BOT 建设对四川省高速公路而言是一个新生事物，它是对传统路地共建模式的创新和优化，既满足了地方政府加快推进高速公路建设的迫切要求，也迎合了项目业主寻求政府支持的利益诉求，但丽攀模式的具体实施还处于探索阶段，本书基于国内外已有的高速公路建设管理研究成果，针对丽攀高速路地共建模式进行了深入的分析、探讨，主要包括八个方面的内容，研究框架如图 1-1 所示。

---

① 刘振青，解宪明，薛晓霞. 高速公路建设项目 BOT 融资模式分析［J］. 中国高新技术企业，2008（17）：63-64.
② 王凌艳. 高速公路建设融资模式初探［J］. 交通财会，2007（6）：29-31.

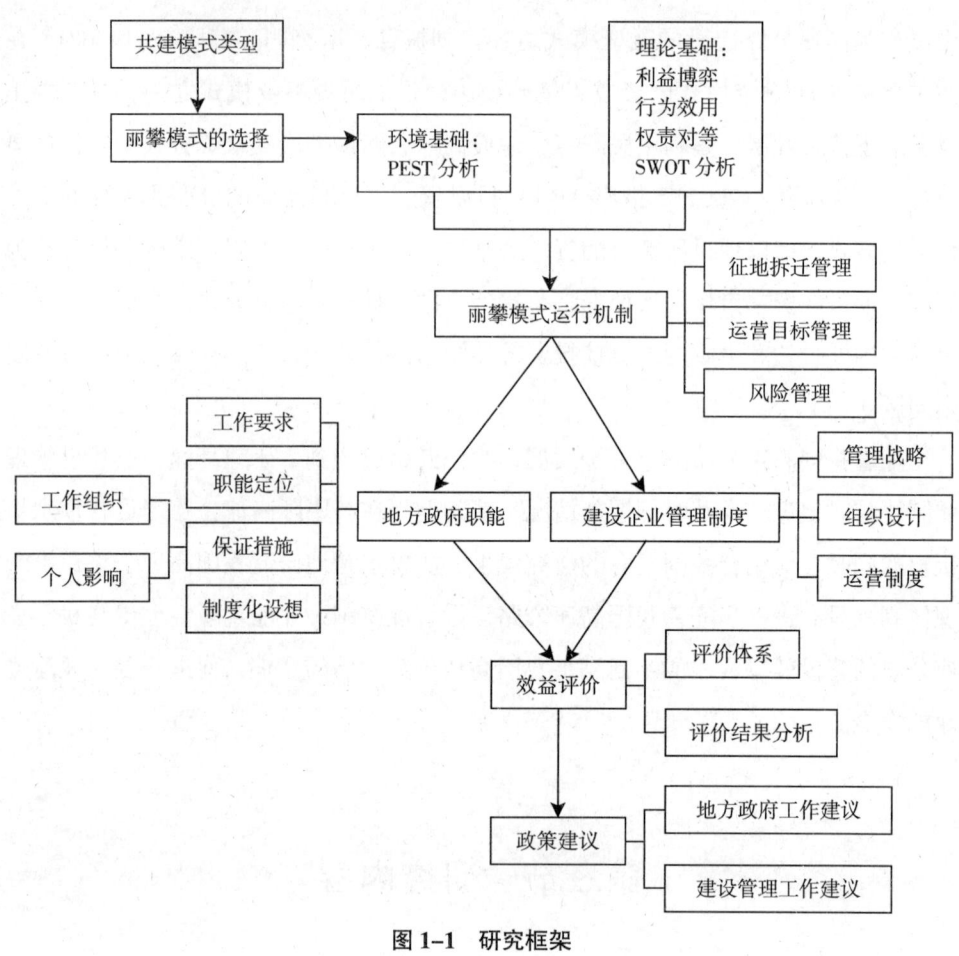

图 1-1 研究框架

第一章从本课题的研究背景、国内外研究现状出发，提出本课题的研究目的和研究框架。

第二章通过分析丽攀高速项目对建设管理模式的选择，对不同的路地共建模式进行了比较，提出丽攀模式是路地双方的最优选择。一个成功的高速公路建设管理模式必须有适宜的环境，才能最大限度地发挥优势，故本书采用PEST分析法就丽攀高速公路的政治、经济、社会文化以及技术环境方面进行详细分析，研究丽攀模式赖以生存的宏观环境。

第三章对丽攀模式的理论基础进行了探讨，从理论角度分析丽攀模式运行中参与人的行为效用、利益冲突以及责权利等。在具体研究中，结合丽攀高速公路建设的实际背景，从政府与项目业主的行为效用、利益冲突以及相应的责权利等方面对丽攀模式的路地双方行动进行了探讨，并从内外部影响因素出发对丽攀模式进行了 SWOT 分析。

适当的政治经济环境促成了丽攀模式，在第三章理论分析的基础上，第四章研究了丽攀模式的运行机制，包括征地拆迁管理、运营目标管理、风险管理，从而形成了高速公路建设管理的典型模式——丽攀模式。

丽攀模式需要路地双方按照共建要求正确定位、科学管理。第五章通过丽攀高速项目的建设实践，总结地方政府在路地共建模式中的行动及其工作内容，提出了路地共建模式中的地方政府职能定位和相应的保障措施。为使丽攀模式具有更为广泛的适用性，还进一步探讨了丽攀模式中的政府采购特征。

第六章通过调研，利用企业诊断问卷等手段，结合我国高速公路建设行业的现状和趋势，在确立建设企业管理战略与目标的基础上，进行科学合理的组织设计及各业务职能领域活动的安排，形成适宜丽攀模式的建设企业管理制度。只有建立科学、系统、适合高速公路建设行业的专业化企业管理制度，才能规范统一项目业主的各项工作，实现企业的发展战略，有利于丽攀模式的优化及推广。

第七章针对丽攀模式的实施效果，以高速公路建设效益为评价对象，基本评价内容为经济效益评价、管理效益评价、效率效益评价和社会效益评价四个方面，并以此为基础建立多级的路地共建效益评价指标体系。进一步运用层次分析法 AHP 计算各级评价指标的权重，进而进行综合评价，反映工程实际进展状况和路地共建的效果。

第八章是本书研究的最终总结，指出现行丽攀模式的阻滞，并对路地双方分别提出了相应的政策建议。

通过本书的研究，在全面把握丽攀模式实质的基础上，希望达到将此模式向全省乃至全国进行推广的目标。

第一章 丽攀模式的运营环境

丽攀高速是在政治上和经济上具有重要意义的建设项目,要使项目业主和地方政府的工作成果最好、公路建设效率最高,首先取决于适宜的管理制度和建设模式。丽攀模式在丽攀高速项目的建设中表现出了巨大的优势,但对此模式的应用也不能简单复制,需要具备相应的客观条件。为了达到对丽攀模式进行深入研究并向四川全省推广的目标,需要就其产生的背景、所处的运营环境等进行分析,以使丽攀模式在适宜的环境中发挥优势、减少阻滞。

第一节 丽攀高速建设模式的选择

一、路地共建模式研究

1. 路地共建模式的含义与作用

进行基础设施建设是一国政府的主要政府职能之一,良好的基础设施是进行开发和投资的前提条件。我国长期以来,基础设施的建设、经营全部由政府控制,存在资金短缺、建设速度慢、经营管理水平落后、效率不高等问题。改革开放以来,我国基础设施建设的经营机制按照国有企业改革的方式已经有所变化,但是基础设施投资由国家独占的守旧方式是我国基础设施增长落后于社会需求的主要原因,也是基础设施的资金需求与投资资金不足的矛盾长期不能解决的主要原因。BOT方式在基础设施建设领域是一种崭新的方式,在我国进行西部大开发,为改善西部投资环境,开展大规模基础建设的同时,发挥BOT方式的积极作用具有重要的现实意义。我国很多高速公路建设都已采用由政府授予特别权,项目业主承担项目的投资、融资、建设、经营与维护,通过向高速公路使用者收取适当的费用,来回收项目的投融资、建造、经营和维护成本并获取合理回报的模式,即BOT(Build-Operate-Transfer)模式。在协议规定的特许期限内,项目公司拥有投资建造设施的所有权,政府部门则始终拥有对该项目的监督权、调控权。在丽攀公司的母公司(川高公司),将采用BOT进行高速公路融资建设和运营的模式称为"路地共建模式",其中,"路"是指高速公路建设的项目业主,"地"是指高速公路建设地所属的地方政府。这一定义突出了高速公路项目业主和地方政府在项目建设中的重要地位。路地共建模式在高速公路建设中被广泛采用,发挥了重要的作用,与我国的经济发展是相适应的。

(1)路地共建模式减轻了政府的财政负担,提前满足了社会公众的需求

路地共建项目解决了地方财政基础设施建设资金不足的问题,吸引了外来资本,减少了政府公共借款和直接投资。地方政府采用路地共建模式进行高速公路建设,在项目业主的积极参与下,使一些急需建设而政府又暂时无力投资的基础设施项目提前建成并发挥作用,有利于全社会生产力的提高和社会公众需求的满足。

(2)路地共建模式可有效刺激社会经济发展

在社会经济效益上,路地共建项目促成了高速公路的建设,可以为大型承包公司提供更多的发展机会,有利于刺激当地经济发展和促进就业率的提高,带来技术转让、培训人才、发展资本市场等相关利益,也有助于促进地区法律制度的健全与完善。

(3)路地共建模式有利于提高项目的建设效益

路地共建模式可以从以下两方面提高项目建设的效益:首先,高速公路建设项目一般都涉及巨额资金的投入,面临项目建设周期长所带来的风险,而项目失败的最终社会损失还是会由地方政府承担,但路地共建项目由项目业主以企业形

式进行建设管理，贷款机构对项目贷款的审核会比对政府贷款更为严格，从而在最初的融资环节对项目建设增加了一重保险；其次，项目业主为了减少投资风险，获得较多的经济收益，客观上会促使其加强管理、控制造价、减少项目建设费用、缩短建设周期等。

2. 路地共建模式的类型

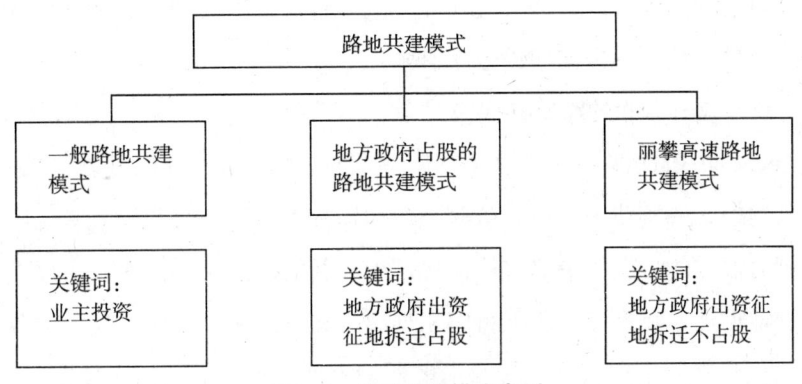

图 2-1　路地共建模式类型

在路地共建过程中，地方政府主要以监督者、调控者的身份参与建设，其工作内容主要包括征地拆迁和施工环境保障两个方面。按照政策规定，高速公路建设中的征地拆迁主体只能是地方政府，但征地拆迁费用的出资者却存在差异，使地方政府在建设中的参与程度和影响力也发生相应的变化，从而形成了不同的路地共建模式，典型的路地共建模式主要有三种（如图2-1所示），分别为一般路地共建模式、地方政府占股的路地共建模式和丽攀高速路地共建模式（即丽攀模式）。

（1）一般路地共建模式

一般路地共建模式，指地方政府与项目投资者签订特许权协议，授予签约方承担高速公路项目的投资、融资、建设、运营与维护。在协议规定的特许期限内，项目公司拥有投资建造设施的所有权，地方政府仅作为征地拆迁的主体，项目业主配合征地拆迁工作并支付征地拆迁费用。在项目建设完成进入运营阶段后，业主方被允许收取高速公路使用费，以回收项目投资、经营和维护成本并获得合理的回报；特许期满后，项目公司将设施无偿地移交给签约方的政府部门，即通常的BOT模式。一般路地共建模式被广泛应用于我国的高速公路建设中，如广东渝湛高速公路、四川西攀高速公路等。

我国的基础设施建设，没有政府的支持和参与是很难成功的，许多事情没有政府出面也是做不成的。在高速公路建设初期，地方政府的征地拆迁工作在整个项目中起到举足轻重的作用。征地拆迁涉及人事多、情况复杂，项目建设效率受到直接影响，但在一般路地共建模式中，地方政府不受承担征地拆迁费用的约束，也没有当期的经济收益和社会收益，其征地拆迁工作和施工期间的环境保障工作缺乏有效的激励，致使建设效率有限。

（2）地方政府占股的路地共建模式

地方政府占股的路地共建模式是最常见的一种优化的BOT模式。由于在一般路地共建模式的实践中，地方政府工作积极性不高、项目建设效率受限，项目业主希望对通常的特许权协议进行优化，形成新的路地共建模式。由地方政府出资进行征地拆迁，在高速公路项目中根据出资额占有一定股份，在运营收益中按照出资比例获得股利回报，地方政府的职能转换为征地拆迁的责任人和出资人。角色的转换在一定程度上可以增强政府工作的积极性，提高工作人员的工作效率，这就是地方政府占股的路地共建模式。

地方政府占股路地共建模式的产生，一方面是高速公路建设项目业主出于投资的考虑，希望提高征地拆迁工作效率，加快征地拆迁进程，缩短项目建设周期，主动与当地政府协商的结果；另一方面当地政府出于政治经济等方面的考虑，需要实施当地的基础设施建设，愿意出资投入道路建设并获取一定经济收益。由于地方政府占股的路地共建模式在效率上比一般路地共建模式更有优势，这种模式也逐渐被一些政府和企业所接受和推广，如川高公司近年来的大多数高速公路投资建设均采用此种模式。

地方政府占股的路地共建模式一方面是项目业主希望政府提高项目建设的参与度、积极性，由项目业主与当地政府共同协商的结果，促使政府出资的是高速公路运营收益的分成，当地政府注重的是经济利益，修路的主动性有限。另一方面是地方政府出资进行征地拆迁，又有着分享运营收益的权益，容易使地方政府在责权的认知上产生利己动机，形成经济利益上的短视，在提高工程建设效率上不能完全达到预期。

第二章 丽攀模式的运营环境

（3）丽攀高速路地共建模式

丽攀模式与地方政府占股的路地共建模式相比较，是一种由政府出资进行征地拆迁，但是不占有项目股份的模式。在丽攀高速项目建设中，该种模式首次得到应用。

在丽攀模式出现之前，一般路地共建模式和地方政府占股的路地共建模式为大多基础设施建设项目所采用。但随着以上两种模式的广泛使用，在项目的建设过程中，越来越多的弊端凸显出来，例如，工程施工进度较慢、工程建设效率较低、政府部门与业主及施工单位矛盾较多且利益分歧较大、工程拖延导致额外成本增加、征地拆迁及安置遗留问题多等，尤其是一些难度大的建设项目，正逐渐对投资方失去吸引力，丽攀高速攀枝花段的招商引资活动就曾经遭遇两次流标。这些现象预示着以往路地（政企）双方的合作方式存在一定程度的缺陷，无法满足攀枝花市政府对丽攀高速建设意愿的要求。

政府一定比例的投资是吸引民间资金的前提[①]，丽攀模式由地方政府出资参与建设项目而不占股份，一方面有效地吸引了外部资本的投入；另一方面由于该模式的产生是地方政府修路意愿的体现，从主观上改变了角色定位，由管理型政府转换为服务型政府，使地方政府能够着眼于宏观效益和长远效益，全力负责征地拆迁和施工环境保障工作，是用实际行动为当地经济建设服务的实例。地方政府的作为使项目业主能够专注于工程的建设，减少项目建设障碍，缩短建设周期，减少额外成本，极大地提高了项目建设效率和社会经济效益。当然，该模式也对政府工作提出了更高的要求，它要求地方政府以项目主人的角色定位，进行征地拆迁和施工环境保障工作，同时保持与业主及施工单位的良性沟通，提供持续稳定的配合工作等。这也正是丽攀模式顺利成功运行并充分彰显优势的关键所在。

---

① 谈谈对 BOT 的认识 [EB/OL]. 中国中铁隧道股份有限公司, 2004, http://www.cnteg.com/News/View/4199.aspx.

3. 三种路地共建模式的比较

（1）三种路地共建模式的共同特征

三种路地共建模式实际上是 BOT 模式在不同阶段的演化，对社会基础设施的完善起着重大作用。地方政府和项目业主是 BOT 项目的主要参与者，三种共建模式中的路地双方关系有着共同的特征。

项目初始阶段，地方政府与业主单位都是通过招标方式签订特许权协议而发生契约关系。一般情况下，地方政府通过签订特许权协议，由项目业主进行高速公路的建设、经营、维护和管理，并由项目业主作为特许权人承担合同规定的责任和偿还义务。丽攀模式也不例外，攀枝花市政府作为招标人，向社会公开召集项目建设公司，并进行询价协商，川高公司作为中标者与当地政府签订了特许权协议。

在项目建设中，不同模式的主要参与者皆为地方政府和项目业主。地方政府和项目业主作为路地共建的主要参与者，在建设过程中发挥了不同的作用。项目业主主要承担项目的勘察设计、施工建设和监理，而地方政府主导征地拆迁工作，并同项目业主和其他参与方在项目建设中协调配合，保障项目建设的顺利进行。无论是丽攀模式还是其他的路地共建项目，这一点在本质上并未改变。

地方政府对路地共建项目始终拥有监督权和控制权。项目公司是 BOT 模式的行为主体，在特许期限内对所建高速公路具有完备的产权。然而，在立项、招标、谈判这三个阶段，政府的意愿起决定性的作用；在履约阶段，地方政府具有监督检查的权力；在项目运营阶段，高速公路使用价格的确定也受到地方政府的约束。此外，政府还可以通过 BOT 法律来约束项目业主的行为。

（2）三种路地共建模式的显著差异

三种路地共建模式是根据征地拆迁费用的出资情况而形成的，它们的运行各有其特点，地方政府在其中所起的作用也各不相同，主要表现在以下两个方面：

首先，地方政府的参与程度不同。在一般路地共建模式中，地方政府主导征地拆迁工作，征地拆迁费用由项目业主支付，地方政府在项目建设中的积极性在三种模式中是最小的。在地方政府占股的路地共建模式中，由政府负责征地拆迁工作并支付征地拆迁费用，按出资额享有项目收益份额，从实质上看，地方政府

第一章 丽攀模式的运营环境

成为该项目的投资者，并在项目经营中获得回报，这种模式的政府工作积极性比一般路地共建模式强。但地方政府占股的路地共建模式是业主单位出于提高建设效率的需要，与当地政府共同协商的结果，政府修路的主动性有限，容易导致经济上的短视行为，工作积极性与参与度并不能达到预期。而丽攀模式是由于地方政府有强烈的修路意愿和招商引资决心而产生的，政府工作积极性最强。在这种模式下，地方政府负责征地拆迁并承担相关费用，实际使征地拆迁和环境保障环节的工作独立出来，完全由地方政府主导，项目业主则属于从属和辅助地位。从以上三种模式的演变，可以看出地方政府在项目征地拆迁过程中起到的作用越来越大，地方政府从简单的参与者，转变为投资者，最后成为项目不可或缺的建设者。

其次，地方政府在项目建成后的收益回报不同。在一般路地共建模式与丽攀模式中，地方政府只能在项目业主的特许期满后接收项目，在特许期限内无法获得收益。而在地方政府占股的路地共建模式中，地方政府按出资额获得项目股份，项目业主在获取经营收益的同时，按占股比例支付红利给地方政府。在一般路地共建模式中，地方政府只是负责征地拆迁工作，没有承担征地拆迁费用，故在经营期中无法获得收益。在地方政府占股模式中，政府则是根据其出资额享有一定比例的红利，获得投资回报。而在丽攀模式中地方政府作为征地拆迁工作的主体并根据协议约定承担征地拆迁费用，在高速公路建成后的运营阶段不分享经营收益。丽攀模式的产生，是基于攀枝花市政府修路意愿强烈、吸引外部投资的需要，是地方政府的现实选择，地方政府虽然放弃了短期的经济收益，但收获了打通西南通道带来的长远政治经济效益。因此，在丽攀模式的实施过程中，地方政府能够最大限度地增强工作积极性、提高工作效率，达到减少项目建设障碍、减少项目建设额外成本、缩短项目建设周期的目标。

二、丽攀模式的形成

攀枝花市政府与项目业主何以选择具有攀枝花特色的丽攀路地共建模式有其内在的深刻原因。攀枝花市地处攀西裂谷中南段，属浸蚀、剥蚀中山丘陵、山原峡谷地貌，具有山高谷深、盆地交错分布的特点。另外，攀枝花市属长江水系，河流多，境内有大小河流95条。这样的地理环境和地形条件在很大程度上阻碍了地方交通建设的发展。在早年攀枝花市未发展时，"两山夹一沟，大沟连小沟，行路凭两腿，运货靠肩头"就是当时交通状况的真实写照，当地人民出行极为困难。虽然经过几十年的建设，攀枝花市的交通条件有了很大的改善，但是攀枝花市与周边城市的交通网络仍未完全建立起来，对外交通条件仍然是约束攀枝花市经济发展的"瓶颈"。攀枝花市位于中国西南川滇交界处，是四川省通往华南地区、东南亚边界、沿海口岸的最近点，为"南方丝绸之路"上重要的交通枢纽和商贸物资集散地。攀枝花这一地理优势使得打通西南区域的交通通道的工作显得尤为重要。同时，打通西南地区的交通通道还能让攀枝花人民及周边地区百姓出行更加便利，是造福百姓、为民谋利的大事。面对攀枝花的市情市貌，攀枝花市政府迫切感到要加快基础设施建设的步伐，加大推进高速公路建设的力度，并积极探索选择何种模式来加快丽攀高速公路的建设，尽早获取高速公路建设项目带来的社会经济效益。

丽攀高速公路建设项目于2009年11月3日在成都举行投资签字仪式，建设工期为三年，从2010年12月至2013年12月。事实上，早在2005年，攀枝花市就启动了丽攀高速前期准备工作，由该市交通局委托省交通厅公路规划勘察设计研究院进行攀枝花段工程可行性研究报告的编制工作。2006年9月，丽攀高速项目规划方案初步完成并进入实质性运行阶段。与此同时，攀枝花市还积极配合省交通厅启动攀宜沿江高速前期工作，积极探索交通大项目筹融资模式和高速公路项目的建设模式。2008年丽攀高速公路正式纳入四川省高速公路网规划，攀枝花市多次与丽江市交通局和云南省交通厅协调联系，力争将丽攀高速纳入国家高速公路网规划。为推动这条路尽快立项、开工建设，攀枝花市主要领导多次前往省有关部门、国家发展和改革委员会联系协调。2009年6月，四川省政府正式批复攀枝花市政府以BOT形式，推动丽攀高速项目建设。在丽攀高速公路建设从前期准备到2009年年末正式签订投资协议的过程中，攀枝花市政府都表现出强烈的修路意愿和决心。

攀枝花市自新的领导班子组建以来，在继续巩固建设钢铁、钒钛之都的基础上，着力打造外向型经济城市，加强区域合作，进行跨区域发展。在我国，但凡

第二章 丽攀模式的运营环境

大工业基地建设，一般都有较密集的铁路和航运网线保障大量运输需求。然而，受地理环境等条件限制，攀枝花的交通运输条件虽较早年有所改善，但远远不能满足建设国家攀西战略资源创新开发试验区、国家现代农业示范区、攀枝花钒钛产业园区、国家级高新技术产业开发区和国家级经济开发区等宏观经济目标的需求，攀枝花市对外的交通运输现状是对攀枝花市未来发展的极大约束。市政府希望抓住发展的黄金机遇期，立足丰富的资源优势和良好的区位优势，加速破解对外交通"瓶颈"，加快攀枝花市对外交通网络的建设，推动产业升级和城市转型。作为攀枝花市交通网络规划的重点项目之一，丽攀高速项目将有效促进攀枝花市外向型经济的发展。在这样的政治背景下，攀枝花市政府有强烈的修路愿望和招商引资的决心。

高速公路项目能有效地带动沿线经济的发展，包括拉动投资、扩大内需、促进经济增长、创造大量的就业机会等。要想富，先修路，畅通便利的交通运输条件是经济发展的"助推器"，较为滞后的交通发展水平也必然会限制甚至减缓整个经济发展的速度。丽攀高速建设及后期的运营会促进沿线地区资源开发和合理配置，预期将给攀枝花市带来良好的经济效益和社会效益，为地区经济合作，改善投资环境，吸引资金、技术、劳动力等提供畅通快捷的交通条件。此外，由于丽攀高速穿过攀枝花市区，当地政府还可以此契机改善当地基础设施现状，提高政府服务水平，从而提高当地百姓对政府工作的满意度，有利于社会稳定和谐。

总之，丽攀高速既能改善沿线交通条件、物流和客流流通环境，促进基础设施环境优化，又能带动沿线工农业经济发展、促进区域资源合理开发配置、推动产业结构调整和实现宏观经济目标。正因如此，地方政府有强烈的修路意愿，积极探索新的、多层次的融资渠道，努力寻求更适合攀枝花市发展的路地合作模式。可以说，选取丽攀模式是因时制宜、因地制宜创新的产物。

丽攀模式是对地方政府占股路地共建模式的进一步优化和创新，是攀枝花市政府面临铺设交通网络的政治、经济需求而做出的一个大胆尝试，相较于其他两种路地共建模式，丽攀路地共建模式具有以下四个方面的优势，从而更有效益：

(1) 建立了路地合作的良好互信基础

征地拆迁工作是其他工作的基础与保障，涉及的人事利益众多，始终是高速公路建设的关键。在地方政府占股的路地共建模式中，地方政府按所出征地拆迁费用的金额占股，而征地拆迁费用主要是由地方政府工作人员所发放，项目业主无法准确确定征地拆迁费用，这可能导致地方政府夸大征地拆迁费用以达到提高政府占股比例的情况，从而使路地双方互不信任，在工作中缺乏默契，并最终影响工程建设效率。要在计划时间内完成征地拆迁工作，地方政府必须获取项目业主的充分信任，精诚合作，才能发挥全部工作优势，达到提高自身工作执行力度和工作效率的目标。攀枝花市政府找准自身角色定位，本着"我要修路"的精神，注重的是社会效益和长远效益，其主导征地拆迁工作、支付征地拆迁费用并放弃占股，与直接经济利益划清了界限，反而能够在工作中不计较眼前利益，以主人翁的态度承担起征地拆迁和施工环境保障工作，也从根本上打消了项目业主对地方政府的疑虑，建立了良好的合作基础。因此，采用丽攀模式可以提高政府执行力，并最终提高项目建设效率。

(2) 确立了地方政府的职责

由于征地拆迁和施工环境保障涉及地方各职能部门和当地百姓，在情况交流与反应效率上，业主单位必然不如熟谙政府工作之道的政府部门。基于路地双方的互相信任，丽攀模式将以往由政府出面、项目业主实际实施的征地拆迁工作转化为地方政府全面负责、项目业主从属辅助的工作模式。在丽攀实践中，由于地方政府角色定位的转换，攀枝花市政府成立了丽攀高速公路攀枝花段建设领导小组办公室（以下简称"高建办"），作为专门负责丽攀高速征地拆迁和施工环境保障工作日常事务的政府具体办公机构，协调项目建设的一切事宜。由于集中了当地有关职能部门的高建办在处理征地拆迁和项目协调等问题上，比外来的项目业主更具有组织协调优势，丽攀模式提高了前期工作效率，确保了丽攀高速项目建设的顺利进行。

(3) 有利于调动资源、化解各方矛盾

高速公路建设经验表明，包括电线杆、电力塔、通信杆线及管道在内的杆、管、线的拆迁是征地拆迁工作的难点，严重影响供地的进度，而当地百姓阻工往往又是造成工程施工进程拖延的重要原因，这是高速公路建设中的两大"瓶颈"。由于政府能充分行使政府行政职能，调动方方面面的资源与杆、管、线及铁塔等特殊拆迁物归属的水利、电力、电信、广播电视等事业单位进行谈判协调，因而能在杆、管、线及铁塔等特殊拆迁物的征地拆迁工作中占有主导地位、把握主动权。丽攀模式充分调动了地方政府的积极性和主动性，使特殊拆迁物的征地拆迁工作效率比其他模式高了许多，同时还在此过程中节约了大量的征地拆迁费用、省时省钱。在施工环境保障工作中，若遇到居民安置的疑难杂症，当地百姓阻工严重等情况，作为公信力最强的第三方，地方政府出面协调开展工作，能够及时妥善地处理阻工事件，缓解施工单位和当地百姓的矛盾，保证不延误供地进度和工程建设进度，避免项目业主或施工单位与当地百姓正面交涉发生冲突，从而有效化解业主、施工方与沿线事业单位和居民的矛盾冲突，有效提高工程进度。

（4）有效减少居民安置的遗留问题

征地拆迁及居民安置遗留问题的恶性影响深远，其负面影响在项目施工过程中表现得最为突出，在高速公路建成通车后，往往还会与相关部门、运营单位纠纷不止，这里面不仅包括项目自身的遗留问题，还可能包括其他项目的遗留问题。例如，丽攀高速的红线区或临时建设用地存在与其他工程建设项目征地拆迁范围重叠的区域，所谓"树大招风"，其他项目的征地拆迁纠纷或是安置遗留问题就极有可能引起针对丽攀高速的阻工现象。只要工程建设施工未结束，不论是其他项目的遗留问题还是自身项目的遗留问题都会导致当地居民与施工单位的纠纷矛盾，并在各项目间形成恶性循环，而当地百姓与政府因遗留问题产生的矛盾影响则更深远，这不利于政府今后开展工作，更不利于社会和谐。丽攀模式的优势在于，由于地方政府对自身定位准确，把建立服务型政府作为政府工作方向，不回避问题搁置问题，将高速公路建设与解决当前和历史遗留问题作为一个整体来重点抓、彻底解决，使得丽攀高速征地拆迁及居民安置工作的遗留问题减少，利于社会和谐稳定和地区长足发展。

第二节　运营环境的研究方法

丽攀模式是丽攀高速建设实践的理性选择，并取得了显著的成效。要使丽攀模式在以后的高速公路建设中得到推广，就必须进一步分析其所处的运营环境，因为在不同的环境条件下，能够发挥优势的建设管理模式有所不同，丽攀模式只有在适宜的运营环境下才能充分地发挥优势。因此，有必要采用科学的方法系统地研究丽攀模式的运营环境。

一、运营环境的范畴

所谓运营环境，是指影响丽攀高速公路建设运营整个过程的各类外部境况和条件的综合，是制约丽攀高速项目投资效益的政治、经济、政策、法律等外界因素相互作用的统一体。根据高速公路投资项目的特点，可将运营环境分为以下几类：

1. 狭义环境与广义环境

狭义环境主要指自然环境和经济环境；广义环境包括自然、经济、政治和社会等诸多因素在内的综合的复杂的系统。对于高速公路的运营而言，自然和经济是很难独立于政治和社会之外的，因此在本书中对于运营环境的广义理解更全面、更准确，更有利于对运营环境的综合考察和评价。

2. 硬环境与软环境

硬环境是指自然环境与基础设施。自然界为高速公路的运营过程提供自然物质基础，其中首要的是自然资源；基础设施为生产和生活的顺利进行提供一般的必要条件。软环境是指对高速公路运营有重大影响的政治、经济、社会、文化诸方面的外部条件。

3. 宏观环境、中观环境和微观环境

宏观环境又称总体投资环境，是指国家层面总的环境，包括政局和政策的稳

定程度、国民经济管理体制、国民经济增长速度、生产力发展水平等。

中观环境又分为地区环境和行业环境。地区环境是指一定投资区域内的自然、经济、社会条件，如地区经济发展、生产力水平、地方政府管理水平、地区基础设施状况等。

微观环境是指进行项目建设运营的具体场所的自然、经济、社会条件，如企业进行直接生产所需的厂房、设备、水电等基本生产条件，项目公司与项目参建方管理水平，项目建设运营的原材料来源及项目服务等。

从以上的分类可以看出，高速公路的运营环境主要集中于建设项目的政治、经济以及社会文化等方面的环境。因此，本书将采用PEST分析法就丽攀高速公路的政治、经济、社会文化以及技术环境方面进行详细分析、研究。

二、PEST分析法基础理论

PEST分析是指宏观环境分析，宏观环境又称一般环境，是指影响一切行业和企业的各种宏观力量。对宏观环境因素作分析，不同行业和企业根据自身特点和经营需要，分析的具体内容会有差异，但一般都应对政治（Political）、经济（Economic）、社会文化（Social culture）和技术（Technological）这四大类影响企业的主要外部环境因素进行分析。简言之，称为PEST分析法。

1. 政治环境（Political Factors）

地区政治环境主要由国家或地区的政治体制、政治形势、方针政策以及法律法规等构成。不同的国家，其社会性质不同，不同的社会制度对组织活动也就有着不同的限制和要求。即使社会制度不变的同一国家，在不同时期，由于执政党或执政理念的不同，其政府的方针特点及政策倾向也就不同，从而对组织活动的态度和影响也是不断变化的。具体而言，国家相关法律规范、中央及四川省司法机关和执法机关、公司的法律意识以及国际法和国内法等都是影响高速公路项目建设的政治环境因素。

2. 经济环境（Economic Factors）

经济环境主要囊括了宏观和微观两个方面。宏观经济环境主要包括整个国家的宏观经济政策、社会经济结构、经济体制、当前经济状况、国民收入、国民生产总值及其变化情况以及通过这些指标能够反映的国民经济发展水平和发展速度。微观经济环境主要指高速公路项目所在地的消费者收入水平、消费偏好、储蓄情况、就业程度等因素，这些因素直接影响着高速公路的如期顺利动工建设。

3. 社会文化环境（Sociocultural Factors）

对高速公路建设而言，社会文化环境主要是指高速公路所属省、市甚至整个地区的居民文化程度和教育层次、宗教信仰、风俗习惯、审美观点以及价值观念等。文化程度将会影响居民的需求层次；宗教信仰和风俗习惯会禁止或抵制某些活动在当地的进行；价值观念会使居民对组织目标、组织活动以及组织存在本身的认可产生影响；审美观点则会造成人们对组织活动内容、活动方式以及活动成果有各自不同的态度。

4. 技术环境（Technological Factors）

市场或行业内部和外部的技术趋势与事件都是影响高速公路项目公司运营的环境因素。技术环境包括直接关系高速公路建设领域的技术手段的发展变化，国家对科学技术开发的支持与投资，该领域技术的发展动态和研发费用，技术转移和技术商品化速度，专利及其保护情况；还包括与企业生产和企业发展有关的新技术、新模式的出现和发展趋势，以及该行业发展的现有成就和应用前景。作为本书的范畴，技术环境主要体现在行业内部不同投资主体对建设项目所采用的运营模式上。

表 2-1 列出了一个典型的 PEST 分析在政治、经济、社会文化、技术这四大方面所包含的具体内容。

表 2-1 典型的 PEST 分析

政治环境（包括法律）	经济环境	社会文化环境	技术环境
环保制度	经济增长	收入分布	政府研究开支
税收政策	利率与货币政策	人口统计、人口增长率与年龄分布	产业技术关注
国际贸易章程与限制	政府开支	劳动力与社会流动性	新型发明与技术发展
合同执行法 消费者保护法	失业政策	生活方式变革	技术转让率
雇佣法律	征税	职业与休闲态度 企业家精神	技术更新速度与生命周期

续表

政治环境（包括法律）	经济环境	社会文化环境	技术环境
政府组织/态度	汇率	教育	能源利用与成本
竞争规则	通货膨胀率	潮流与风尚	信息技术变革
政治稳定性	商业周期的所处阶段	健康意识、社会福利及安全感	互联网的变革
安全规定	消费者信心	生活条件	移动技术变革

根据丽攀高速项目的具体情况，本书主要从以下角度来研究丽攀模式赖以存在的政治、经济、社会文化和技术四个方面的环境要素。政治环境方面，主要研究丽攀项目面临的政治要素、法律法规、金融政策和环保制度；经济环境方面，主要研究西部地区、四川省以及攀枝花市的经济环境影响；社会文化环境方面，主要研究攀枝花市的人文环境、地理环境和生态环境；技术环境方面，主要研究近年来高速公路建设领域发展过程中的几大典型运营模式：辽宁模式、山东模式、江苏模式、一路一公司模式。图2-2为本书对丽攀高速的PEST分析框架。

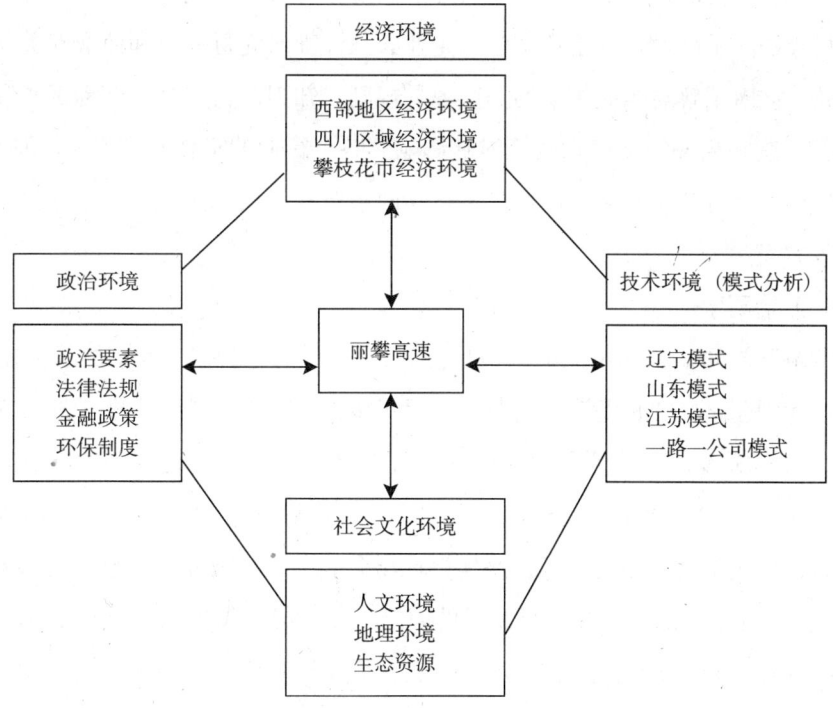

图2-2 丽攀高速路地共建模式 PEST 分析图

第三节 丽攀高速 PEST 分析

本书按照 PEST 分析法的理论,就丽攀高速公路项目在政治、经济、社会文化以及技术环境方面的具体情况,对丽攀模式的运营环境进行相应的分析。

一、政治环境

政治要素,是指对组织经营活动具有实际与潜在影响的政治力量和有关的法律、法规等因素。当政治制度与体制、政府对组织所经营业务的态度发生变化或者政府发布了对企业经营具有约束力的法律、法规时,企业的经营战略和发展战略必须随之做出调整。政治环境主要包括政府制定的对企业经营具有约束力的法律、法规,如税法、环境保护法以及外贸法规等,政治环境实际上是和经济环境密不可分的一个因素。处于竞争中的企业必须仔细研究每一个和商业有关的政策和思路,同时了解与企业相关的一些贸易规则、知识产权法规、劳动保护和社会保障等,这些相关的法律和政策能够影响到各个行业的运作和利润。具体而言,对丽攀模式运行产生影响的主要政策包括政治要素、法律法规、金融政策、环保制度等方面。

1. 政治要素

改革开放初期,国民经济的快速发展,带动了公路客货运输量的急剧增加,而此时我国公路交通长期滞后所产生的后果也充分暴露出来:主要干线公路交通拥挤,行车缓慢,事故频繁等。因此,社会各界对修建高速公路的问题非常关注,而关于"中国要不要修建高速公路"这一问题的认识存在分歧。直到1989年7月,在沈阳召开的高等级公路建设现场会上,时任国务院副总理的邹家华同志指出:"高速公路不是要不要发展的问题,而是必须发展","这样的结论是明确的,这已经不是理论问题。"认识的统一,为我国高速公路的快速发展奠定了基础,拉开了中国高速公路发展的序幕。

第一章 丽攀模式的运营环境

高速公路作为重要的国家资源,在促进国家经济增长、提高人民生活质量、维护国家安全等方面都有着巨大作用。国内外经验表明,高速公路具有行车速度快、通行能力大、运输成本低、行车安全舒适等经济技术特点,有利于节约利用土地资源、降低能源消耗、减少环境污染、提高交通安全性,对实现社会经济可持续发展具有重大作用。发展高速公路不仅仅是经济上的需要,也是人类文明和现代生活的重要组成部分。高效快捷的高速公路、发达的高速公路网不仅仅是交通现代化的重要标志,也是一个国家现代化的重要标志。

中央及地方政府高度重视高速公路的建设和发展,积极采取措施和行动向社会民众宣传高速公路建设的重要性以及对整个社会所具有的重大意义,"要想富、先修路",全社会逐步意识到公路建设的重要性。随着经济体制改革的不断深化,交通运输业实行了"以公有制为主体,国营、集体、个体一起上"的方针,采取了一系列放宽搞活的政策措施,引导和调动社会各方面办运输的积极性,改变过去单一所有制和专业运输企业独家经营的旧模式,以多层次、多形式、多种运输工具和多家经营的新格局来促进交通运输的发展,随着运输市场日趋活跃,我国的运输实力也显著增强。中央政府在"八五"期间实施了公路建设向高等级公路转移的战略目标,集中资金、集中生产力加快了改革开放和经济发展大局的公路主干线建设。"九五"期间,由建设一般公路向建设高速公路、高等级公路的战略转移,交通发展由此进入跨越式发展,公路建设取得了重大突破。公路运输能力随着公路建设步伐的加快也显著增强,提高了公路运输在综合运输体系中的地位,同时也提高了我国的交通运输能力。"十五"期间,以邓小平理论和"三个代表"重要思想为指导,紧紧围绕"农业产业化、工业新型化、旅游国际化、城镇集群化"的发展战略,以科学发展观统领全局,团结拼搏,求真务实,公路建设也不断取得新成果。"十一五"以来,坚持科学发展观的指导地位,以推动交通运输业服务社会主义新农村建设为目标,振奋精神,攻坚克难,交通运输业又取得新成就。

四川省各县(区)严格执行国家制度,进一步规范建设程序,履行质量监督手续,实行质量、安全责任登记制度和施工许可制,明确高速公路路段的养护指标、标准及养护任务量和核算方法,将养护任务落实到具体单位,将养护管理正常化、制度化、规范化。攀枝花市交通主管部门还注重加强交通质监机构建设，充实专业技术人员，加大试验检测仪器设备投入，建立健全质量监督管理制度，明确监督职责，切实履行政府监督职能，为丽攀高速项目的建设和管理提供了稳定、安全的政治环境。

项目业主作为高速公路的建设单位，对国家政治环境变化的预测难度较大，而政治环境又会直接对公司的经营状况造成重大影响。政治环境一旦影响到项目建设，就会发生十分迅速和明显的变化，项目业主是无法推卸和转移这种变化的。但丽攀模式是丽攀公司与攀枝花市政府互相合作的结果，得到了地方政府的高度重视和参与，项目业主对于国家政策的变化能够及时采取应对措施，从而避免损失。

2. 法律法规

随着高速公路建设的逐步发展，投融资体制改革和相关政策法规形成了互相适应调整、互为推动的局面，其演变大致可以划分为起步阶段（20世纪80年代后期至1992年）、探索阶段（1992年至1996年）、多元化阶段（1996年至今）。"九五"和"十五"期间，是我国历史上公路交通事业发展最快、成绩最为卓越的时期，也是高速公路建设进入飞速发展的时期。

1984年年底，为了加快交通公路发展，国务院决定：对所有新增加车辆征收车辆购置附加费，提高养路费标准，贷款修建的公路可以收取通行费。国务院2004年颁布的《收费公路管理条例》是高速公路收费管理的主要依据。"贷款修路，缴费还贷"是科学合理的发展模式。多年来，交通部门通过规划和建设，为我国建成了一批高速公路，同时也使普通公路网的技术水平和通达深度有了较大幅度的提高。

在接下来的几十年里，为了促进我国收费道路的规范、健康、稳定发展，交通部及相关部门先后发布了《中华人民共和国公路法》、《关于转让公路经营权有关问题的通知》、《关于公路股份有限公司国有股权管理有关规定的通知》及《公路经营权有偿转让管理办法》等法律、法规，对包括高速公路在内的收费公路的融资、建设、资产管理、特许经营等予以了法律规定，为丽攀模式的实践探索和发展提供了法律基础。

BOT方式在基础设施建设领域是一种崭新的方式。在我国进行西部大开发，为改善西部投资环境，开展大规模基础建设的同时，如何发挥BOT方式在其中的积极作用具有重要的现实意义。有的观点主张BOT是一种项目融资方式，这种观点看重的是资金融通在整个项目中的作用，并指出其不同于传统融资方式之处在于：实行有限追索权，借贷风险由传统的借款人承担转到工程项目上，由借贷双方分担。而有的观点则认为BOT是一种投资方式，这也是目前主流的观点，BOT投资方式是一个复杂的系统工程，所涉及的当事方包括政府、投资者、项目公司、融资机构、总承建商、分包商、经营管理公司、原材料供应商、产品或服务的购买者、担保人、保险公司等。BOT还是一种合同安排，包含了一系列的合同，以特许协议为基础，还包括项目公司与贷款人、承建商、供应商、设计公司、经营管理公司等签订的借款合同、工程承包合同、供应合同、设计合同和经营管理合同等。众多当事人通过签订一系列合同来确立和调整彼此之间的权利义务关系，这些合同构成BOT投资方式的基本法律框架。法律框架因项目而异，并非一成不变。具体法律框架的设计，对项目能否成功极为关键，关系到合法性、可操作性、合同之间的协调性，更关系到各方的实体权利义务。

3. 金融政策

中国高速公路的融资渠道主要有四种，分别是政府预算、自筹资金、银行信贷和国外资金。政府预算指非经营性基金、汽车购置费、中央和地方财政专项资金等。目前，中国高速公路融资结构中，6%~7%由中央财政投入和省市级地方投入，60%~70%来自商业银行和政策性银行贷款，其他20%为有政府背景的公司上市募集资金、长期企业债券、外资和民间资本。交通部承担国家高速公路的部分基建成本，按高速公路资本金的1/3进行中央财政补助，而其资金主要源于车辆购置税专项资金。中央政府对于地方高速公路的补助视情况而定，其融资的资金主要源于商业银行贷款。

"十一五"之前我国西部地区在基本建设、城市维护、教科文卫等各方面的支出比例明显偏低，而用在行政管理及行政事业单位离退休职工上的经费则远超全国和东部地区。这种不合理的财政支出总量和财政支出结构对西部地区的投资环境建设、人才培养、技术进步、公共设施的维护与建设造成了严重影响。西部只能靠大幅度提高对企业征收非税收入来解决财政支出的现实困难,也就使得西部地区企业的平均税收负担远远高于东部,这严重阻碍了西部地区企业的进一步发展和地方经济的振兴。

然而,在"十一五"时期,四川省将"大力发展金融服务业,完善金融市场体系,创新金融产品和服务,增强金融服务功能,建设西部金融中心"作为了全省金融发展规划。

截至 2010 年末,四川省共有银行业机构 609 家,证券、期货、基金公司 69 家,保险公司 54 家,小额贷款公司 73 家,融资性担保公司 363 家。四川省金融从业人员达到 33.24 万人,是 2005 年末的 2.49 倍,占全省城镇就业人数的 2.4%。全省已经形成了银行、证券、保险、期货、信托及其他金融组织并存,功能更加完备,运行比较稳健的金融体系。四川已成为西部地区金融机构数量最多、种类最齐全、开放程度最高的省份。随着越来越多的国内外金融总部在川设立区域总部和分支机构,四川金融的聚集和辐射能力显著增强。

2010 年出台的《西部金融中心建设规划》明确提出,到 2012 年建设成都金融总部商务区,各类法人金融机构和省市级金融机构数量达到 300 家以上。初步建成西部票据市场中心、西部直接融资中心、西部保险市场中心、西部产权交易市场中心、西部大宗商品交易市场中心、西部金融创新中心、西部银团贷款中心。建设成都金融后台服务业集聚区,后台服务中心达到 30 家以上。初步形成包括金融监管机构、金融机构总部、金融要素交易平台、金融后台服务及外包中心以及中小金融机构在内的金融产业集群。

随着四家国有商业银行先后完成股份制改造并在香港和上海两地成功上市,其在川分行也进一步完善内部治理结构和经营机制,发展能力进一步增强。政策性银行改革稳步推进,国家开发银行已由政策性银行改制成股份制商业银行,进出口银行改革方案基本完成,农业发展银行的改革前期研究工作正式启动,相应的三家省级分行先后进行了有关改革。各行改革创新稳步推进:国家开发银行四川省分行加快商业化转型,积极建立同国银租赁、国开金融的协调发展机制;农业发展银行四川省分行初步构建了适应现代银行要求的体制机制,积极开创独具特色的信贷支农途径;中国农业银行四川省分行再度被中国农业银行总行确立为深化"三农"金融事业部改革的试点行,不断巩固扩大"三农"试点成果,事业部制改革取得实效;邮政储蓄银行四川省分行认真做好有关业务转型,创新服务机制。

以上金融政策的出台和金融业的快速发展拓宽了攀枝花市的基础设施项目建设资金来源,除了中央和省级财政投入,地方政府整合资金和市级财政投资,还包括业主自筹、招标人或投资人自筹,形成了一个多渠道投融资机制(主要方式包括公路经营权转让、BOT融资、股票、债券、公路产业投资基金、ABS融资和私人资本投入等),缓解了公路建设资金需求多、缺口大的矛盾,就算没有国家财政投入,也同样实现了公路建设的快速发展。丽攀高速公路项目就是严格按照四川省人民政府批准的《四川省高速公路建设项目实施BOT方式管理办法(试行)》的规定由丽攀公司负责投融资事项,具体包括投资人投资、政府补助(主要用于征地拆迁)、银行贷款三个筹资渠道。"十一五"期间四川省金融业的发展为攀枝花市政府提供了机遇,攀枝花市政府抢抓这一历史机遇,广开融资渠道,融集足够资金,加快高速公路事业的大发展,为丽攀高速项目的建设发展创造了一个良好环境。

4. 环保制度

经济的快速发展,高消耗、高污染的经济增长模式,使中国的环境问题日益突出。进入21世纪以来,环境保护已成为我国的基本国策,国家对环境保护越来越重视。丽攀高速公路的建设对于公路沿线的生态环境可能造成的影响主要包括以下五个方面:

第一,公路建设占地会使沿线的植被受到破坏,受直接影响的植被类型主要是农业植被、经济林和部分灌草,但由于项目所经区域以工业生产为主,城市化水平较高,本项目造成的生物量损失较小。

第二,项目建设必将对施工范围内的植被造成破坏,降低自然植被生产能力,降低群落的生物多样性,造成森林群落的层次缺失,但不会影响生态系统的稳定性和完整性。

第三,施工期间,扰动施工区域内的鸟类和兽类,迫使它们离开原来的领域,施工完毕后,对于植被恢复后的区域,它们仍可回到原来的领域。

第四，隧道开挖修建可能造成的局部地表水流和地下水下降，将对地表植被的生长带来不利影响，隧道建设对地表植被的影响主要集中在隧道的进出口附近。

第五，桥梁建设工程施工期可导致施工河段的水文情势暂时变化，进而影响到鱼类的繁殖行为，导致繁殖行为消失或失败。

为保护环境和治理污染，国务院和有关部门制定了《污染源治理专项基金有偿使用暂行办法》、《关于工矿企业治理"三废"污染开展综合利用产品利润捉留办法的通知》、《关于环境保护资金渠道的规定的通知》等行政法规和部门规章。

《四川省环境保护条例》、《四川省环境保护局建设项目环境影响评价文件审批程序规定》（川环发〔2008〕3号）、《2009年四川省整治违法排污企业保障群众健康环保专项行动工作方案》（川环发〔2009〕58号）、《四川省主要污染物总量减排监测体系建设考核办法（试行）》（川环发〔2010〕15号）等文件也都明确了环境保护的具体管理办法。

攀枝花市环保局编印了《攀枝花市环境保护行政处罚规定》、《攀枝花市环境保护重大行政处罚听证程序规定》、《攀枝花市环境保护行政处罚公示公开制度》、《攀枝花市环境保护重大行政处罚备案制度》、《攀枝花市环境保护行政执法回避制度》、《攀枝花市环境保护行政执法监督检查制度》、《攀枝花市环境保护行政执法责任考评制度》等制度和标准，把国家有关环境保护的政策、法规细化为可操作的具体规定，进一步规范了环保人员的执法行为和企业的环境行为，为攀枝花加快发展、科学发展和又好又快发展增添有利条件，也为丽攀高速项目的建设提供了指引。

二、经济环境

经济要素，是指一个国家的经济体制、经济结构、产业布局、资源状况、经济发展水平以及未来的经济走势等。经济环境的关键要素包括GDP的变化发展趋势、利率水平、通货膨胀程度及趋势、失业率、居民可支配收入水平、汇率水平、能源供给成本、市场机制的完善程度、市场需求状况等。作为宏观大环境中的微观个体，高速公路建设管理模式的选择要受到经济环境的决定和影响，经济全球化还加深了国家之间经济上的相互依赖，选择建设模式时不仅要考虑自身及我国的经济环境,还需要关注、搜索、监测、预测和评估其他国家及国际经济发展的影响。

高速公路建设在国民经济发展中起着重要的推动作用,而高速公路的建设需要同当地经济发展水平相匹配。一个完备的高速公路路网,直接关系到这个地区的交通运输水平,而交通运输水平高的地区,其经济增长的速度也会更快。反之,交通运输水平又要受到当地经济发展的约束,经济水平较高的地区,高速公路建设的数量、等级也较高,运输的内容相对宽广,运输的效率也比较快。

1. 西部宏观经济环境分析

我国西部地区民族众多、地域广袤、地理条件复杂多样,西北地区辽阔无垠,西南地区山水切割,青藏高原严寒高拔,属于传统的欠发达地区。但西部地区的自然资源特别丰富,水能蕴藏总量占全国的82.5%,已开发水能资源占全国的77%,开发利用尚不足1%;矿产资源的储量也十分可观,依据已探明储量,西部地区的煤炭占全国的36%,石油占12%,天然气占53%,全国已探明的140多种矿产资源中,西部地区就有120多种,一些稀有金属的储量名列全国乃至世界前茅;该地区的旅游资源也得天独厚,秦兵马俑、莫高窟、九寨沟等均位于西部地区。西部开发需要深入挖掘西部资源,变资源优势为产业优势,集中精力开发优势项目,创造出区域特色和民族特色。新中国成立60余年来,西部地区的工业体系、交通通信、科技教育等都有了较大发展,为进一步开发奠定了较为坚实的基础。

西部地区辖区面积约为690万平方公里,占全国面积的71%,然而西部地区虽然幅员辽阔、资源丰富,但人口仅占全国的18%左右,人口密度明显低于中、东部地区。由于西部地区经济结构和经济发展的原因,城市化水平低、农业人口比例高,人均收入和消费水平明显低于中、东部。在西部大开发政策的大力推动下,西部各省的经济发展迅速,但由于经济基数和东部有较大差距,东西部之间的发展仍表现出明显的不均衡,社会经济差距呈现出拉大的趋势,而经济水平的落后直接导致了西部地区基础设施建设的滞后。

截至2011年底,全国公路总里程达410.64万公里,比上年末增加9.82万公里。全国公路密度为42.77公里/百平方公里,比上年末提高1.02公里/百平方公里。根据相关统计，高速公路里程最长的是河南，为 5196 公里，其次为广东 5049 公里，河北 4756 公里，山东 4350 公里，江苏 4122 公里，湖北 4006 公里，山西 4005 公里。全国高速公路里程超过 3000 公里的共有 14 个省份。实践证明，高速公路发展为经济的腾飞提供了条件，促进了区域发展，但同时也可以发现，我国东中西部高速公路发展的不平衡，如同经济发展的不平衡一样。图 2-3 列示了截至 2011 年末东、中、西部地区的高速公路里程情况。从图 2-3 可以看出，幅员辽阔的西部高速公路里程虽比中部地区长但差距不大，与东部地区相比则是远远落后。

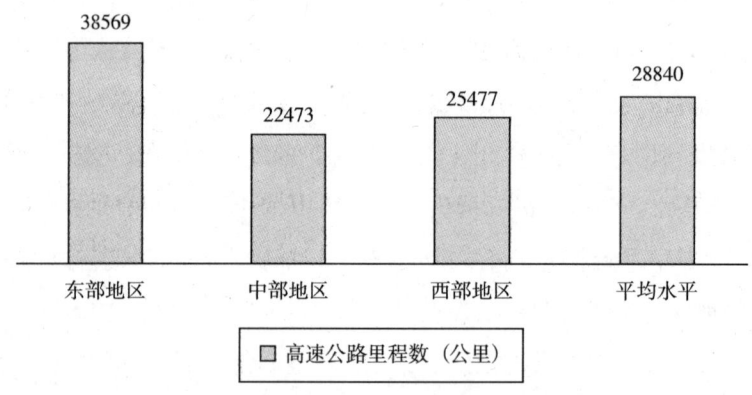

图 2-3　2011 年末东、中、西部地区高速公路里程对比

众所周知，要发展经济，必须加强基础设施建设。高速公路建设和发展对社会产生的影响往往是长期的、潜在的，无论在建设期还是在运营期对经济的发展都有着强劲的推动作用。"要想富，先修路"已成为人们的共识，畅通的交通运输条件是经济发展的前提。高速公路具有快速、便捷、环境优越的特点，在整个交通运输领域中占据着举足轻重的地位，高速公路的建设对经济有着不可忽视的促进作用。高速公路的建设发展带动了沿线经济的发展，尤其是对沿线的农村地区更具有重要的意义。高速公路离农民越近，闭塞和贫穷就会离农民越远，便利的交通条件能够促进农村剩余劳动力更多地向外转移，这有助于平衡城乡经济差异。高速公路还有助于农民走出城镇，把自己种植的粮、菜、瓜果和土特产品卖出去，购买质量更优、价格更为低廉的生产、生活用品，获得更高的利润，降低

消费成本；有助于农民及时有效地获得市场信息，按照市场需求及时调整种植结构和经营项目；有助于吸引城乡居民走向农村，促进农村的旅游业等第三产业得到发展，拓宽农村致富渠道。

工业化进程的不断加快，产业结构的优化升级，促使货物运输规模和结构发生较大变化，城镇化进程的加快、城镇人口的大幅增加也会产生巨大的公路交通需求，这就要求公路交通运输必须向高效和优质服务的方向发展。同时，经济总量的增长和结构的变化，对公路交通运输能力也提出了更高的要求。多品种、多用户、小批量产品的运输要求迅速增加，大宗原料、大批量产品运输在运输总量中所占比例逐渐减小，运输的方便性、及时性和可靠性要求增加，使适合公路运输的货运量迅速增长。人民生活水平的提高，使以商业、探亲、旅游、购物等为目的的出行迅速增长，同时也对客运的服务质量提出了更高的要求。表 2-2 列出了 2011 年各种运输方式完成的客运量和货运量。

表 2-2 2011 年累计客货运输统计数据

运输方式	客运		货运	
	客运量（亿人）	同比增长（%）	货运量（亿吨）	同比增长（%）
铁路	18.50	10.6	39.31	7.9
公路	327.85	7.4	281.34	14.9
水路	2.43	8.6	42.33	11.7
民航	2.92	9.2	0.05	-1.8
总计	351.70	7.6	363.03	13.7

从表 2-2 可以看出，公路运输仍是我国货运的主要方式，占到货运总量的 77.50%，较上年同期比重略微上升 16 个百分点；公路客运同时也是旅客运输的主要方式，占客运总量的 93.22%，较上年同期比重略微上升 7.05 个百分点。这说明，公路交通正以其"户到户"的巨大优点保持着持续、旺盛的需求。

西部地区与十多个国家接壤，陆地边境线长达 12747 公里，如此之长的陆地边境线，无疑为西部地区发展边境贸易展现了诱人的前景。同时，西部地区矿产、土地、水、旅游等资源十分丰富，开发潜力巨大，对公路运输更是有着巨大的需求。高速公路的发展能拉动投资、扩大内需、促进经济增长、创造大量的就业机会、改善西部地区的社会民生、促进社会和谐、实现以人为本的科学发展，促进西部地区的经济发展。西部地区各级政府和广大人民群众已经深切意识到公路建设对本地区经济发展有着极其重大的影响。为了配合西部大开发，交通部在原国道网和"五纵七横"（见表2-3）国道主干线规划的基础上，又规划了"八纵八横"骨架公路（见表2-3）和"五横四纵四出境"（见表2-4）的综合运输通道建设，为西部地区公路发展尤其是高速公路发展规划了宏伟的蓝图。西部大开发10年来，中国交通基础设施供给能力实现了历史性跨越，西部地区国道主干线全部建成，高速公路达到1.86万公里，是10年前的7.4倍。

表2-3 "五纵七横"和"八纵八横"公路线路

"五纵七横"国道主干线		"八纵八横"骨架公路	
"五纵"	"七横"	"八纵"	"八横"
重庆—湛江	上海—成都	北京—磨憨	上海—成都
二连浩特—河口	衡阳—昆明	满都拉—防城港	上海—瑞丽
同江—三亚	上海—瑞丽	银川—北海	青岛—拉萨
北京—福州	连云港—霍尔果斯	甘其毛都—河口	连云港—霍尔果斯
北京—珠海	青岛—银川	银川—河口	上海—喀什
	丹东—拉萨	策克—打洛	阿荣旗—伊尔克什坦
	绥化—满洲里	西宁—大理	天津—喀什
		阿勒泰—广州	广州—昆明

表2-4 "五横四纵四出境"综合交通运输体系

"五横"	"四纵"	"四出境"
西北—华北出海	包头—广州	东北亚
拉萨—青岛	临河—防城港	中亚
亚欧大陆桥	兰州—昆明	南亚
成都—上海	库尔勒—成都	东南亚
瑞丽—上海		

2. 四川区域经济环境分析

四川是中国西部省区经济实力最强的省份。四川省工业体系较为完备，有钢铁、煤炭、电子、化工、电力、机械、建材、造纸、食品、酿酒等部门。在工业布局上形成了几片工业区：以重型机械、电站设备、电子工业、特种钢材为主，包括化工、建材、轻纺、医药等工业的川西成都、绵阳地区；以钢铁、煤炭、电力为主的攀枝花、西昌地区；以天然气、盐业、化工为主，包括煤炭、制糖、酿酒、食品的川南自贡、泸州、宜宾地区；以丝绸、食品为主的川北南充、广西地区。其中成都的轻纺，绵阳的电子，德阳的机械，攀枝花的冶金业均有很大规模。内江的制糖业，自贡的盐化工和宜宾泸州的酿酒业也在国内占有重要地位。表2-5和图2-4为全国及四川省2006~2011年各年的GDP列表及相应的折线图。

表2-5　2006~2011年全国及四川省各年的GDP值

单位：亿元

年度	全国	四川
2006	216314	8637.8
2007	265810	10505.3
2008	314045	12601.23
2009	340903	14151.3
2010	397983	17185.48
2011	471564	21026.7

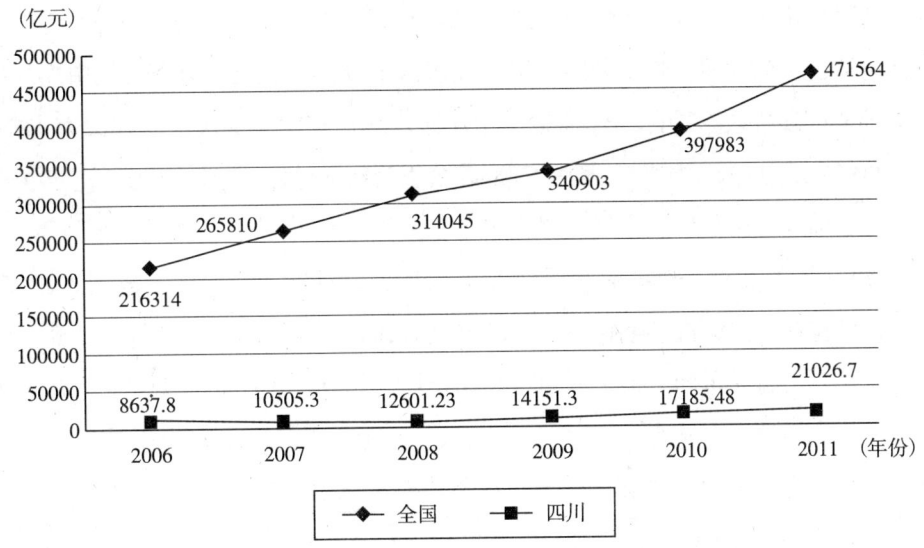

图2-4　2006~2011年全国及四川省各年GDP变化折线图

2011年，全省地区生产总值（GDP）突破2万亿元，达到21026.7亿元，继2007年突破万亿元大关以后，四川经济在"5·12"汶川大地震和国际金融危机等复杂的经济发展形势下，仅用四年时间再上一个万亿元台阶，实现翻番。经济增长15.0%，增幅位居全国各省（市、区）前列，在前10位万亿元经济大省中位居第一。第一产业增加值2983.5亿元，增长4.5%；第二产业增加值11027.9亿元，增长20.7%；第三产业增加值7015.3亿元，增长10.9%。城镇居民人均可支配收入17899元，比上年增长15.8%；农民人均纯收入6128.6元，比上年增长20.5%。

总体来看，四川经济实现了"总量翻番、速度较快、结构调整、质量提高"的"十二五"良好开局。尽管国内外宏观经济环境复杂多变，影响我省经济发展的不确定、不稳定因素依然较多，但在灾区发展振兴步伐加快，成渝经济区、天府新区、藏区规划全面落实和"十二五"项目建设集中推进等积极因素的推动作用下，全省经济仍然呈现平稳较快的发展趋势。这为丽攀高速公路项目的建设提供了良好的经济大环境。

在《深入实施西部大开发战略公路水路交通运输发展规划纲要》（2011~2020年）（以下简称"《纲要》"）中，四川将新增12条高速出川大通道，新增5300余公里高速公路建设里程。《纲要》提出了西部地区今后十年的战略重点公路建设方案，包括"八纵八横"骨架公路、重点经济区干线公路、老少边穷及集中连片特殊困难地区连接线、国际运输通道四个层次。四川在四个层次均得到大力支持，有8600多公里进入《纲要》，其中5300多公里为新增里程。"八纵八横"骨架公路中有六条纵线、两条横线穿越四川境内，总里程约5133公里（如图2-5所示）。

"纵向"的北京—磨憨高速沿棋盘关入川，途经广元、绵阳、成都、雅安、西昌、攀枝花；内蒙古满都拉—广西防城港高速在四川境内沿川陕界—达州—大竹—邻水—川渝界布局；银川—河口高速走向为川甘界—广元—南充—重庆—内江—宜宾—川滇界；内蒙古策克—云南打洛高速四川境内走向为川甘界（郎木寺）—川主寺—汶川—成都—仁寿—沐川—会东—攀枝花—川滇界（大理）；阿勒泰—广州高速在四川境内走向为川青界（久治）—马尔康—汶川—成都—仁寿—自贡—泸州—川黔界（赤水）。"横向"的上海至喀什、上海至成都高速公路经过四川。

在重点经济区干线公路中，有10条线路布局于四川。包括成渝经济区环线高速、成都经济区环线（成都二绕）、广元至利川、万源到西昌、都匀至西昌高速等。

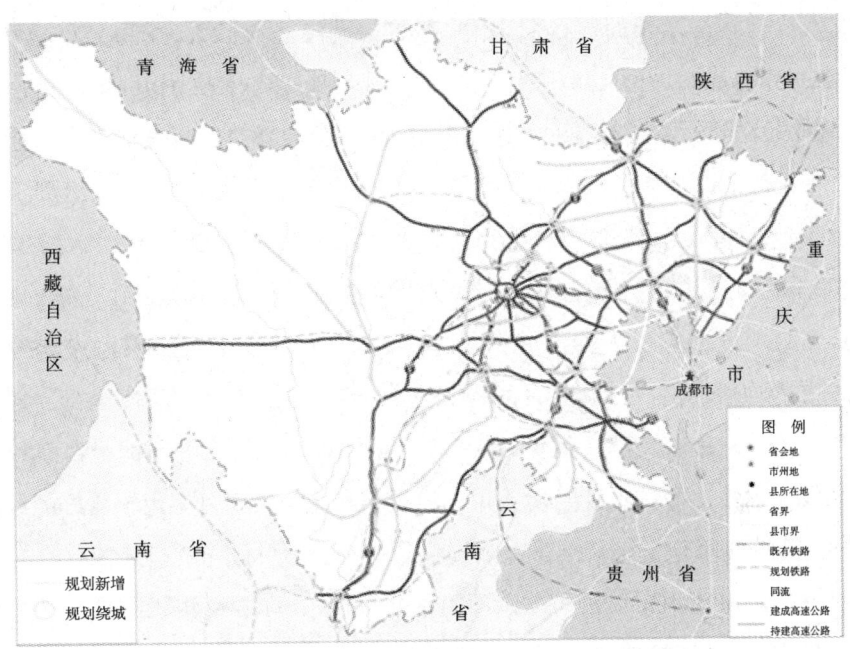

图 2-5　四川省高速公路网布局规划示意

老少边穷及集中连片特殊困难地区连接线，有两条途经四川省甘孜州，总里程约 1493 公里。在老芒崖—香格里拉线路中，分布在四川的有石渠—甘孜—理塘—乡城—得荣—香格里拉高速。此外，还有康定—芒康高速。

3. 攀枝花市经济环境分析

攀枝花市地处攀西大裂谷中段，矿产资源储量大、品种多，可与非洲大裂谷媲美，被誉为"富甲天下的聚宝盆"，已探明钒钛磁铁矿储量近 80 亿吨，其中钒储量占全国的 64%，还有铬、钪、钴、镍等多种稀有金属，煤炭储量在四川省占首位。

矿产资源富集为攀枝花市的经济发展提供了得天独厚的自然资源。经四川省统计局审定，2011 年攀枝花地区生产总值（GDP）为 645.66 亿元，比上年增长 15.3%，比上年加快 0.2 个百分点，增速在全省排第 8 位。分产业看，第一产业增加值为 24.24 亿元，增长 4.5%，对经济增长的贡献率为 1.2%，拉动经济增长 0.2 个百分点；第二产业增加值为 487.75 亿元，增长 17.5%，对经济增长的贡献率为 84.1%，拉动经济增长 12.9 个百分点；第三产业增加值为 133.67 亿元，增长 10.2%，对经济增长的贡献率为 14.7%，拉动经济增长 2.2 个百分点。攀枝花市民营经济实现增加值 268.37 亿元，增长 19.0%，占攀枝花市 GDP 的 41.6%。攀枝花社会消费品零售总额为 165.68 亿元，增长 18.2%；外贸进出口总额达 26586 万元，增长 4.7%。2011 年，攀枝花地方财政收入为 70.32 亿元，地方财政支出为 115.45 亿元，教育、社会保障和就业、医疗卫生支出分别增长 30.0%、10.5%、19.3%。该市 2011 年城镇居民人均可支配收入为 19735 元，高于四川省 17899 元的均值；农民人均纯收入为 7627 元，同样高于全川农民人均纯收入 6128.6 元的均值。从经济运行环境看，2011 年，攀枝花物价高位运行，居民消费价格上涨 4.8%，金融运行呈平稳态势。总体看来，攀枝花市的经济运行保持了平稳较快增长，增长质量继续提高，为丽攀高速公路项目奠定了良好的经济基础，同时也为项目建设选择丽攀模式提供了一个实际可操作的机会。

另外，川煤集团攀煤公司（以下简称"攀煤"）和攀钢集团有限公司（以下简称"攀钢"）是攀枝花市的两个主要大型企业，也是丽攀高速建设中征地拆迁的重点产权单位。攀煤集团公司是我国优质炼焦煤基地之一，肩负着用优质能源保证国民经济持续稳定发展和繁荣攀枝花经济的历史重任。目前攀煤（集团）公司已建设成为以煤为主，电力、化工、火工、商业、建筑建材、机械制造等多业并举、配套发展的综合性企业。攀钢是我国西部最大、中国重要的钢铁生产基地，中国最大的钒制品和铁路用钢生产基地，中国品种结构最齐全的无缝钢管生产基地，中国最大的钛原料生产基地，中国唯一的氯化法钛白生产基地及世界第二大产钒企业。攀钢依托攀西地区丰富的钒钛磁铁矿资源优势，依靠自主创新推动钢铁钒钛产业跨越式发展，通过一期、二期工程建设及近年来的技术改造和资本运营，已发展成为跨地区、跨行业的现代化钢铁钒钛企业集团，业务范围主要分布在四川省攀枝花市、成都市青白江区、绵阳市江油市及重庆市、广西壮族自治区北海市。这两大企业的发展对攀枝花市经济的持续增长具有重大影响，因此必须保证两大企业产业链的顺利进行。两大企业业务量的增长以及范围的扩大急需交通运输业的大力支持，在此背景下丽攀高速项目的建设，能够为这两大企业的业务发展发挥重要作用。

三、社会文化环境

社会要素，是指组织所在社会中成员的民族文化、文明传统、价值观念、宗教信仰、受教育程度以及风俗习惯等因素。构成社会环境的要素包括人口总量、年龄层次、种族结构、收入水平、消费结构和能力、人口流动性等。每一种文化都是由许多亚文化组成的，它们由共同语言、共同文化传统、共同价值观念体系及共同生活经验或生活环境的群体所构成，不同的群体有不同的社会态度、喜好和行为，从而也就表现出不同的市场需求和不同的消费行为。自然环境是指企业业务涉及地区市场的地理、气候、资源、生态等环境。不同的地区企业由于其所处自然环境的不同，对于企业战略会有不同程度的影响。

1. 人文环境

攀枝花市位于四川省西南部，在 20 世纪 60 年代国家进行三线建设时开始开发建设，建市于 1965 年，是一个典型的工业城市。攀枝花市是全国唯一以花命名的地级以上城市，是四川攀西地区最大的城市，也是四川南部地区最富裕的城市，还是四川省重点打造的四座大城市之一，原名渡口市，因市内遍植木棉（攀枝花）而得名攀枝花。它是典型的资源开发型城市、工业城市、移民城市、山地城市。2005 年荣获"中国优秀旅游城市"称号，2008 年荣获"国家卫生城市"、"中国钒钛之都"称号。

攀枝花市常住人口为 1214121 人，年平均增长 1.07%，比全国年平均增长 0.57% 高 0.5 个百分点，比全省年平均减少 0.35% 高 0.72 个百分点。常住人口增加为经济社会发展提供了必需的劳动力资源。攀枝花市常住人口中共有家庭户 378764 户，家庭户人口为 1136724 人，平均每个家庭户的人口为 3 人，比 2000 年第五次全国人口普查的 3.24 人减少 0.24 人。家庭户规模缩小，主要是由于生育水平不断下降、生活观念发生变化、人口迁移流动增加等因素的影响。市民受教育程度明显提高。同 2000 年第五次全国人口普查相比，每 10 万人中具有大学程度的人数由 5080 人上升为 9358 人；具有高中程度的人数由 13982 人上升为 14260 人；具有初中程度的人数由 30097 人上升为 32693 人；具有小学程度的人数由 32160 人下降为 30752 人。这表明，文化程度越高增长越快、低文化程度比重明显下降。

攀枝花是四川地级市中唯一的劳动力输入城市,全市流动人口达20万人,是全国流动人口流入率较高的城市之一。攀枝花是中国西部最大的移民城市,80%以上的居民为外来人口,来自外省的主要有辽宁、吉林、黑龙江的东北籍人口以及重庆、山东、云南、湖北、河北、河南、江苏、湖南、上海、浙江等地人口,来自省内的主要有南充、资阳、遂宁、内江、成都、广安等地人口。

攀枝花共有42个民族,其中汉族占全市人口的87%,41个少数民族中人口最多的彝族占9%,其次是傈僳族、苗族、纳西族、满族、彝族、藏族、羌族、回族、蒙古族、土家族、侗族、瑶族、俄罗斯族、鄂伦春族、锡伯族、哈尼族、独龙族、布依族、白族、壮族、仡佬族、傣族等,形成了金沙江流域各部落、部族、民族小而散和民族多元的格局,文化类型多,分布空间小,且同一类型文化因为地理环境的不同又有差别。攀枝花市的现代文化已成为区域内各民族各地文化向之靠拢的方向,区域内的经济、文化交流更加频繁,使得攀枝花市文化表现出了多元性与融合性的特征。

2. 地理环境

攀枝花地处攀西裂谷中南段,属侵蚀、剥蚀中山丘陵、山原峡谷地貌,山高谷深、盆地交错分布,地势由西北向东南倾斜,山脉走向近于南北,是大雪山的南延部分,地貌类型复杂多样,可分为平坝、台地、高丘陵、低中山、中山和山原6类,以低中山和中山为主,占全市面积的88.38%。攀枝花属长江水系,河流多,境内有大小河流95条,分属金沙江水系、雅砻江水系,两江在此汇合。其主要支流有安宁河、三源河、大河。

攀枝花属南方亚热带为基带的立体气候类型,夏季长,温度日变化大,旱、雨季分明,气候干燥,降雨量集中(全年815毫米),日照长(全年2443小时),太阳辐射强,蒸发量大,气候垂直差异显著,从河谷到高山具有南亚热带至温带的多种气候类型。总体而言,攀枝花气候具有春季干热、夏季湿热、秋季凉爽、冬季温暖、四季不分明的特点。

3. 生态资源

攀枝花市是四川一座得天独厚的自然资源宝库,这里有着丰富的矿产、水力和农业资源。已探明的钒钛磁铁矿储量达一百亿吨，是全国四大铁矿之一。矿石中共生的钒、钛储量，钒资源列全国第一位，居世界第三位；钛资源居全世界第一位。煤的储量为十二亿吨。水力资源十分丰富，正在建设中的二滩电站，建成投产后将成为中国最大的水电站。攀枝花市的气候条件和地形地貌适于发展立体农业，粮食作物一年三熟；出产芒果、香蕉、木瓜等热带水果；半山地区有发展畜牧业的优良草场；高山地区森林资源丰富，林木可采伐量达一千七百万立方米。

攀枝花市公共文化基础设施建设有重大突破，构建了一批普及性、综合性功能兼备的文化娱乐设施，不断完善了城市各片区和各县（区）的文化配套设施规划建设，指导县（区）和相关部门逐步建立了社区文化服务网络，因地制宜加快文化基础设施建设，建成了一批惠及广大群众的基础性公共文化设施和特色文化活动阵地。作为一个现代的移民城市，来到攀枝花的外乡人的思想观念以及文化素质对这里的发展起到了深远的引领或主导作用。"民族文化"、"移民文化"、"创业文化"、"大笮文化"、"迷易文化"、"迤沙拉文化"、"漂流文化"不断发展，初步形成了具有地域特色和影响力的文化品牌。

4. 旅游环境

作为中国优秀旅游城市的攀枝花市，旅游资源独特，集溶洞、石林、瀑布、温泉、原始森林、高山草甸、地下海子、世界第三高坝、象牙微雕钢城为一体；拥有国家、省级森林公园多处，被称为植物学家的天堂，其中攀枝花苏铁国家级自然保护区内有世界上面积最大的原始苏铁林，这里铁树年年开花，被誉为奇观；有植物立体分布的大黑山；有号称"中华奇洞"的米易龙潭溶洞；有稀有的氡气温泉；有举世惊叹的攀钢和雄奇的二滩高峡平湖；有奇趣横生、有惊无险的"万里长江第一漂"；热带水果、水产品及水晶、玛瑙、翡翠等宝玉石和称为"砚中奇品"的苴却砚等旅游商品丰富多彩；开辟了桃花节、阳光之旅、泼水节、龙舟节和风筝节等旅游项目和节庆活动。

民族种类多、地理环境复杂、生态和旅游资源丰富，造就了攀枝花社会文化多样、人口流动性大的主要特点。丽攀高速项目正是因为攀枝花的这些特点应运而生，当地政府急需为货物和人口的运输提供便利，拉动攀枝花市的经济发展，进一步提高居民的生活水平,选择丽攀模式是地方政府面临铺设交通网络需求做出的一个大胆尝试,由政府主导征地拆迁能够帮助沿线居民认识高速公路发展对其自身利益的推动作用,减小征地拆迁的难度,促进丽攀高速项目建设的顺利进行。

四、技术环境

此处的技术要素,不是指那些通常意义上的引起革命性变化的科技发明和技术改良。技术要素包括与企业生产和企业发展有关的新技术、新模式的出现和发展趋势以及该行业发展的现有成就和应用前景。就本书对高速公路建设管理体制的研究而言,其技术环境主要体现在行业内部不同投资主体对建设项目所采取的运营模式上。

随着公路交通事业的快速发展,高速公路投资主体的多元化,带来了多样化的高速公路产权结构,进而引起高速公路经营组织形式和经营目标的多元化。随着高速公路管理模式的发展,我国高速公路建设管理模式在总体大同小异的基础上,各地区则显示出特点鲜明、各有侧重的格局,主要包括"辽宁模式"、"山东模式"、"江苏模式"、"一路一公司模式"。

1. 以事业方式统筹高速公路管理的辽宁实践

辽宁省高速公路的建设、运营、管理坚持"统一规划、统一建设、统贷统还、统一管理"的"四统一"原则。省交通厅负责高速公路项目的前期统筹工作和资金筹集及借款偿还,实行"统收统支、统贷统还"。省高等级公路建设局是省交通厅的下属事业单位,作为交通厅授权的项目法人单位,对项目的工程设计、建设施工、质量监督、工程进度、资金运作进行管理。省高速公路管理局是省交通厅的下属事业单位,统一负责全省高速公路的收费、运营和管理工作。

辽宁模式采取"四统一"的原则,管理高效、建设平衡,其优势主要体现在四个方面:一是资金有保障,能够避免资金链中断影响全省高速公路网规划顺利实施;二是实行收费还贷体制,免缴相关税费,有助于增加全省高速公路的还贷资金;三是实行统贷统还,有利于平衡冷线与热线,促进了高速公路的协调发展;四是全省统一的管理模式,能够避免管理主体多元化,促进行业管理政策、

第二章 丽攀模式的运营环境

标准的贯彻落实。但辽宁模式也存在固有的弊端:一是交通厅作为融资主体,与有关现行法规和政策要求不相一致;二是全省高速公路实行统贷统还,在一定程度上限制了社会资金的更广泛利用;三是事业型的管理模式,在管理职责上存在政事不分、自我监督的现象,管理能力较差。

2. 以事业方式统筹大部分干线公路的山东实践

山东省72%的高速公路以公路局为管理主体负责高速公路的建设、资金的借贷偿还和管理运营。17%的高速公路通过合资合作、转让经营权等市场化运作方式进行筹资建设,建设阶段由市公路局作为项目业主;运营阶段名义上为省高速公路有限责任公司管理,实为公路局按照"条块结合"方式实行托管。此外,还有11%的高速公路为上市公司自行管理,国资委负责国有资本的保值增值。

山东模式的可贵之处在于公路管理运营基本坚持了"一省一局"的模式,比辽宁模式更优越的地方在于全省干线公路(包括高速公路)均由一个管理机构进行管理,使路网的发展更易于协调和统一规划、管理,解决了高速公路和普通公路的融资问题,保证了高速公路快速、顺利地建设,对地方各层级公路的均衡发展提供了有力保障。山东模式在发展建设过程中也逐步显现出一些弊端。例如,公路管理机构管理范围较大、管理任务繁重,承担了几乎所有国、省干线(包括高速公路)的建设管理职能;运营管理阶段实行省地条块结合的管理模式,存在"管人、管事、管钱"不对应和机构较臃肿的问题。

3. 从分散到统一和企业化管理的江苏实践

江苏省高速公路采取"省领导小组决策、省高指监管、公司筹资、市高指建设"的模式,逐渐形成了"投资、建设、运营、管理"四个部门独立分开的格局。全省高速公路管理资源重组后,成立了江苏交通控股有限公司(以下简称"江苏控股"),负责高速公路建设时期的筹资和完工后的经营管理。江苏控股是省属国有企业,由省国资委统一管理。省政府下设高速公路建设指挥部(以下简称"高指"),各地市分设市高指,主要负责对高速公路进行建设管理。省交通厅负责高速公路建设的质量监管和验收,对经营管理行为进行监管;省公路局成立高速公路路政总队,承担路政管理职责。

江苏模式最显著的优势,在于政府主导下的内部职能明确分工,统一领导,各司其职,有效提高了公路建设管理效率。但其存在的问题,一是"高指模式"是传统的建设管理模式,无法实现执行和监管智能的分离,建设与运营管理割裂、脱节;二是企业经济利益与高速公路社会公益性之间的矛盾明显;三是高速公路集团公司直属省政府领导,基本上与省交通厅处在同一行政序列中,交通行业管理缺乏手段,必要的行业监管无法实施。

4. "一路一公司"的管理模式

"一路一公司"管理模式的具体形式是,首先针对一条或一批高速公路建立一个股份公司;然后,按照股份制的模式进行资金筹资、建设和运营管理。股份制企业经营方式从高速公路筹资建设就开始彻底实行,对高速公路的筹资、建设、管理、养护、维修、还贷等均负有直接责任。这是一种建管一体型的集中统一的经营管理方式。

"一路一公司"模式作为高速公路改革的方式之一,有着它特有的优势,主要表现在:①每一条(或一批)高速公路成立一个股份公司,便于对整条高速公路实行统一管理和经营,尤其在管理同时跨越几个行政区域的高速公路时其优势更加显著;②每一条(或一批)高速公路成立一个股份公司,便于从整体上对高速公路进行建设、提高建设效率、缩短建设周期,在对高速公路沿线进行开发利用时效益更高;③"一路一公司"有利于公司对资金的筹集和利用;④"一路一公司"模式可以更快地将高速公路引入市场。

"一路一公司"的财务管理模式是社会主义市场经济体制改革与高速公路建设快速发展下的产物,在一定程度上有效促进了我国高速公路事业的快速发展。然而,随着我国高速公路建设的快速发展,其管理过程中存在的问题也逐渐暴露出来。在每条高速公路建成后,都需要投入大量的资金组建新的运营管理公司,建设新的管理队伍和营运人员以及购置设施设备等,这种重复的建设必然会对高速公路管理有限资源造成严重的浪费。在整个高速公路行业资源尚未得到优化配置的同时,一些高速公路公司已经配备的设施设备的功能开发不足,不能很好地发挥应有作用,特别是监控设施和部分进口设备,常处于闲置或半瘫痪状态,对国家投资的设施和资产造成了严重的浪费。一方面管理机构重叠、机构臃肿、人员过剩,管理成本居高不下;另一方面道路养护、维修等专业化工作技术力量跟

第二章 丽攀模式的运营环境

不上,管理很难到位。再加上随着信息化高速发展,高效收费需要全国联网,一卡付费,现有的这种分散管理模式不利于高效征费系统的实施。

在四川省,四川高速公路建设开发总公司(以下简称"川高公司")负责全省高速公路的资金筹集、建设管理、运营和资产管理以及日常养护管理等职能。省会成都市的高速公路,由市交通局单独建设和管理。川高公司作为四川省交通厅直接领导下的国有特许经营企业,在四川省交通厅授权范围内承担国有公路资产的保值、增值任务,在以资产为纽带的经济关系下实现对省各重点公路项目的管理,包括省管重点公路工程建设项目的筹融资及其投资管理和建设的实施管理;已通车营运的省管重点公路项目的特许经营管理、资产管理和养护管理;以川高公司名义投资的其他控股、参股子公司的经营管理;省管各重点公路项目建设和经营单位、控股公司的人力资源和企业干部管理;协助四川省交通厅对省管各重点公路项目建设和经营管理单位及控股公司的党、团组织、工会、精神文明建设和党风廉政建设实行统一管理。在四川省交通厅的领导下,经过十余年的创业和发展,川高公司先后发起和参与组建了成渝、成绵、达渝、雅西、攀西等二十余家高速公路公司,基本形成了高速公路母子公司的结构框架。在一定程度上,四川省采用的基本都是"一路一公司"的模式。

例如,攀西高速就是经四川省交通厅批准,由川高公司投资控股成立四川攀西高速公路开发股份有限公司(以下简称"攀西公司")作为项目业主承担西攀路的建设任务。业主下设办公室、工程处、财务处、综合处及收费处五个部门。采取分段式现场管理模式,即在沿线分别设立德昌、米易、攀枝花代表处,并设立成都办事处。针对工程建设管理,业主采取派驻业主代表方式,与监理部门、中心试验室及承包人进行工作联络、协调,并对合同的执行情况进行监督、考核和管理。攀西高速的这种"一路一公司"模式属于前文所述的一般路地共建模式,由攀西公司承担高速公路项目的投资、融资、建设、运营与维护,攀枝花市政府仅履行政府职能负责征地拆迁工作,而由攀西公司协调征地拆迁工作并支付征地拆迁费。在这种模式下,地方政府是被动的参与方,缺乏主观参与意识,且不受承担征地拆迁费用的约束,其征地拆迁工作积极性有限,而征地拆迁涉及人事多、情况复杂,故项目建设效率受到影响。

四川高速公路的这种建设模式，具有自己的特点。川高公司是省交通厅下属的企业（职能类似于辽宁省的高建局加高管局），但它同时又承担了某些行政管理职能，如建设监管、路政监管等。该模式将事业型高速公路管理机构转为企业化经营，一定程度上有利于行业管理的实施，能够保证管理的统一、降低管理的成本。但这种模式最突出的问题就是川高公司集融资、建设、养护、管理多种职能于一身，还包括了部分行政管理职能，可能会造成政企不分的现象，从而影响川高公司的工作效率和项目公司的建设业绩。

高速公路建设的运营环境是项目成败的先决条件，项目工程的外部运营环境对项目建设的整个过程都会产生影响，宏观环境的微小变动都可能给工程建设带来极大的影响，甚至造成巨大的损失。因此，针对不同的宏观环境应采用不同的建设管理模式。丽攀高速公路项目的建设工程难度大、投资高，不能盲目坚持已有经验、照搬别人成功的模式，需要在四川省现有的管理体制下，在分析攀枝花地区政治、经济、社会文化以及技术环境之后，根据攀枝花市迫切需要打开当地交通通道，解决历史遗留问题的现实，吸取别人成功的经验，发挥自己的优势，同攀枝花市政府相互取长补短，促成适合丽攀高速这个具体工程项目的运营管理模式——丽攀路地共建模式。在建设的过程中，建设管理单位还必须时刻关注国家政策、宏观经济、社会文化以及行业技术环境的任何变动，及时做好防范措施，避免可能的风险，减少遭遇的损失，使得项目顺利进行，及时完工。

在将丽攀路地共建模式向外推广的过程中，宏观运营环境是否适宜对项目的建设起着决定性的作用。只有在适宜的条件下，丽攀模式才能够积极地发挥其优势，而环境发生变化后，丽攀模式可能就不再适用。因此，高速公路建设管理的成功模式必须有适应的环境，才能最大限度地发挥优势。丽攀模式也不例外，其成功经验不能盲目地照搬到其他项目建设中，否则反而可能给工程建设造成巨大阻碍。

第三章 基于丽攀模式的相关理论分析

在高速公路建设的过程中,政府与投资人的行为效用、利益冲突以及责权利等问题贯穿项目建设的始终,是影响项目建设成败的根本性问题。本书在相关理论研究的基础上,结合丽攀高速公路建设的实际背景,从参与人的行为效用、利益冲突以及相应的责权利等方面对丽攀模式的路地双方行动进行探讨,并从内外部影响因素出发对丽攀模式进行 SWOT 分析。

第一节 高速公路建设中的利益冲突研究

丽攀模式的产生是路地双方各自利益诉求的结果,要有效实施需要扬长避短,这离不开对内外部因素的全面认识,但在具体运行过程中,各利益相关者由于自利动机的驱动必然产生利益冲突,形成对丽攀模式有效运行的阻滞。

一、利益相关者理论研究

1. 利益相关者理论概述

1984 年,弗里曼出版了《战略管理:利益相关者管理的分析方法》一书,明确提出了利益相关者管理理论。利益相关者管理理论是指企业的经营管理者为综合平衡各个利益相关者的利益要求而进行的管理活动。与传统的股东至上主义相比较，该理论认为任何一个公司的发展都离不开各利益相关者。

利益相关者与企业是一种影响互动的关系。一方面企业追求的是自身主体利益的最大化，而不是整体利益的最大化，因此企业的行为和决策可能会损害相关者的利益，例如，在施工过程中，噪声、尘埃等对周围群众生活环境的影响；另一方面利益相关者的反应、行为等也影响企业的决策，比如政府制定的法规、政策等直接影响着企业的决策。因此，他们之间存在着一种双向影响互动的关系。利益相关者这种"影响互动"的性质，可以是潜在合作的也可以是潜在挑战威胁的，这主要取决于利益相关者的类型与性质。

2. 高速公路建设的利益相关者

由于诸多利益相关者受高速公路建设与经营的影响，因此首先需要界定社会资金投资高速公路中的利益相关者，并且这些利益相关者不需要等量齐观，在科学界定的基础上可以对不同的利益相关者进行分类治理。在高速公路建设管理中，政府、银行、社会投资人和高速公路使用者是主要的利益相关者，还有媒体、学术机构、社会公众、高速公路周边居民、后代子孙等利益相关者，他们在不同程度上影响着高速公路建设与运营。本书通过借鉴"米切尔评分法"的分析思路，从利益相关者的合法性、权利性和重要性三个维度对社会资金投资高速公路中的利益相关者进行分类，具体构成如表3-1所示。

表3-1 社会资金投资高速公路的利益相关者构成

利益相关者		合法性	权利性	重要性
确定的利益相关者	高速公路管理局	高，管理高速公路	高，代表政府的总体利益	高，其决策直接影响社会投资人的选择和高速公路的管理
	银行	高，贷款社会投资人	高，社会投资人财务风险的监管者	高，其决策影响社会投资人资金供应
	社会投资人	高，独立法人，高速公路建设经营	高，高速公路建设经营的获利主体	高，其决策影响高速公路建设经营
	高速公路使用者	高，高速公路使用	中，高速公路获益人	高，其权力和利益被社会各界关注
预期的利益相关者	地方交通厅	中，高速公路管理的指导者	中，监督高速公路管理局	低

续表

利益相关者		合法性	权利性	重要性
潜在的利益相关者	媒体	低	中，其社会监督逐渐增强	低，但其舆论压力逐渐增强
	社会公众	中，为高速公路建设经营提供舆论导向	低	低
	学术机构	低	中，为高速公路建设经营提供理论依据	低
	高速公路周边居民	高，土地占用补偿索取权	低	低

根据表 3-1 对各利益相关者的界定，丽攀模式在运行过程中最重要的利益相关者包括了攀枝花市政府、丽攀公司和银行等金融机构。攀枝花政府作为项目发起人，对丽攀模式在该市的建设和推广给予了强有力的支持。政府的担保和激励措施降低了项目中诸多的不确定性，比如建筑材料、能源的供应、土地供应、项目经营期问题、资金贷款等。政府出资 4 亿元并负责征地拆迁补偿安置工作，最大限度地调动了地方政府的积极性，保障了征地拆迁工作的顺利进行。丽攀公司是社会投资人，丽攀高速公路有限责任公司由四川高速公路建设开发总公司全额出资组建，注册资本金 1 亿元人民币，全面负责高速公路的融资、设计、建造、运营和维护，公司管理人员有着丰富的高速公路建设经验，丽攀公司的决策将对高速公路的建设工程产生较大的影响。银行等金融机构在项目建设中同样扮演了重要角色，丽攀高速公路建设项目贷款 410106 万元，其中中国建设银行四川省分行承诺贷款 361875 万元，中国银行四川省分行承诺贷款 362250 万元。由于项目贷款额度较大，贷款银行承担的风险较大。因此，贷款银行会对项目的可行性和收益是否能够如期偿还进行严格的判断，当项目出现资金短缺或其他不利情况的时候，银行的理解和支持就显得非常重要。

二、征地拆迁利益冲突的博弈论证

本书分析和识别了高速公路建设中的利益相关者，在每一个利益群体中都有自己的利益诉求。丽攀模式有别于其他建设管理方式的突出优势就是路地双方创新了合作方式，尤其体现在征地拆迁和环境保障方面。征地拆迁是高速公路建设项目顺利实施的重要保障，它涉及补偿价格、补偿方式等方方面面，在利益格局重新分配的过程中路地双方的利益冲突不可避免，往往成为工程建设的重大阻滞。每一个利益主体都会利用其社会资源进行利益博弈，不论是地方政府还是高速公路建设管理单位都应该积极应对和调节此类冲突，在保障沿线农民的利益前提下确保高速公路建设的顺利实施。

1. 博弈论基础

博弈论是指个人或组织，在一定的环境和规则的约束下，依靠所掌握的信息，从各自的策略中选择并加以实施从而取得相应结果或收益的过程，在经济学上博弈论是个非常重要的理论概念。双方这种具有竞争或对抗性质的行为称为博弈行为。在这类行为中，参加竞争的各方各自具有不同的目标或利益，为了达到各自的目标和利益，各方必须考虑对手的各种可能的行动方案，并力图选取对自己最为有利或最为合理的方案，比如日常生活中的下棋、打牌等。博弈论就是研究博弈行为中利益冲突的各方是否存在着最合理的行为方案，以及如何找到这个合理的行为方案的数学理论和方法。

博弈要素包括以下五点：

（1）局中人（Players）

在一场竞赛或博弈中，每一个有决策权的参与者成为一个局中人。只有两个局中人的博弈现象称为"两人博弈"，而多于两个局中人的博弈称为"多人博弈"。本书主要研究高速公路建设管理中地方政府和业主单位两位局中人的博弈。

（2）策略（Strategies）

一局博弈中，每个局中人都选择实际可行的完整的行动方案，即方案不是某阶段的行动方案，而是指导整个行动的一个方案，一个局中人的可行的自始至终全局筹划的行动方案，称为这个局中人的一个策略。如果在一个博弈中，局中人都有有限个策略，则称为"有限博弈"，否则称为"无限博弈"。在丽攀高速公路建设中，双方在征地拆迁工作中约定的责任和义务以及面对拆迁冲突事件采取的措施形成这次博弈的策略。

（3）得失（Payoffs）

一局博弈结局时的结果称为得失。每个局中人在一局博弈结束时的得失，不仅与该局中人自身所选择的策略有关，而且与全体局中人所取定的一组策略有关。所以，一局博弈结束时每个局中人的"得失"是全体局中人所取定的一组策略的函数，通常称为支付（Payoff）函数。地方政府的得失是以社会公共利益的实现为最终目标，而建设单位的得失则是项目能否盈利。

（4）次序（Orders）

各博弈方的决策有先后之分，且一个博弈方要做不止一次的决策选择，这就出现了次序问题；其他要素相同而次序不同，博弈就不同。

（5）博弈涉及均衡

均衡是平衡的意思，在经济学中，均衡意为相关量处于稳定值。在丽攀模式中，政府和丽攀公司双方都能达到利益平衡，实现共赢，此时我们就说，这两者的博弈达到了纳什均衡，是一稳定的博弈结果。

2. 征地拆迁中的利益博弈分析

征地的过程是利益重新分配的过程，实际上也是利益博弈的过程。攀枝花市政府出于促进当地经济发展的公共利益采用丽攀模式修建高速公路，高速公路是准公共产品而不是私人产品，因此，政府征用土地的成本主要是给予被征地人或被拆迁人的补偿，而不是被征地预期的价值（市场价值）。如果每一个被征地者都从各自利益出发，追求无限度的经济补偿，那么协调成本、交易成本过高，将会影响整个高速公路的建设效率，最终损害公众的利益。当然，农民在建设过程中不可避免地会因失地而引起现实利益受损，本着公平效益原则，政府也应该适度发挥其资源优势给予农民更多的考虑和实惠。在征迁过程中，如何兼顾公平与效率，尤其是如何使征用成本在补偿价与协议价（"合理的市场价值"）之间相机抉择，避免出现会因农民利益受到较大程度的损害而引发的社会矛盾和冲突，是政府应该考虑的。丽攀高速公路的建设方丽攀公司协助攀枝花政府完成征地拆迁工作，从传统的高速公路 BOT 建设模式的征地拆迁主体和资金责任方转变为非主体一方，在征地拆迁协调成本控制和工程进度出现矛盾的时候，更加注重后者（工程进度）而忽略了成本控制，导致协调成本过高，为双方的利益冲突埋下了隐患。

按照现有征地拆迁补偿标准，征收的土地资产所需要付出的总量成本是一定的，因此一方行为的获利是以另一方行为的最终付出为基础的，即零和博弈。在零和博弈中，政府和建设单位双方都按自利行为原则行事，由于不完全契约理论和信息不对称理论，两者产生了利益冲突。

3. 丽攀模式中利益冲突的调节机制

传统的高速公路 BOT 建设模式虽然有效地解决了地方政府公路建设资金的"瓶颈"问题，但是和政府投资修建的高速公路相比，BOT 项目在征地拆迁以及各方协调问题上要付出更多的成本。主要原因有以下两个方面：其一，对于政府投资的高速公路项目，地方政府官员考虑到自身的政绩问题，往往对征地拆迁工作高度重视，运用较强的行政干预手段处理阻工问题，利用地方政府的职能优势保质保量地完成征地拆迁工作；其二，在与施工建设沿线居民的利益博弈中，地方政府作为国家利益的代表，当国家利益与农民利益发生冲突的时候，更倾向于国家利益，对农民集体参与阻工的现象主动制止。

在丽攀模式中，攀枝花市政府出资不参股的征地拆迁方式在一定程度上缓解了上述双方的利益冲突，既调动了政府工作人员的积极性，在征地拆迁过程中又能兼顾被拆迁人和施工沿线居民的利益。但是由于目前关于 BOT 融资模式的法律制度不完善，项目建设单位缺乏行政资源，丽攀项目在征地拆迁成本控制以及成本超支问题上存在诸多争议。探其原因主要是两个方面的问题：一方面，在双方签订的《投资协议》中，并未对征地拆迁费用超过政府出资 4 亿元的情况作出明确规定，因此当成本超支后存在争议也在所难免；另一方面，地方政府对高速公路没有长期的收益权，在控制费用问题上缺乏主动性，而建设方并不是征地拆迁费用的出资方，在拆迁成本控制方面也缺乏监管。

为了避免丽攀模式中地方政府和项目业主在征地拆迁费用上的利益冲突，保障高速公路建设项目的顺利实施。本书提出如下调节机制：首先，完善双方签订的合同内容，对征地拆迁工作实行合同管理，规范化运作，在征地拆迁和施工环境保障上事前明确征地拆迁费用超支的责任人，有利于利益各方对工程成本的监控，避免了由于协议约定不完善而造成的纠纷，也避免了影响整个工程项目的建设；其次，地方政府部门对同一行政区应出台统一的、合理的拆迁方案和补偿标准，使补偿行为有章可循，科学公平合理地控制征地拆迁成本，保障公路建设社会环境的稳定。对此建议相关部门要在充分调查摸底的基础上，参照上级补偿标准，结合拆迁实际情况制定切实可行的拆迁方案和详细、合理的补偿标准并严格执行，杜绝随意性，避免为了赶工期，对被拆迁户补偿不严格按照拆迁标准执行，造成被拆迁户互相攀比观望，最后使拆迁工作陷入被动局面，耽误了工期，也增大了拆迁成本。

第二节　丽攀模式中的路地行为效用研究

一、行为效用理论研究

高速公路建设项目的利益相关者由于各自的自利动机参与到建设管理的整个过程中，项目风险发生的概率、产生的后果、可控制性、可转移性等特性都是客观的，然而由于不同的利益相关者对待风险的态度不同，对风险的效用值也不尽相同，进而导致采取的决策也不相同。因此，在研究高速公路建设管理时行为效用理论的应用就显得尤为重要。

1. 委托代理理论

委托代理理论作为一种规范的经济学研究方法，始于研究企业内部的股东和经理人之间的委托代理关系。在20世纪30年代，美国经济学家伯利和米恩斯因为洞悉所有者兼具经营者的做法存在很大的弊端，于是提出"委托代理理论"，倡导所有权和经营权分离，企业所有者保留剩余索取权，而将经营权利让渡。委托代理理论中的委托关系是指一个或多个行为主体根据一种明示或隐含的契约，指定、雇用另一些行为主体为其服务，同时授予后者一定的决策权利，并根据后者提供的服务数量和质量对其支付相应的报酬。授权者就是委托人，被授权者就是代理人。

目前，委托代理理论已经发展到对企业与企业之间和政府与企业之间关系的相关研究中。在丽攀模式中涉及许多利益相关者，如建筑商、材料供应商、资金供应商、运营商等，组织结构非常复杂。但是，特许权协议是由攀枝花市政府与丽攀公司签订的，因此本书主要研究政府与项目业主的委托代理关系。丽攀公司提供项目产品——丽攀高速公路给消费者，其目标是使公司利益最大化；假设政府作为消费者代表购买该产品，政府的目标是社会效用最大化。在这个交易中由于丽攀公司的成本是隐藏信息，当产品的价格确定后，丽攀公司的成本就决定了丽攀高速公路的质量。丽攀高速公路的质量直接影响政府的期望效用，因而在经济学上，攀枝花政府与丽攀公司之间构成了委托代理关系，攀枝花政府是委托人，丽攀公司是代理人。两者之间的委托代理关系可用图 3-1 表示。

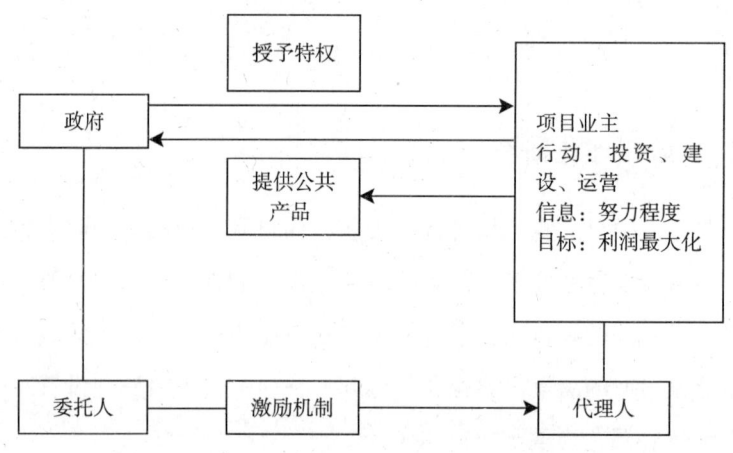

图 3-1　政府与项目业主的委托代理关系

地方政府与项目业主的委托代理成本主要表现在以下三个方面：

第一，委托人和代理人之间的利益目标不一致。在丽攀模式中，攀枝花政府作为项目的委托人，追求的是社会利益最大化，始终把改善居民居住环境、提高生活质量、提升城市品位作为首要目标，而丽攀公司追求的是企业价值最大化。两者的效用最大化目标往往是不一致的。政府效用最大化的实现需要以企业付出更多的成本从而保证丽攀高速公路的顺利完工为前提，但企业的努力是要付出成本的，因此代理人的效用最大化是希望减少自己的努力成本，提高自身的投资收益。

第二，委托人和代理人之间信息不对称。政府作为委托人，并不能完全了解项目的施工技术难度以及项目业主成员的努力程度，因此为项目的监督和保障工作带来了诸多不便。

第三，交易过程中存在不能由委托人和代理人控制的外部随机因素，这些随机因素将影响最终的结果。高速公路建设的投资建设期较长，在这相当长的时期内，政府和企业不可控因素较多。当政府与企业的利益相互冲突且信息不对称时，双方的"道德风险"随之而生，从自身利益最大化出发，可能导致利用信息优势损害对方的利益，并最终可能造成整个项目的损失，出现"双输"的结果。

2. 效用理论

（1）效用理论的定义

假设决策问题的各可行方案有多种可能的结果值，依据决策者的主观愿望和价值取向，每个结果值对决策者均有不同的价值和作用。反映结果值对决策者价值和作用大小的量值称为效用，记作 U（X）。效用实际上是决策者对于利益和损失的独特看法、感觉、反应或兴趣，反映了决策者对于风险的态度。高风险一般伴随着高收益。效用理论是决策者进行决策方案选择时采用的一种理论。决策行为往往受决策者主观意识的影响。

（2）期望效用函数

如果某个随机变量 X 以概率 P_i 取值 x_i（i = 1，2，…，n），而某人在确定地得到 x_i 时的效用为 $u(x_i)$，那么，该随机变量 X 带来的效用是：

$$U(X) = E[U(X)] = P_1 U(x_1) + P_2 U(x_2) + \cdots + P_n U(x_n) \tag{3-1}$$

其中，E[U(X)] 表示随机变量 X 的期望效用。因此 U(X) 称为期望效用函数，又叫做冯·诺依曼—摩根斯坦效用函数（VNM 函数）。

（3）丽攀高速项目的效用模型

高速公路是准公共产品，因此，项目的成功与否不能仅从企业财务收入来判断，必须从社会福利的角度进行研究。本书基于效用函数建立丽攀公司与政府之间的效用模型，并根据效用模型分析双方的效用诉求，为丽攀模式的有效实施和推广提供理论依据。

效用模型的建立首先需要做出如下两点假设：

假设 1：将政府作为消费者代表，用政府的效用代替消费者总体效用。

假设 2：尽管项目产生的效用是多元的，但为使研究成为可能，本书假设项目产生的效用可以用成本和收益进行量化表示。

设攀枝花政府的效用为 U_1，则效用函数可表示为：

$$U_1 = X_L - X_2 + \alpha U_2 \tag{3-2}$$

其中，X_L 表示项目在生命周期内创造的总收益，X_2 表示在项目的特许期内获得的总收益，如果项目在整个生命周期中的收益是均等的，则 $X_2 = \beta X_L$，其中：$\beta = T_0/T_L$，$0 \leq \beta \leq 1$，T_0 为项目的特许期，T_L 为项目的生命期。政府的效用函数有一项丽攀公司的权重效用 αU_2，表示在丽攀公司取得的效用中有一部分外部化了，也就是丽攀公司获得的效用越大，对社会的贡献也越大。α 是项目的贡献系数，$0 < \alpha < 1$，反映丽攀公司对社会作的贡献。

设丽攀公司的效用为 U_2，则效用函数可表示为：

$$U_2 = X_2 - C_2 \tag{3-3}$$

其中，C_2 是丽攀公司的建设成本。

将式（3-3）和 $X_2 = \beta X_L$ 代入式（3-2）得到政府效用函数为：

$$U_1 = (1 - \beta + \alpha\beta)X_L - \alpha C_2 \tag{3-4}$$

由式（3-4）可知，丽攀公司的建设成本和效用、项目特许经营期、项目创造的总收益都会影响政府效用的实现。因此，丽攀公司和政府在追求自身效用最大化的同时也要兼顾对方效用的实现，只有这样才能达到双方利益的均衡，保证丽攀高速公路的社会效益和经济效用的最大化。

众多研究成果表明，当风险被公共部门转移到社会部门时，基础设施建设项目的效率不断上升，项目的总成本不断下降，资金价值不断上升，但是当风险转移到一定程度后，根据边际效用递减规律，项目的效率也开始下降，项目总成本开始上升，资金价值也开始下降（如图3-2所示）。因此，在丽攀模式中，风险需要由政府和丽攀公司按照某种合理的比例进行分担。丽攀公司承担资金、技术和管理上的风险，政府也应承担征地拆迁的风险，这样按照某一比例分担风险使得项目总体效用最大化，并且使风险的实际总成本最低。

二、地方政府的行为效用研究

在传统的 BOT 建设模式中，由于政府参与度低，工作中存在投资效率低、

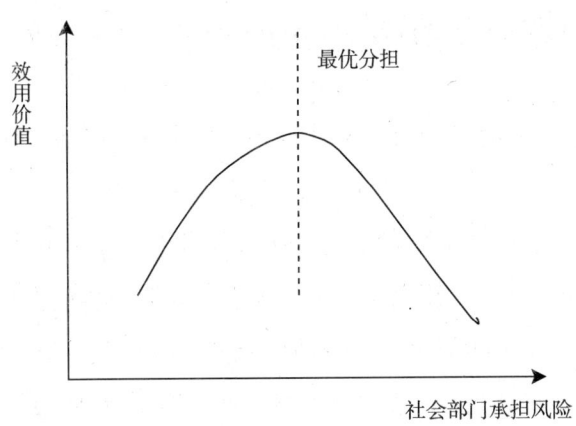

图3-2 风险分担对效用价值的影响

管理效果差等问题,具体表现在以下三个方面:首先,政府各职能部门在建设项目中的协调配合工作缺乏有效的管理。政府协调配合职能的实现取决于各职能部门能否统一战线,但在传统BOT模式中,各部门按照自己的方式各自独立地参与项目建设工作,造成资源配置低下的局面。其次,政府工作缺乏有效的监督与约束。这种监督约束分为外部监督与内部监督。社会公众作为最有力的外部监督人员,由于缺乏畅通的渠道,往往对公共设施项目的监督热情低,参与程度低,而政府内部监督制度一直是政府工作的盲点,其约束效果甚是有限。最后,部分顶层政府官员在缺乏充分的民众意见时,就盲目地进行项目建设,难免导致投资过度或不足。

对于丽攀高速项目,攀枝花市政府经过反复论证,其建设符合政府效用函数最大化的目标,故全力支持丽攀高速公路的建设工作,推动了丽攀模式的产生,充分发挥了政府自身的主观能动性,提高了政府工作效率,为项目建设起到了保驾护航的作用。

丽攀模式中的政府行为效用主要体现在以下几方面:

1. 促进地方财政收入增加,创造更多的就业机会

2011年是攀枝花"十二五"开局之年,也是经济发展环境极为复杂的一年,攀枝花市政府把握"抢抓机遇、加快发展"的工作基调,强化工作措施,推动经济快速发展,主要经济指标提速升位,全市经济呈现出平稳较快增长的良好态势,实现了开好局、起好步的预期。2011年,攀枝花市全市生产总值达到640

亿元，比计划目标高出 1.9 个百分点，高于全省平均增速。同时，城镇居民收入与支出均呈同步上扬的态势。其中，城镇居民人均可支配收入 19735 元，同比增长 16.9%；绝对额在四川省 21 个市州中居第二位，增速居第三位。

在国际金融环境复杂多变、国内需求持续低迷的宏观环境下，加大公共基础设施的建设对扩大内需，缓解就业压力有重大意义。公路建设是劳动密集型项目，需要投入大量的人力、物力。据专家测算，每 1 元公路建设投资带动的社会总产值接近 4 元，相应创造国民生产总值 0.4 元，每亿元公路建设投资可为公路建筑业创造 2000 个就业机会，同时为相关产业提供就业机会近 5000 个。按丽攀高速公路投资概算 54 亿元计算，可拉动社会总产值 216 亿元，创造国民生产总值 21.6 亿元，可增加直接就业岗位 10 万余个及间接就业岗位 27 万余个。项目的建设期间还将带动相关产业，比如建材、机械等行业的发展，对扩大内需，促进经济平稳增长有巨大的现实意义。

2. 促进区域产业结构调整

区域产业结构是影响区域经济增长的关键因素，产业结构的优劣是一个地区区域经济发展质量和水平的重要标志。区域经济结构不合理会成为影响区域经济发展的一个主要障碍因素。

与工业相比，长期以来攀枝花的服务业始终处于配角地位，2002~2010 年服务业平均增速为 10.1%，低于 GDP 增速 3.3 个百分点。攀枝花服务业的发展滞后和结构不合理已经成为一、二产业进一步发展的"瓶颈"，制约了地方经济的可持续发展。丽攀高速公路的建设使得攀枝花服务业的基础设施日趋完善，从而为服务业发展打下了良好的基础。项目的实施还将吸引资金、技术、劳动力等生产要素向丽攀高速公路沿线聚集，有助于通道经济的形成，投资所带来的乘数效应在未来几年会逐步释放，进一步带动攀枝花市经济快速发展。此外，项目的建设有利于沿线农村劳动力向城镇转移，优化就业结构，缩短城乡时空距离、收入差距，促进区域间的文化、教育、卫生事业的发展，加快城镇化和城乡经济社会一体化的进程，为攀枝花市服务业发展带来广阔的市场。

3. 完善地区交通网络，改善过境交通问题

攀枝花地处川、滇交会处，是四川通往东南亚、西亚及沿边地区、沿海口岸

第三章 基于丽攀模式的相关理论分析

的最近的地方,是长江沿岸城市向川西南、滇西北市场集散的重要节点,只是由于交通不便,这种区位优势长期被人忽视。攀枝花市政府迫切需要改善当地的交通条件,将这种相对的劣势转化为绝对的优势,真正确立攀枝花次级交通枢纽地位。

丽攀高速项目是国家高速公路 G5 京昆线与 G5611 大(理)丽(江)高速公路的重要建设连接线之一,是四川省高速公路网第 5 条南北纵线宜宾至攀枝花高速公路的重要组成部分。它的建成必将带动川西南、滇西北社会经济的发展,促进少数民族区域的快速发展,因此,攀枝花市委、市政府对此高度重视,把抓好征地拆迁工作和优化施工环境作为加快丽攀高速建设的首要任务和第一推动力。

同时,丽攀高速公路攀枝花路段的建设还将解决攀枝花市过境交通的问题。攀枝花市区规划为组团式结构,城市发展呈东西长、南北窄的格局,城市各组团之间联系通道少,加之过境交通穿城而过,导致城市进出口交通拥挤。本项目的建设将有助于改善过境交通给城市带来的拥挤现象,带动城市发展。

4. 加快当地矿产、旅游资源的开发,促进产业发展

攀枝花因矿而生,"三线"建设时期的大投入与大移民直接导致了攀枝花工业化和城镇化的高起点。2004 年、2005 年,攀枝花分别出台了《攀枝花市工业发展规划纲要》和《攀枝花市工业布局总体规划》,将原来散乱的工业集中点规划为一个市直管的钒钛产业园区和 5 个县区产业园区,实施工业项目"退城入园",在退出地和园区关联城区进行城市建设。"十二五"期间,攀枝花将依托园区,重点发展矿业、钢铁、能源、钒钛、化工、机械制造六大传统产业以及太阳能、生物工程两大新兴行业,推动工业转型升级。而攀枝花炼矿的必要配料主要集中在云南、贵州等地,目前,只有省道 310 线宁化公路可以到达,但等级低,路况差,难承担繁重的交通运输任务,已经不能适应经济社会的发展。攀枝花市工业制成品的输出和原材料的输入都迫切需要尽快建设一条满足川西南、滇西北经济产业链结构的高速公路,以实现区域经济优势互补。

攀枝花市的旅游资源得天独厚。本项目的建成将有助于攀枝花市旅游资源的开发。攀枝花的环境面貌近年来发生了巨大转变,并先后被评为优秀旅游城市,国家卫生城市和省级环保城市。2010 年,攀枝花正式向外推出了"阳光花城"

这一全新城市定位。丽攀高速公路将与西攀高速公路、大丽高速公路连接，打破蜀道难的交通"瓶颈"，提高沿线旅游资源的旅游品质，打亮"阳光花城"的城市名片，促进第三产业的发展。

5. 合理规避建设风险，加快发展公共基础设施进程

在传统的政府投资中，政府主要利用财政预算收入承担项目建设资金，有权决定基础公共设施是否建设、建造图纸如何设计等。但是，首先，政府在承担巨额的财政资金支出时，必然会对政府的其他职能产生影响。因此，政府会尽力节省开支，以便维持政府的财政资金链。其次，由于政府相关职能部门往往是根据自己的判断做出投资计划，是否符合社会需要并不是主要目标，经常造成政府投资决策的失误。最后，政府上级官员对项目设计、建造和经营并不专业，因此极易在项目的设计和建造上违背实用性。政府职能上的缺位是阻碍公共基础设施建设的主要原因。丽攀模式有效地规避了政府在建设运营项目上面临的风险，将风险合理地转嫁给了专业的项目建设公司即丽攀公司，给社会民众带来更符合社会需求、实用性更强的公共设施，因此政府具有较强的积极性推进建设项目的实施。

综上所述，丽攀高速公路项目的建设符合政府效用函数最大化的现实目标，不仅成就了攀枝花政府工作的效率，还对攀枝花市经济发展有强烈的推动作用，对人流物流在攀枝花的集散具有重要的牵引和拉动作用，促进了攀枝花市的资源开发、招商引资、产业结构调整和横向经济联合，带动攀枝花市进入一个良好的经济运行轨道。

三、丽攀公司的行为效用研究

丽攀模式相比其他类型的项目而言，更多的是依靠充分发挥当地政府的积极参与。所以在建设过程中，项目业主要主动地与地方政府保持良好的工作关系，在政策允许的范围内获得最大的利益支持，建立良好的建筑施工环境，保证项目的顺利完成。丽攀模式下的公司行为效用主要体现在以下几方面：

1. 合理分担风险，保障项目的顺利实施

为了社会经济的均衡发展，近年我国各省高速公路建设普遍提速。新建高速公路逐渐连通经济欠发达地区，同时路线沿途地理环境及地质条件也更为恶劣，为达到行车速度和走线平顺的要求，桥隧比大幅升高，工程造价高出平原高速1倍甚至数倍。这些高风险、高难度的高速公路项目无法吸引社会资本进入。因此对于这类施工难度大、投资收益不确定性大的项目，需要政府加大优惠政策，合理分担项目投资人的风险，吸引优秀的项目投资人进行投资，比如融资模式可以采取有限追索，即无论项目出现任何问题，贷款人均不能追索到项目借款人除该项目资产、现金流量以及所承担的义务之外的任何形式的财产。

2. 依靠政府信用，得到社会各界的积极配合

公路作为一种公共基础设施，其建设与运营必然要体现社会效益，既要为社会提供良好的交通服务，又要确保公路发展目标的实现。政府对公路经营企业的管理是指政府运用各种资源来影响企业的经营活动以达到既定的宏观社会经济发展目标的各种活动。由于公路基础设施建设具有社会公益性，占用大量国土资源，对沿线环境经济发展有巨大影响，因此政府交通、国土、财政等职能部门有责任进行指导、监督、管理、服务。由于公路建设投资巨大，地方政府的政策扶持就显得必不可少、尤为重要。高速公路建设中出现征地、拆迁、安置、补偿以及重大协调工作，教育和管理沿线群众爱路护路，遵守高速公路管理规章的宣传工作，就需要政府给予必要的支持和帮助。总之，政府与公路特许经营企业在保障高速公路顺利完工，发挥最大社会经济效益方面的目标完全一致，因此，政府与高速公路特许经营企业的合作关系极为紧密，政府的参与和支持十分重要。

3. 加强特许经营权的管理，避免政府承诺缺失

特许经营权规定了政府和特许经营公司双方的基本权利和义务，特别是政府承诺的义务是对项目的一系列保证。政府在某个程度上也是经济人，因此，在参与市场交易的过程中，政府作为理性的参与者，它可以选择守信还是不守信，与我们普通的个人并无差别。政府在追求利益最大化的情况下，也可能选择失信。因此该项目必须是符合国家公路交通的长期规划的，是在政府指导下进行项目选择和论证的，体现了当地政府的意志的，只有这样的项目才能最大限度地调动政府的积极性，保证政府承诺的实现。比如，在BOT高速路建设项目中，征地拆迁的费用伸缩性较大，在特许经营合同中可以通过政府给予优惠政策或者自己出资等方式有效地降低征地拆迁的费用，提高企业的投入产出效益。

特许经营项目的合同期一般比较长，少则十几年，多则 30 年以上，那么对于政府在合同期内承诺的政策不变，会因为日后利益格局的变化而变化，而这些是一开始不可能具体预料到的。

特许经营项目合约天然存在着不完全性。特许合同不完全所产生的一个大问题是如何界定合约中未列入的情况。由于此合同没有限定双方可采取的行动，中间的灰色地带需要予以填补，而非合约性的影响力在此就显得异常重要，例如习惯或是商业信誉等。此外，法律可以积极介入填补空白，法律通过提供"解决问题的默认条款"来弥补和修正合同的不完全性。但应该指出的是依靠法律提供的预设规定来弥补不完全合同是有局限的，法律有自己的作用边界。因此，作为不完全合同最重要的自我履行机制应在于再协商的过程，通过再协商过程双方可以找到填补合同灰色地带的有效办法。

4. 保障项目建设材料的供应

当建设大型基础设施项目时，由于项目建设时间长，在建设期间可能遇到经济环境变化，如通货膨胀等，并且大型建设本身对经济环境就产生作用，通常能拉动经济的增长，经济增长必然带来物价上涨，原材料短缺，因而，BOT 项目的建设将面临建设材料供应价格波动。其结果将影响项目的建设成本，甚至影响项目的完工时间。政府可以运用自己的调控能力，保证提供项目建设和运用所需要的建筑材料和原材料的供应和价格的稳定。例如，沙石等地材服务保障工作方案，由市国土资源局牵头，市物价局配合制定；炸材服务保障工作方案，由市公安局制定。

由于政府和投资者效用函数不相同，且双方存在信息不对称的问题，可能出现逆向选择与道德风险。从委托人的角度看，政府需从全局着眼，以诚意建立一种契约，给高速公路建设的最终承担者提供某种激励和制约，使其在公共利益最大化的条件约束下，自身利益最大化，即达到两者利益的一致性。

第三节 丽攀模式中的路地双方关系分析

项目业主和地方政府在追求自身效用最大化的同时兼顾对方效用的实现，从而达到双方利益的均衡，因此，丽攀模式成败的关键就在于路地双方的互相信赖和精诚合作，两者在高速公路建设过程中归根结底是一个利益共同体，明晰路地双方的权责关系对调节利益冲突有着重要意义。

一、权责对等理论研究

1. 权责对等的内涵

所谓权责对等也就是权责一致，是指在一个组织或者项目中的各方所拥有的权力应当与其所承担的责任相适应的准则。所谓"对等"就是相互一致，不能拥有权力而不履行其职责，也不能只要求对方承担责任而不予以授权。合理授权是贯彻权责对等原则的一个重要方面，必须根据建设项目参与各方所承担的责任大小授予其相应权力。项目最终完成得好坏，不仅取决于项目参与各方的主观努力和其团队具有的素质，而且与合理授权有密切的关系。

高速公路建设资金数额巨大，如果项目任何一方权力过大，都会造成相关人员利用职权谋求私利，给国家和人民造成巨大的损失，让项目的管理者蜕化变质为"蛀虫"。明确权责有利于高速公路建设的顺利实施，有利于廉洁工程的打造，也有利于正确评价项目建设的成果。

2. 地方政府的权利与责任

地方政府的权利和责任在《投资协议》规定的项目中有所体现。在特许权协议中，政府通常会做出某些优惠和便利方面的承诺，以鼓励投资者，通常人们将其统称为"政府保证"。政府保证属于特许权协议中的核心和精髓部分，包括政府对 BOT 项目决定性因素的担保和竞争限制的保证。正是由于政府保证的存在才使得项目运作顺畅可行。

在丽攀模式的《投资协议》中，地方政府保证主要体现在如下三个方面：

项目建设前：保证为工程按期开工创造一切必要条件，并做好相应的协调工作；为投资人提供政策支持和一系列保障机制，政府作为丽攀高速公路征地拆迁工作的责任主体，在4亿元内承担丽攀高速公路用地的征地拆迁和农民的失地安置工作；确保交付施工的用地权属清楚、地类清楚、面积准确、手续完备，对规划条件、技术标准、工艺和设备水平、环境保护等方面提出明确的要求。

项目建设中：承诺成立精干、高效的协调机构，负责项目的征地拆迁、建设施工期间的地方协调工作，为项目建设创造良好的施工环境；政府在项目建设的过程中要对投资方给予支持，当出现突发事件时，政府要在权限范围内分担风险，并为保证项目的继续进行采取必要的措施。政府在实施阶段的任何时间，都具有监督和检查的权利，以确保项目从设计、建设到运营和维护都完全按照政府和投资方在合同中规定的要求进行。

项目建设后：项目竣工阶段，地方政府有权对项目的经济性、效率性和效果进行审计；在项目运营期限内，地方政府有义务为投资方的项目运营提供政策保证和法律保证，有权对投资方的经营行为进行规制和监督，以维护社会公众的利益；特许权期满后，地方政府有权收回项目的所有权。

3. 项目业主的权利和责任

项目业主的权利和责任主要体现在如下三个方面：

项目建设前：严格按照与地方政府签订的特许权协议和相关的法律法规组织项目招投标活动，并可以要求政府提供"一揽子"基本的保障体系。

项目建设中：负责项目的组织设计和施工，安排进度计划和资金营运，控制工程质量和成本，监督工程承包商，并保证资金按计划投入，确保工程按预算、按时完工。投资方在项目的建设过程中享有自主决策权以及向政府寻求帮助的权利。

项目竣工后：按照协议书中的要求接受政府对项目的审核评价。进入正式商业运营阶段后，具有公路收费权，并负责公路的养护。在特许期届满时将项目设施移交给政府或其指定机构。

项目业主在项目建设的整个过程中，除了要按照《投资协议》履行义务外，还要承担潜在的融资风险、项目开发风险、完工风险和运营风险。

综上所述，在投资协议中，地方政府和投资方在权利和义务上并不是完全平等的关系。因为在协议中，政府有权对项目的建设和运营进行指导和监督，并且为了维护公共利益不受损失还拥有终止、变更特许权协议的特权。所以，在整个项目实施工程中政府还扮演着管理者的角色，通过给予投资者政策支持和物质保障来发挥管理者的作用。政府保证是政府对自己行为的一种承诺，为了保证项目可以顺利移交，让投资方对项目的建设运营工作更有安全感和今后能够更好地吸引民间资本投资，地方政府应该对权力进行有效的自我约束和自我限制，按质按量地实现政府承诺。

二、路地双方关系分析

通过分析我国现代企业制度建立过程中的政企关系演变史，可以把握我国政府角色的正确定位，从而揭示丽攀模式中路地双方的关系实质。

1. 政企关系的演变

目前从世界范围来看，一般政企关系可分为三类[①]："运动员与裁判员关系"、"父子关系"和"手足关系"。第一类，"运动员与裁判员关系"，即政府致力于维持正常的市场秩序，只要告诉企业什么是禁止的，在此范围内企业拥有经营活动的全权，政府不进行干涉。第二类，"父子关系"，即企业没有独立地位，政府通过制定各项计划直接对企业进行干预。第三类，"手足关系"，即企业与某些政府结成利益共同体，政府全力支持企业的发展。

我国政企关系的演变主要经历了三个阶段：

第一阶段（1979~1984年）：这个阶段的特点是"放权让利"，通过在计划经济体制下改变激励机制的方法来提高国有企业的生产效率，但计划指令依然是资源配置的主要手段。该阶段下的政企关系大体上属于"父子关系"。

第二阶段（1984~1998年）：首先，1984年至1998年，以"政企分开"为特点，开始引进市场经济成分，把政府从企业经营和决策中分离出来，实行"承包经营责任制"，并把国有企业以股份的方式出售，实行"股份制改革"，国有企业

[①] 孙真真.基于公共服务型政府导向的我国政府与企业关系研究［D］.青岛：中国海洋大学硕士学位论文，2005（5）.

和私营企业共存,形成了"双轨制"。这个时期我国政企关系正努力由过去的"父子关系"转为"运动员与裁判员关系",从直接干预企业生产经营等具体事务中摆脱出来,从微观向宏观转变。其次,从1992年起,改革内容主要以国有企业的"产权制度"改革为主导,利用资本市场对国有企业进行公司化改造,将政府与企业的关系改为委托代理关系,目标是"建立现代企业制度"。这一时期的政企关系本质上是接近于"运动员与裁判员关系"。

第三阶段(1998年至今):这一时期的政企关系,可以说是一种协作互助型模式。其显著的特点就是从政府、市场和企业的线性结构变成了一个三维结构。其运行机制为:政府制定宏观调控总目标和具体目标,运用调控手段,主要是经济手段和法律手段,推行调控政策。市场通过价值规律和竞争规律引导企业的经营以及进出市场,而达到资源的优化。政府支持、鼓励、指导企业的发展;企业配合政府决策。可以看出,协作互助型模式实际上是"手足关系"和"运动员与裁判员关系"的结合,不是纯粹的上下级的管制与被管制,而在平等的基础上加强了政府与企业间的联系,实现政府与企业协作互助。[①]

2. 政企关系改革的突破点——建立公共服务型政府

从我国政企关系变革的过程可见,政企关系调整是贯穿中国经济改革过程的重要问题。我国政府十分重视政企关系改革,也一直在积极探索政企关系调整方法。虽然我国政企关系正在进一步地转变与改善,但目前我国的政企关系仍表现复杂,这三种不同的政企关系类型在不同地区、不同行业都有不同程度的表现。由于计划经济体制的惯性运作、人们头脑中因循守旧的固有观念,或迫于政绩考核的不科学等原因,政府对企业干预的"错位"、"缺位"、"越位"、"让位"依然时常发生。从根本上说,造成我国政企关系不规范的主要原因就在于政府的角色冲突和错误定位。因此,准确定位政府职能就成为调整政府与企业关系的必经之路。

目前,在我国从政府主导型市场经济转变为市场主导型市场经济的大背景下,企业通过市场作用从事生产和经营活动,政府承担起社会生活和公共服务职

[①] 余航. 中国市场改革深化中的政企关系问题研究[D]. 武汉:武汉理工大学硕士学位论文, 2006 (4).

能，为企业创造良好的外部条件。政府职能从经济建设型、发展型政府向公共服务型政府转变，旨在提高公共管理质量和公共服务水平，能有效解决政府与企业关系的弊端。所以，"建设公共服务型政府"是定位政府职能、调整政企关系的最佳方式。

3. 丽攀模式下的政企关系分析

攀枝花市政府一直致力于发展当地的经济文化建设，为了地方长远利益，该市政府从高速公路建设项目着手，营造良好的企业投资氛围。丽攀模式是攀枝花市政府和丽攀公司在公共基础设施建设方面的创新模式，在丽攀高速项目的建设过程中，当地政府成立市区高建办专门负责丽攀项目的征地拆迁工作。从丽攀模式对路地双方角色的定位上看，改变了以往政府工作范围模糊不清的状况，要求地方政府准确定位其在项目建设中应承担的职责，提高政府服务水平，为项目建设营造了良好的环境，与项目业主建立起携手与共的"兄弟"关系，即第三种政企关系。这是建设公共服务型政府的实际体现。

具体而言，丽攀模式下攀枝花市政府与丽攀公司的政企关系体现在以下三方面：

（1）地方政府的角度

在大局上，政府要维持攀枝花市经济发展的市场环境，这包括攀枝花市政府制定相关的政策与法律，引导良好的社会投资氛围，在基础设施的建设过程中，能保持原有的经济发展水平，维护好当地的社会治安，保证攀枝花市的社会和谐，并形成良好的百姓参与项目建设谋发展的社会意愿。在具体实践中，地方政府应为丽攀高速项目做好协调保障工作，积极引导当地人力物力进行项目的建设，制定政府与项目建设公司的工作条例与监督机制，主动提供项目建设用地，确保项目建设环境和沙土炸药等建造资源；主导征地拆迁工作并承担征地拆迁的费用，以主人翁的态度进行征地拆迁、施工环境保障等各项工作，保障施工建设顺利稳步进行，极大地提高项目的建设效率；尽可能以客观的角度在拆迁居民利益和丽攀项目业主、社会利益三者中找到平衡点。

（2）项目业主的角度

川高公司在政府的政策和法律的引导下，与攀枝花市政府签订特许权协议，融资进入丽攀高速攀枝花段的建设。在攀枝花市政府的支持帮助下，减少了征地拆迁费用的负担，提高了供地效率，使丽攀公司能够一心一意在确保项目安全质量的前提下紧抓项目建设。为了达到2013年底全线通车，加快攀枝花市融入西南经济发展圈的目标，项目业主积极与攀枝花市和各个标段建设单位对项目建设状况进行沟通交流。

（3）政府与业主利益的重合与分歧

丽攀模式是攀枝花政府为改变攀枝花人民出行不便、物流交通不快捷的现状，加快基础设施建设步伐，进而以高效便捷的交通运输促进经济的飞速发展和产业转型而产生的一种创新的路地共建模式，也是攀枝花政府结合攀枝花交通远景发展规划，开展交通行业项目招商引资而进行的大胆尝试。

从模式本身来看，政府和业主双方都能从该模式中受益，政府和项目业主双方能够通过明确各自的工作内容和职责，各担其责、各履其职，同时加大双方的沟通交流，促进合作并实现共赢。一方面，丽攀模式能让业主受益，该模式提高了政府在征地拆迁工作和环境保障工作中的参与度，让政府能够集中力量办大事，在杆管线等建筑物的拆迁中节约了许多成本，加快了政府供地的进度；另一方面，政府也能从该模式中受益，政府征地拆迁效率提高，在很大程度上为业主解除了后顾之忧，提高了项目业主推进工程建设的积极性，从根本上提高了地方公共设施项目建设效率，加快了实现高速公路项目社会经济效益的进度，从而提前促进了当地社会经济的进一步发展。

从战略目标来看，丽攀高速项目路地双方有自己不同层次的动机和目标。攀枝花市政府的动机是利用丽攀高速公路建设的契机，为当地百姓解决公路沿线村、乡（镇）及县（市）等基础设施短缺问题，获得项目所带来的社会经济效益，改善当地基础设施现状，提高服务水平。丽攀公司的动机是通过资金和管理的优势，完成项目投资总目标，获取项目预期回报，赚取利润并进一步提升公司总体实力。攀枝花市政府与丽攀公司各自站在政府和企业的不同角度，目标存在不一致，会产生利益冲突。双方利益冲突在实际工作中突出表现在以下几点：①各区县政府领导人员换改后，新上任的政府人员对丽攀模式的运行不熟悉，对路地双方达成的共识无法立即接受，路地双方需要经历一个磨合的过程后才能再次达成共识；②路地双方遇到棘手的问题，沟通不及时，会导致双方出现暂时的僵化，影响征地拆迁进度和工程建设进度；③涉及切身目标利益问题时，政企双方会出现从各自利益角度出发进行决策的情况，如红线外问题、施工后还建复垦问题等方面，业主单位和施工单位可能会从节约工程成本、最大化工程效益角度做出决策，而政府则会从考虑到节约征地拆迁费用和借助工程最大化完善地方基础设施角度做出决策，二者产生分歧。

当双方矛盾加剧甚至激化时，地方政府与项目业主如果都选择各自为政，只顾切身利益和眼前利益，就会导致项目建设拖延停滞，最后对双方都造成无法挽留的经济损失。丽攀模式运行过程中，路地双方出现目标不一致，产生矛盾都是高速公路项目建设过程中的正常现象。这就需要攀枝花政府与丽攀公司相互充分体谅，加强沟通，跟进合作，切忌随时随地划清责任，采取互相推诿、怠慢的态度。政府工作方面，要明确其职责，提高主动性、积极性，以主人翁的意识办好事、办大事，提高对政府具体工作人员的工作要求，增强其工作素质和服务意识，克服政企关系不规范、政府效率低下等缺点，使征地拆迁效率得到保障，缓解路地双方的矛盾，从而保障丽攀模式成功运行。

第四节　丽攀模式的 SWOT 分析

在研究丽攀模式路地双方效用和关系的基础上，要使路地双方扬长避短，精诚合作，发挥优势，抓住机遇，达到理想的预期，完成高速公路建设管理目标，建设管理单位需要掌握丽攀模式的内外部影响因素，即对丽攀模式运行的优势（S）、劣势（W）、机会（O）和威胁（T）进行研究。

一、SWOT 分析法基础理论

丽攀公司作为业主单位，是丽攀高速公路建设的主体，对创新的丽攀模式的把握应立足高效、安全，建立正确的建设管理战略，发挥优势，规避劣势。

SWOT 理论即态势分析，是根据企业自身的既定内在条件进行分析，找出优势、劣势及核心竞争力之所在。其中，S 代表 Strength（优势），W 代表 Weakness（劣势），O 代表 Opportunity（机会），T 代表 Threat（威胁），S、W 是内部因素，O、T 是外部因素。按照 SWOT 基础理论，企业战略应是企业"能够做的"（即组织的强项和弱项）和"可能做的"（即环境的机会和威胁）之间的有机组合。

利用 SWOT 模型进行丽攀模式运行战略分析所需要的基本分析要素包括以下四类：

1. 机会

机会是企业业务环境中的重大有利形势，是企业持续发展，或是扭转目前运营状况的有利条件。诸如金融环境发展的趋势、竞争局面或是政府控制的变化、技术变化等因素都可以被视为机会。企业所处的环境中随时都存在着机会。例如，地方政府为发展当地经济而进行基础设施建设，为项目建设单位带来的机会；高速公路 BOT 模式为多种资本进入高速路建设也提供了机会。

2. 威胁

威胁是企业业务环境中的重大不利因素，构成企业发展的约束和障碍，甚至可能面临停止经营的风险。例如，政府法规变化，产业中供应方地位加强，关键技术的改变等因素都可以成为投资项目未来成功的威胁。环境中永远存在着对项目建设和发展的威胁因素，因此我们要理解项目面临的机会和威胁将有助于企业选择合适的发展战略。

3. 优势

优势是企业相对于竞争对手而言所具有的资源、技术或其他优势。具体到丽攀高速公路的建设上，丽攀公司和攀枝花地方政府的新型合作方式，相较于其他高速公路建设，在市场上表现出了特殊的优势和实力。其他如雄厚的财力和广泛的财源、企业良好的社会形象、在市场上的领导地位、与施工单位长期稳定的关系等都可以成为企业的优势。

4. 劣势

劣势是影响企业经营效率和技术能力限制的资源，或者企业做得不够好的地方。建设项目的管理、路地双方的关系、企业的融资来源等都可以成为企业劣势的原因。造成劣势的最经常的原因是企业不认识环境的变化并随着环境的变化而进行自我变革。

基于 SWOT 理论，本书通过广泛的基础调研和文献研究，得到业主单位参与丽攀模式运行管理的 SWOT 列表，如表 3-2 所示。

表 3-2　高速公路建设项目 SWOT 分析列表

优势（S）		劣势（W）	
分组	单项	分组	单项
对市场开拓的迅速决策和创新	市场灵敏度高 创新性强 运营效率高	自身内部经营问题	资产负债率高 整体竞争力不强 管理行为不规范
自主建设能力	符合国情的建设标准 能动性强 产权清晰	对外沟通的地位和能力	谈判时间长 谈判成本高
内部组织结果和管理能力	职工/管理者素质较高 管理经营水平先进 内部治理结构日益完善	投融资方面的问题	融资困难 与银行谈判能力不足 投资空间狭窄
对已有市场的竞争优势	经济高效，市场竞争强 具备类似项目建设成功经验 适应市场能力强	参与基础设施项目的直接问题	BOT 项目经营缺乏 风险承担能力有限 对公用事业建设的认识局限
机会（O）		威胁（T）	
分组	单项	分组	单项
国家宏观环境	政府监管加强，了解加深国内外项目的成功经验 国民经济持续发展	政府管理的相关问题	项目审批程序复杂 观念障碍/地方保护壁垒 风险管理不适当
政府引进多种资本的积极态度	融资政策的积极变化 政府对 BOT 项目的支持和激励 公共基础设施建设的巨大需求	可能遇到的社会问题	公众对项目的反对 各方责任界定欠缺 政局的不稳定
政府在公用事业领域的缺陷	政府投资效率低 政府财政压力过大 政府管理/运营能力低	基础设施领域市场化的限制	权益保障障碍 外部融资渠道不畅 法律法规不完善

如表 3-2 所示，优势和劣势的内部评价涉及的各个方面称为内部因素，例如人力、物力、财力、技术、管理、产品、服务等；机会和威胁的外部评价所涉及的各个方面称为外部因素，如政治、经济、自然环境、技术、竞争对手、市场需求等。本书利用 SWOT 分析法制定丽攀模式推广策略的基本思路是：发挥优势因

素,克服劣势因素,利用机会因素,化解威胁因素,考虑过去,立足当前,着眼未来。

二、丽攀模式的优势分析

1. 解决地方政府基础设施建设的资金缺口

我国的高速公路建设正处于高速发展的时期,资金来源紧张,政府财政压力较大。传统的BOT建设模式虽然也能够解决基础设施建设资金的问题,但由于对作为外来者的投资者而言,不确定因素过多,投资风险较大,所以对社会资本的吸引力有限。而丽攀模式中地方政府的参与度高、保障力度大,则可有力吸引外部资本的加入,这无疑是解决建设资金缺口问题的良好途径。采用这种投资方式发展高速公路建设事业,地方政府通过筹措和积累征地拆迁资金,合理地组织和安排,并选择适当的时机予以实施,加强管理,就可以同时开发和建设多个项目。此外,丽攀模式还有利于地方政府调整资金的使用结构,把多种资本引导到基础设施的建设上,以便于政府集中有限资源投入到那些不被投资者看好但又关系国计民生的重大项目,尤其是一些关系到国计民生的公共项目和基础项目上,以解决经济的高速发展和基础设施能力相对不足之间的矛盾。

2. 降低高速公路建设的风险

高速公路具有自身的技术特点和经济特性,如投资大、建设周期长、线长面广、受环境因素影响复杂以及准公共品特性、社会公益性、自然垄断性等,而四川高速公路建设与其他地区相比,同样标准、同样长度的高速公路需要更多的建设工程量、投资、养护工作量以及能耗,这也意味着存在更多已估计到的以及潜在的项目风险。由于丽攀高速路地共建模式增加了地方政府的参与度,提高了政府工作的积极性,从而降低了高速路建设项目的完工风险,客观上也促进了政府与业主单位的协力合作,可避免低效率造成的投资失控等问题。

3. 有助于提高基础设施的运作效率,引进先进的管理模式及技术

我国的交通建设资金基本上是以国家政策性投资为主,市场融资为辅。由于缺乏有效的监督和管理,我国的交通建设资金使用效率比较低。采用丽攀模式后,高速公路的筹资和建设管理都是由业主方负责,政府起监督和控制的作用。

第三章 基于丽攀模式的相关理论分析

由于对丽攀模式的推广,地方政府有主观上的需求,对项目业主单位而言,既减少了部分建设资金,又减轻了征地拆迁和环境保障方面的压力,可提高工程项目建设的效率,建立起基础设施发展的良性循环。在实践中,丽攀公司为了降低丽攀高速路建设经营过程中所带来的风险,获得较多的利润回报,通过丽攀模式从征地拆迁和环境保障的繁杂工作中脱身,将更多的精力投入到先进的设计和技术中,并引入成熟的管理机制,从而有助于提高基础设施项目的建设与经营效率,保证了项目按时按质完成。

三、丽攀模式的劣势分析

1. 项目运作与管理的复杂化,导致各利益方的寻租行为

丽攀模式的实施是一项复杂的系统工程,涉及的行业领域广,牵涉许多相互关联的机构以及项目部门、项目投资者、项目建设者、贷款银行等;既可能涉及税收、外汇等经济问题,又可能涉及法律、公众利益等社会问题,在项目的立项、招投标、建设资金的筹措、合同的谈判、项目实施、生产经营管理、收益计划与分配、资产的监督与评估、合同纠纷的解决以及相应政策的制订等方面,都有其独特的运作方法和程序。高速公路具有明显的公共性,其所有权属于国家,但政府作为国家的代理人为了地方利益可能出现道德风险,从而发生逆向选择,做出不利于国家资产保全的决策;社会投资人在有限的时间里作为承担高速公路建设的经营者具备代理人的特征,在缺乏委托人有效监管的情况下也可能出现道德风险和逆向风险。由于各参与方都会以各自的利益为重,以实现自身利益最大化为目标,各方之间的利益冲突就在所难免。从信息经济学原理角度看,由于协调机制的缺失,导致了参与各方之间的信息不对称。博弈各方在各自利益最大化的驱使下,最终达到"纳什均衡",但是其中一方利益达到最大化是以牺牲其他参与方的利益为代价的,其社会总收益并不是最大的,自然也无法实现"帕累托"最优。

2. 征地拆迁资金责任约定不明确,引发责任主体缺位

攀枝花市政府出资4亿元作为征地拆迁费用并主导征地拆迁工作,虽然在一定程度上实现了权责匹配,最大限度地调动了政府工作人员的积极性,但是可能引发在资金管理上当征地拆迁费用超支时责任主体的缺位。在传统的征地拆迁中，项目建设单位负责筹集征地拆迁资金，地方政府负责征地拆迁工作，项目建设单位对地方政府征地拆迁资金进行监管。但是在这种模式下，建设单位如果严格按照政策、法规和程序对地方政府违规使用征地拆迁资金的情况进行管理和监督，部分政府工作人员便会消极工作，影响工程进度。丽攀模式中征地拆迁的出资方式在一定程度上缓解了政府与项目建设单位的利益冲突，但是并不利于发挥项目建设单位对征地拆迁资金管理的积极性。一般而言，征地拆迁的费用是项目业主单位承担，对资金的监督更为严格。而在丽攀模式下，征地拆迁费用由政府提供，攀枝花政府设立的高建办属于临时机构，没有专门的财务管理机构和财务管理人员，对征地拆迁各项补偿资金的支付程序和支付方式也缺乏了解，不利于对拆迁成本的控制，另外业主单位对征地拆迁资金监管不到位也导致了拆迁费用居高不下。《丽攀高速公路投资协议》中规定："攀枝花市政府作为丽攀高速公路征地拆迁工作的责任主体，在4亿元内承担丽攀高速公路建设用地的征地拆迁（含地面、地下建构筑物和其他附着物）和被征地农民的失地安置工作。"丽攀公司的相关人员虽然有着丰富的征地拆迁经验，但是双方签订的投资协议并没有明确规定征地拆迁费用超支的责任人，因此对征地拆迁费用的监管力度也可能存在疏忽。在这种情况下，当双方面临征地拆迁资金超支时都不愿意承担责任，从而在一定程度上会影响高速公路的建设进度。

3. 融资杠杆能力不足，项目业主承担较大的财务风险

吴庆玲（2007）的文章[①]中曾引用过有关研究结果："每增加一个城市人口，基础设施投资至少增加1万元，依据我国城市化的发展目标，21世纪最初的20年，城市人口将增加3.5亿~5亿人，城市基础设施投资至少要达到3.5万亿~5万亿元，年均城市基础设施投资需要1750亿~2500亿元。"如此巨大的资金投入，单靠国家财政拨款显然已经不能满足公共基础建设的巨大需求。因此丽攀模式作为一种创新的高速公路建设模式，可以有效缓解地方政府基础设施建设中的财政问题。但对项目业主方而言，在我国融资市场不成熟，融资渠道甚少的环境下，

---

① 吴庆玲. 城市基础设施项目融资模式存在的问题及对策[J]. 城市管理与科技，2007（2）：34-37.

第二章 基于丽攀模式的相关理论分析

对于周期长、投资大的基础设施项目，动辄过亿的资金规模，只能寻求条件苛刻的银行贷款。在贷款过程中，中国金融机构缺乏对项目融资的认识和成功经验，一般要求借款人对项目融资提供充足的保证并接受监管，使得借款人在项目融资和运作过程中耗费大量的非必要成本，从而降低了投资回报率。

4. 地方政府对项目的影响力和控制力削弱，可能导致市场矛盾的发生

采用丽攀模式，基础设施项目在特许权规定的期限内将全权交由丽攀公司去建设和经营，减弱了攀枝花政府对项目的影响力和控制力。政府是公用事业投资主体和管理主体，在市场经济环境不完善的现阶段，市场化势必将公众利益和政府利益对立起来，特别是在我国公共服务产品价格调节机制没形成、政府对公用事业市场化的特许经营和监管机制不完善的情况下，单纯市场化会带来很多问题。采用BOT融资的项目对政府而言，相当于让渡了一定时期项目的产权。在这期间，就意味着失去了高速公路运营中产生的可观的经济效益，而企业投资于基础设施项目，是以获得利益为导向的，因此，企业对项目产品或服务的定价一般高于政府定价，考虑到基础设施的公益性，易导致相关市场矛盾的发生。

四、丽攀模式的机遇分析

1. 地方政府在发展公用事业领域的积极态度为丽攀模式提供了发展契机

我国当前的工作就是发展经济，为了满足中国经济发展的需要，国家更需要加大对基础设施的投资，特别是对公路、铁路、电力、水处理以及通讯项目的投资，需要国家每年投入千亿元的人民币，即使在发达国家，也要把很大一部分基础设施以特权的方式交给私营企业发展，国家的投资越少越好。这已是当前各国经济发展，尤其是基础设施发展确定不移的方向，在未来的十年乃至二十年中，我国经济的持续发展和落后的基础设施之间的矛盾，建设资金的巨大需求和资金短缺之间的矛盾仍将十分突出。在传统的BOT模式中参与基础设施建设的一方往往具有局限性，比如要价过高和偏好发达地区的经营项目。这种局限性阻碍了中国城市基础设施领域对外资的使用，也影响了基础设施投资市场的平衡。在丽攀模式中，丽攀高速公路作为攀枝花市有史以来招商引资金额最大的交通建设项目，攀枝花市委、市政府对此"一号工程"高度重视，出资4亿元并负责征地拆迁补偿安置工作，为吸引投资人对欠发达地区基础设施的建设提供了不小的筹码。"十二五"期间，四川将全力提升综合交通枢纽功能，高速公路通车里程将以每年一千公里的速度跃进：2012年突破4000公里；2013年突破5000公里。省委、省政府把高速公路建设作为建设西部经济发展高地的重要推手和突破口，丽攀模式的产生契合了时代发展和现实需要。

2. 投融资政策的积极变化为推广丽攀模式打开方便之门

在制定融资政策的过程中，如果不能很好地解决政府投资和各类社会部门之间的关系，会产生一系列的问题。融资政策中所要解决的关键性问题在于社会资本的投资。在全球私营化趋势日益风行的形势下，处理好公私双方之间的伙伴关系，以求既能在融资和经营管理方面充分发挥私方的积极性，又能使公方在权力下放的同时继续依法发挥其应有的作用。随着经济体制改革的深入和国家投资体制的变化，原有的高度集中的投资管理体制已被打破。国家对基础设施项目投资实行多元化策略，鼓励和引导社会资本及外资参与经营性基础设施项目的建设，以解决基础设施投资周期长、资金需求量大的问题。《中华人民共和国国务院关于投资体制改革的决定》、《关于鼓励支持和引导个体私营等非公有制经济发展的若干意见》、《市政公用事业特许经营管理办法》等文件的出台，再一次掀起了BOT投资热潮，政府对BOT方式的重视以及投资商对BOT方式的青睐，将使与丽攀模式相关的融资政策、投资环境等进一步得到改善。

五、丽攀模式的威胁分析

1. 管理体制不完善

丽攀模式的运作涉及国家的产业政策、外资政策和投资政策，同时也涉及政府各职能部门之间的关系协调，若没有完善的管理体制做保障，可能会影响到投资者的投资信心。由于丽攀模式的各参与方客观存在利益冲突，而国家尚缺乏专门的机构对丽攀模式项目的实施进行有效管理，这就使得丽攀模式的运行一旦发生问题可能就难以协调。

2. 专业人才的匮乏

丽攀模式作为一种新型的BOT融资建设管理方式，对项目管理人员的要求是很高的，需要精通各方面知识，涉及的专业包括金融、保险、法律、资产评估与清算、工程技术等，且丽攀模式在项目建设的资金筹措、合同谈判、项目实施、经营管理、收益计算与分配、资产的检测、合同纠纷的解决以及相应政策的制定等方面，都有一套独特的运行规则和办法，需要一批专业人才才能完成。这些人员必须掌握丰富的法律、金融知识，熟悉BOT融资方式的运行规则或办法，具备合同谈判、项目实施、生产管理、风险管理、财务管理等多方面的能力，只有通过具有综合素质人员的共同努力，才能保证项目的成功实施。

3. 相关法规法律的不健全

丽攀模式是对BOT模式的进一步优化。当前，我国缺乏统一适用于BOT投资的规范性立法文件，BOT融资项目的立法尚待完善。BOT融资项目周期长、风险多，较其他投资项目应更加谨慎严密，然而目前我国并没有关于BOT融资项目审批监督的专门规定，只能依靠实施工程中政府的保证。但是政府的保证有一个度的问题，政府保证过多会损害国家和人民的利益，政府保证过少又无法得到投资人的青睐。丽攀高速公路建设项目的两次流标现象，就充分说明了政府保证对BOT融资项目顺利实施的重要性。只有拥有完善且独立的BOT融资方式的法律体系，才能真正改变单纯依靠政府保证吸引投资人的方式，减少投资人承受的巨大政府风险。应用丽攀模式的项目的投资所牵涉的资金量巨大，投资方往往需要一个安全的资金环境来保障其投资权益，此时，投资方一般会要求政府给予足够的担保来减少其不必要的投资风险。但是，由于我国《担保法》的立法缺陷，使得急需资金投入基础设施建设的政府机构不能作为合格的保证人，与拥有资金却因担心资金安全而犹豫不决的投资方往往在此问题上难以达成共识。目前我国对外资和民营资本投资建设的范围规定过于狭窄，降低了这些资本投资的选择性，这无疑也限制了部分投资者的兴趣。

第四章 丽攀模式的运行机制

　　高速公路建设和交通运输网络结构的构建是一项长期的任务，丽攀模式作为一种新型的融资和建设管理模式，为解决基础建设资金不足带来了巨大的契机，在减轻政府财政负担的同时，提供了项目的运营效率。本书根据丽攀公司的管理实践，从征地拆迁管理、运营目标管理和风险管理三个方面提出了丽攀模式的运行机制，其中征地拆迁管理以地方政府为主体，项目业主的任务主要在于配合，运营目标和风险管理以项目业主为主体，地方政府作为监督者和调控者进行协调。

第一节 征地拆迁管理

一、征地拆迁的重要性

　　征地拆迁主要指国家出于公共利益的需要，拆除建设用地范围内的建筑物、土地附着物和其他构筑物，并根据补偿标准一次性给予被拆迁人（包括土地所有权人，使用权人以及土地承包经营权的发包人、承包人、转包人，建筑物的所有权人等）一定的货币补偿，有的还必须按照要求进行必要的就业、住房安置。土地的征用以及待建高速公路沿线居民房屋等实物资产的拆迁，是高速公路建设项目顺利实施的重要保障，在施工技术日益成熟的当代，更是高速公路建设工程如期完成的关键。征地拆迁工作作为高速公路项目建设工作不可或缺的一部分，是一项涉及面广、影响深远的系统社会工程，关系到当地经济发展和社会稳定。

我国实行土地公有制，即土地属全民所有和劳动群众集体所有。但在土地征用过程中，一些农户甚至个别单位抱着土地"私有"的观念，着眼于自身的当前利益而反对土地征用，具体表现包括：①抢种索赔，滥种索赔，例如一些农户为获取高额赔偿，在获知因高速公路建设将进行征地后，在征地区域内抢种经济作物，甚至在田埂上抢种多年生经济作物；②少数在地方上有势力、有影响的人物以各种方式制造事端予以刁难，目的就是在一无资金、二无技术和设备的情况下，强行要求承包分项工程；③以高速公路设计标准太低为借口，盲目地提出加大加宽原有道路、涵洞的建设标准，或提出经济补偿要求；④对工程施工中不经意造成的实物损失夸大其词要求高额赔偿。

由于征地拆迁会影响到对高速公路通过地区的土地调整和重新分配以及相关的补偿，涉及沿线居民的切身利益，具有很强的政策性，因此科学合理地组织协调工作以及相关思想政治工作是不可或缺的，而要做到这一点，地方政府的实质性介入是必需的。攀枝花市政府通过转换角色、正确定位，使保障服务工作有效贯穿丽攀高速项目建设的全过程，尤其在项目建设初期的征地拆迁环节，补偿安置方案获得大多数被拆迁人的认同，创造了攀枝花市公路建设史上最短时间交地、施工单位最短时间进场和最短时间全面开工的纪录，减少了施工单位的工程建设阻力，为丽攀高速公路建设提供了有力的保障。

二、征地拆迁的方式

1. 征地拆迁方式的选择

高速公路的征地拆迁方式主要有以下几种：

一是由地方政府成立专门机构组织实施征地拆迁工作。按照属地管理的原则，公路沿线市、区县政府组建工程建设指挥部或协调办公室，项目公司成立专门的征地协调部门，专职处理征地拆迁工作，协调项目标段与当地的关系。按照合理的征地拆迁标准，签订征迁安置合同，然后由地方政府负责完成征地拆迁任务。

二是包干负责制。按照高速公路建设批准的设计任务书，通过业主和设计单位实地放线核实所需征用土地和拆迁安置人员数量，把征地拆迁经费按规定的赔偿标准拨给当地政府，由当地政府按照征地拆迁安置工作任务，分段分级负责完成。

三是由政府实行统征。投资者与被拆迁人不发生直接关系，只与土地管理部门签订征地面积和征地费的包干协议，并将征地拆迁费用交给土地管理部门，由土地管理部门与被拆迁人签订协议，拆迁的具体工作由相应部门组成的临时机构办理。

丽攀高速公路建设项目采用的是第一种方式，即委托地方政府成立专门机构负责征地拆迁工作这一方式。按照"政府牵头、部门参与、属地（属事）管理"的原则，成立以攀枝花市委、市政府为主导，市级相关部门及沿线政府为成员的高建办，统一组织和领导丽攀高速的征地拆迁补偿安置工作，对项目建设的重大事项进行协调处理。采用这种方式的主要特点是：地方政府有很大的自主权。一方面，地方政府可以充分发挥熟悉本地情况的优势，灵活运用经济方法或必要的行政手段，提高征地拆迁工作效率；另一方面，因为由地方政府出资并负责征地拆迁，在丽攀高速公路的整个项目建设过程中，使政府和业主单位成为一个利益主体，因此政府部门进行征地拆迁的积极性提高，能够确保项目建设顺利推进。另外，丽攀高速在这种方式的征地拆迁工作中，市主要领导高度重视，牵头分片包干、划定责任合同段，深入一线、蹲点督导、靠前指挥、现场办公，做到亲自调研、亲自协调、亲自督办，不回避矛盾，不以任何理由影响征地拆迁、延误工期，高位强力地推动征地拆迁安置工作的进行。

2. 安置补偿的方式

在丽攀高速公路的建设过程中，根据攀枝花段征地拆迁的现实情况，安置补偿方式体现出的特点是"革故鼎新，创新安置"，主要表现在以下两个方面：

第一，建设用地补偿，采取土地面积勘测定界统一实施和林地权属、地类、林种统一认定。选定具备一定资质的专业勘测单位，对丽攀高速公路建设用地的面积、地类、林地、林种一律以勘测单位实测数据为准，减少争议，控制征地成本，提高工作效率。

第二，房屋拆迁安置补偿。针对城市房屋拆迁集中、量大的情况，从有利于改善居住条件、打造人居环境、提高生活质量、提升城市品位，同时也有利于从源头上维护稳定的角度考虑，全线采取开发式安置，把拆迁安置房建设与经济适用房建设、廉租房建设、旧城改造、棚户区改造、沉陷区搬迁和城乡环境综合治理工作有机结合起来，主导以产权调换为主，货币补偿为辅的方式进行安置。

农村安置房建设由攀枝花市各分区部门组织进行，城市规划区外采取分散安置方式，城市规划区内若进行同一安置，应结合新农村建设模式就近化宅基地统一规划建设。坚持以人为本，有利于拆迁户顺利搬迁，应在当地区域选择合适的安置点进行集中安置，尽量减少过度搬迁，体现惠民搬迁理念。

三、丽攀模式征地拆迁的特点

丽攀高速公路以 BOT 模式为基础，采用了路地共建的新模式，由攀枝花市政府出资主导征地拆迁但不占公路收益股份，提高了地方政府的参与度和重视度。在建设初期，成立了以攀枝花市委副书记张剡为组长，市政法委书记单荣、副市长柳康健、李章忠为常务副组长，市政府两位副秘书长、市交通运输局局长为副组长，分管副秘书长同时兼任办公室主任，市级相关部门及沿线政府为成员单位的市高建办，统一组织和领导丽攀高速公路征地拆迁补偿安置工作。丽攀高速公路建设领导小组办公室成员从农村基层到区委书记，组成专门机构，最多达 100 多个点。丽攀模式的主要特点概括起来有以下几点：

1. 地方政府主导征地拆迁工作

由攀枝花市政府出资并负责征地拆迁工作，政府观念发生了从"要我修路"到"我要修路"的转变，树立了攀枝花市政府路地共建的主人翁意识。丽攀模式将征地拆迁变成地方政府的责任（责权匹配），政府角色的转变使征地拆迁的公平性得到保障、项目业主单位与政府的矛盾得到缓解。

2. 地方政府各职能部门协调联动，合力拆迁

攀枝花市、区相关职能部门本着"一切为丽攀高速公路建设提供优质服务"的宗旨，制定出地材、炸材、社会治安、用水、用电、环保、安全质量等保障服务工作方案。攀枝花市交通质监部门与市安监局、市国土资源局对丽攀高速公路的建设、设计、施工、监理、试验检测工作进行监督;市公安部门为丽攀高速公路施工部门培训涉爆从业人员48人,积极开展对各合同标段民爆安全的监督管理;市检察院与丽攀公司开展路检共建,预防职务犯罪,旨在打造廉洁、高校、阳光的工程。

3. 宣传工作到位

市、区高建办领导面向基层,面向广大群众,采取宣传单、效果图、工作单位和班组上门宣传解释,使群众明确丽攀高速是省市的重点项目,加快丽攀高速建设,是推动辖区经济发展的致富手段;为沿线居民解决出行的问题;使红线内拆迁户了解征地拆迁相关法规和政策;了解拆迁补偿标准。

4. 攀枝花市、区两级政府的高度重视

在各区设立专门的协调小组,责成专人负责本区内的征地拆迁工作。由建设领导小组统一高效指挥,组织机构健全、机制通畅、反应迅速、效率提高。协调小组本着"小问题当天碰头、当场解决;大问题及时上报"的原则及时解决矛盾。

5. 定期召开例会,及时反映并解决问题

市、区高建办每月召开一次工作例会,通报施工建设情况,分析研究突出问题,制定解决问题的计划、方案和措施,督查督办解决问题,确保信息及时沟通,随时了解丽攀高速的征地拆迁动态,使得征地拆迁工作与工程施工能够相互配合、协调一致。

6. 政府领导包片、包点负责制

主要市领导包片、区领导包点,每周上工地2~3次,深入一线、蹲点督导、靠前指挥、现场办公、定任务、定时间、定责任地督导、协调、解决征地拆迁中的具体问题。主要领导亲力亲为,督促有力、检查有力。

7. 安置房建设市场化运作

攀枝花市政府采取"锁定房价、拍卖地价,市场动作、政府回购,商品房与安置房相结合"的运作模式:由政府在土地出让价上给予开发商优惠,开发商可以修建安置房和商品房,并以一定的价格回购给政府。旨在改善居住条件、打造人居环境、提高生活质量、提升城市品位。

征地拆迁工作交由攀枝花市政府主导,使业主单位能够排除干扰,专心抓安全、质量和进度,为丽攀高速公路的建成通车奠定了坚实的基础,使工程建设受

益、被拆迁户受益、全市人民受益。

四、丽攀模式的征地拆迁原则

当地政府应根据城市发展需要,合理预测一段时期内征地拆迁涉及的房屋拆迁安置规模,统筹规划,对拆迁安置用地和建造安置住房提前作出安排,有序组织拆迁工作。在丽攀模式的运行中,由攀枝花市政府负责的征地拆迁工作主要按照以下原则来进行:

1. 征地原则

征用农村集体所有土地,是农民分享工业化、城镇化成果的过程,应当有利于增加农民收入、缩小城乡差距,有利于农村经济发展和社会稳定,但征地过程中应当遵循以下原则:

(1) 珍惜耕地,合理利用土地的原则

攀枝花市政府按照丽攀项目的规划和设计文件进行征地,避免造成土地资源的浪费。

(2) 依法征地的原则

健全征地程序,维护农村集体的土地所有权和农民的土地承包权。攀枝花市政府在征用农村土地时必须经农村集体和农户确认,征地的过程要保证公开透明。不得随意大面积、成建制地把农村集体土地转为国有土地,变为城市建设和工业用地。

(3) 有偿使用土地的原则

对农村集体内部征地攀枝花市政府应给予被征地农户一定补偿,制订土地补偿费在农村集体经济组织内部的分配办法。丽攀高速沿线的集体经济组织要公开补偿费的收支和分配情况,接受群众监督。

(4) 妥善安置被征地单位和农民的原则

攀枝花市政府应针对所征土地和当地居民的实际情况合理提高征地补偿标准,保证沿线被征地农民的生活水平不因征地而降低,并及时足额支付农民的土地补偿费、安置补助费。

2. 拆迁原则

（1）合法原则

房屋拆迁首先要考虑的就是合法原则，这是最基本的原则，它要求房屋拆迁的内容和程序都要合法，不但要遵守国家政策及法律法规，还必须遵守地方性政策及相关规定。因此，在进行征地拆迁时，攀枝花市政府对丽攀高速公路两侧需拆迁的建筑物要进行调查统计，并分门别类，等级造册。政府部门不得为了自身的利益，采用不合理的手段来强行拆迁；被拆迁人也应在自愿、平等的情况下签署拆迁安置补偿协议，遵守协议约定，并按时拆迁，履行自己应尽的义务。

（2）稳妥原则

稳妥原则即是要求攀枝花市政府在与被拆迁人双方关系和谐的情况下，稳妥地解决多方问题，计划周全后启动征地拆迁工作，减少各方面不必要的损失。这对被拆迁人、攀枝花市政府和丽攀公司来说，无疑是比较有利的选择。

（3）主次分明原则

丽攀高速公路穿越攀枝花铁矿区、煤矿采空区以及人口密集区，各种管网密布，房屋聚集，拆迁安置难度大，这一特点决定了沿线的各种拆迁阻碍，拆迁过程中会涉及各种不同类型的被拆迁主体。因此在进行拆迁时，攀枝花市政府要注意主次分明，对企事业单位（比如"攀钢"、"攀煤"）的拆迁给予充分的重视，对受项目影响的弱势群体给予充分的帮助和照顾。

3. 补偿安置原则

（1）公开透明，阳光操作原则

攀枝花市政府要对补偿安置工作实行"四公开"，即公开征地拆迁数量、公开补偿标准、公开补偿总额、公开分配方案，核实确认工作做到"六到户"和"七到墙"，即补偿政策宣传到户、公开信发放到户、征迁数量公示到户、奖励政策宣传到户、拆迁责任书签订到户、补偿金额明确到户；房屋类别上墙、面积上墙、成新系数上墙、地面附着物数量上墙、补偿金额上墙、结账方式上墙、奖励政策上墙。整个拆迁安置补偿过程都要透明化，使被拆迁居民有完全知情权，一旦被拆迁人的利益受到损失，要做到行政司法真正的公平、公正、合理。

(2) 合理选择安置地点原则

合理安置原则要求对安置地的选择应符合国家和地方的用地规划。拆迁安置地点应当根据攀枝花城市规划对建设地区的要求和建设工程的性质,按照有利于实施城市规划和旧城改造的原则确定。城市规划区外采取分散安置方式,城市规划区内若进行统一安置,应结合新农村建设模式就近对宅基地进行统一规划建设。

(3) 公平合理补偿原则

对被征收房屋价值的补偿,不得低于房屋征收决定公告之日被征收房屋类似房地产的市场价格。被征收房屋的价值,由具有相应资质的房地产价格评估机构按照房屋征收评估办法评估确定。攀枝花市政府要采取产权调换安置为主、货币补偿安置为辅的方式进行安置,做到统一城市房屋评估、统一安置房建设、统一土补安补政策、统一青苗及地面附着物补偿标准,给予被征地拆迁居民公平合理的补偿价格。

丽攀高速公路建设征地拆迁补偿安置工作应遵循"依法依规、节约用地、急用先征、统一规范、公开透明、阳光和谐拆迁"的原则,保证征地拆迁补偿安置工作顺利推进,保障工程建设顺利进行。攀枝花市政府严格控制丽攀高速公路征地拆迁红线范围,原则上只对红线范围内征地拆迁进行安置补偿,而对红线外受施工影响的部分,由各区(东区、西区、仁和区、钒钛产业园区)部门确定拆迁安置范围,征地拆迁补偿安置资金由各区政府部门负责。

五、丽攀模式的征地拆迁工作程序

在高速公路项目的建设中,征地拆迁是不可避免的一个重要阶段,且往往是整个项目建设效率的最大"瓶颈"。通常情况下,征地拆迁可以分为三个阶段:征地拆迁准备阶段、勘察设计阶段、征地拆迁实施阶段,具体内容见图4-1。

丽攀高速的征地拆迁安置工作按照高速公路建设项目征地拆迁的具体程序开展,工作流程可以归结为九个阶段,如图4-2所示。

第一,攀枝花市人民政府根据《中华人民共和国土地管理法》、《中华人民共和国森林法》、《四川省城市房屋拆迁管理条例》、《四川省人民政府办公厅转发省国土资源厅关于调整征地补偿安置标准等有关问题的意见的通知》等有关法律、法

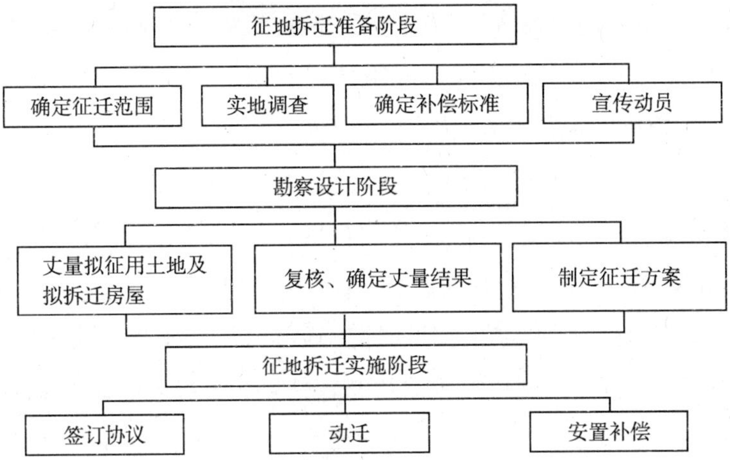

第四章　丽攀模式的运行机制

图 4-1　征地拆迁一般工作程序

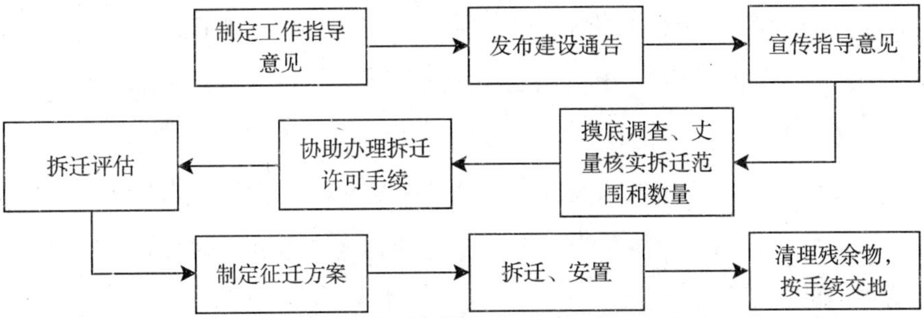

图 4-2　丽攀项目征地拆迁补偿安置工作流程

规、政策规定，结合攀枝花市的实际情况，制定丽攀高速项目的征地补偿安置工作指导意见，并印发给攀枝花市各区（县）人民政府和市级各有关部门。

第二，丽攀高速公路建设小组贯彻执行地方各级部门的指导意见，发布丽攀高速工程项目建设有关事项的通告。

第三，宣传丽攀高速建设项目基本情况及其建设的重大意义，以及征地补偿安置工作指导意见。宣传方式不仅限于会议、标语、横幅等传统宣传形式，还有政府网站、报刊等形式，还在攀枝花市电视台开辟了支持高速公路建设宣传专栏，印发张贴了攀枝花市政府《关于丽攀高速公路征地拆迁公告》5000 余份，对丽攀高速公路的建设工作进行全方位宣传。

第四，督促各区征地拆迁部门对项目沿线征地拆迁区域进行摸底调查。对红线内土地、建筑物、地面附着物等进行现场实地丈量、清点、登记。详细拆迁范围和数量如下：丽攀高速公路三跨金沙江，四跨铁路，拆迁 4 座煤矿，杆管线拆迁涉及 10kV 以上的电力铁塔 9 座，拆迁房屋总面积 20 万平方米，涉及私人产权房屋 1109 户，需要安置农转非人员约 1600 人。

第五，协助拆迁单位办理拆迁许可手续，所需文件主要有：建设项目批准文件；建设用地规划许可证；国有土地使用权批准文件；拆迁计划和拆迁方案；办理存款业务的金融机构出具的拆迁补偿安置资金证明。

第六，落实拆迁评估机构，对征地拆迁区域内的土地、房屋进行拆迁评估。主要程序是：拆迁评估单位报名参与评估；公示报名的评估单位；组织被拆迁人公开抽取评估单位（公证）；各区政府协助评估单位出具评估报告；公示拆迁评估报告。

第七，根据相关法律政策和拆迁实际情况督促各区制定拆迁安置方案，按"依法、明确、全面"的思路，广泛倾听各方意见，大胆借鉴成功经验，并结合项目实际进行认真分析，加以合理吸纳，确保制定出的方案实现"七统一"，即统一土补安补政策、统一青苗及地面附着物补偿标准、同一土地勘测定界、同一城市房屋评估、统一安置房建设、统一杆管线拆迁方案和预算评审、统一资金和档案管理标准。

第八，各区按照丽攀高速公路建设要求建设安置房源，完成控制性工程征地拆迁任务，按阶段提供建设用地需要，提供良好的施工外部环境。西区城市拆迁安置房建设选点为原通力建筑公司地块；东区城市拆迁安置房建设选点为刘家湾、阳光馨园西北侧、五道河三地块。

第九，拆迁安置工作完成后，参与丽攀公司工程部组织清理旧房并确定建构筑物是否全部清除，达到交地标准，完成土地移交，签署交地备忘录。

六、丽攀模式的路地利益冲突调节机制

路地利益冲突是指在征地拆迁和施工环境保障过程中，不同的利益主体在争取利益的过程中所产生的冲突，是在获取利益的过程中彼此间矛盾趋于激化所表现出来的一种对抗性的互动过程。具体在丽攀模式中，各利益主体就包括攀枝花市政府、丽攀公司、项目沿线居民等。

第四章 丽攀模式的运行机制

征地拆迁补偿是沿线的失地、失房人民在丽攀高速公路建设、攀枝花市的城市化进程中能获得的最直接的经济效益,但这也是最容易引发征地拆迁矛盾的焦点。因此,寻找攀枝花市政府、丽攀公司和沿线居民间最佳的利益联结,建立合理的征地补偿机制和利益分享机制,是解决这一问题的关键。具体方法可归纳如下:

1. 完善征地拆迁制度,实现制度保障

现行征地拆迁工作的法律法规主要是《中华人民共和国物权法》、《中华人民共和国土地管理法》和国务院颁布的《城市房屋拆迁管理条例》。如果执法标准不统一、补偿标准不科学、安置补偿机制、拆迁评估机制不规范、拆迁争议解决机制不完善,就会导致一系列棘手的社会问题,致使丽攀高速建设项目无法开建,从政府角度来看,这严重干扰和阻碍了攀枝花市重要基础设施、重大民生工程的建设,以及全市经济社会的发展。而土地征收制度的完善对于缓解和调整丽攀高速征地拆迁过程中各利益主体可能发生的冲突能起到本质性的改善作用,因此从制度保障的角度考虑,攀枝花市政府方面,应该继续建立健全征地拆迁制度,完善对征收过程中公共利益的确定以及拆迁管理和补偿制度的规范;丽攀公司方面,应该严格遵守制度规范,按照法律程序进行征地、拆迁、补偿和安置,在追求经济效益的同时要顾及社会效益,同时还要善于运用法律手段解决征地拆迁过程中出现的各种具体的矛盾冲突,既依法推进丽攀高速公路的建设,又依法保护公司自身的权益。

2. 建立科学合理的征地拆迁补偿和利益分配机制

征地拆迁过程中的矛盾冲突产生的根本原因是征地拆迁利益分配不合理,包括补偿范围窄、补偿数额少、补偿款不到位、安置方法少等问题。为完善丽攀高速公路建设项目的征地拆迁补偿安置,使征地拆迁获得的利益分配更加合理,尽量避免各方的利益冲突,首先要准确丈量丽攀高速公路沿线居民的房屋和土地面积,对待征收的土地进行公示宣传,做到信息公开,保证沿线居民的知情权,同时要听取群众的意见,与群众协商,了解他们的要求,得到群众的充分认可;其次,随着不断提高的社会生产成本和消费指数,逐步提高征地拆迁补偿标准,依照市场价格来确定补偿金,使补偿标准做到与时俱进,解决村民长远的生活和就业问题;最后,在确定补偿安置方案时要正确反映和兼顾不同方面群众的利益,

把握原则性，注重灵活性，确保安置补偿的合法、合理和公正。

3. 完善征地拆迁的配套政策体系

对于丽攀公司来说，做好被征地拆迁村民的安置工作，不仅要做好货币安置，还应该做好社会保障安置和就业保障安置。一方面要完善养老保险、医疗保险、失业保险以及最低生活保障等体系，建立以社会保障安置为主、多种安置结合的安置保障机制，将丽攀高速公路沿线的农民纳入社会保障体系，使农民步入城乡一体化的社保轨道。这对于缓解丽攀公司征地拆迁过程中的各种利益冲突，保持整个攀枝花市的社会稳定都有重要作用。另一方面要完善对丽攀高速公路沿线居民的再就业培训体系，始终把人文关怀贯穿于征地拆迁的每个阶段，深入做好宣传群众、组织群众、教育群众、服务群众工作，引导和教育失地农民转变观念，提高农民的基本素质，扩展农民的就业面，增强农民参与市场化就业的积极主动性和取得收入的能力。通过引进劳动力密集型产业、服务业，或者帮助居民成立股份制公司以增强其再就业和创业能力，提高沿线居民自谋职业、竞争就业的自觉性和能力。

4. 建立灵活有效的应急响应机制

丽攀高速公路穿越攀枝花铁矿区、煤矿采空区以及人口密集区，各种管网密布，房屋聚集，拆迁安置难度大的特点决定了在丽攀高速公路的建设过程中，时有矛盾突发的可能。因此针对这一情况，丽攀公司应该设立矛盾冲突预警小组，确保上下级信息通畅，采取各种可控措施，及时调解和引导处于萌芽状态的矛盾。在矛盾激化或冲突发生时及时向上级部门传达信息，同时赶赴现场正面协商，对村民的问题做出权威性答复，对村民的合理要求保证会加以重视，并尽量现场提出解决方案，疏导和平复村民的对抗情绪。

第二节 运营目标管理

高速公路建设过程的目标管理，直接影响了项目工程的质量优劣，影响了当地经济建设的速度。作为业主单位的丽攀公司针对建设管理目标建立了一套全面的运营管理措施，主要包括进度控制、质量控制和投资控制，其中进度控制最为充分地体现了丽攀模式的优势。

一、进度控制的管理

高速公路建设项目的进度管理是在对高速公路项目建设过程中各种可能的进度影响因素进行预测分析后，对进度目标进行分析和论证，通过采用科学的进度控制方法和先进的控制手段来对工程项目的进度进行管理。高速公路建设项目进度管理的最终目标是确保高速公路项目按照预定的时间投入使用，及时发挥投资效益。

进度控制的好坏直接关系到高速公路能否按期投入运营以及投资成本的收回，影响进度的因素包括资金的筹集渠道、拆迁征地的协调、恶劣的自然气候、参差不齐的施工管理水平、合同方之间缺乏信任等，丽攀模式中政府和公司本着抓大放小、避轻就重的原则，针对各种不利因素做出了及时、高效的反应，建立了一套全面的工程进度管理措施。本书结合丽攀高速在建设过程中的特点，针对丽攀模式的特色，就征地拆迁、施工环境保障和施工建设方面的进度控制进行详细分析。

1. 征地拆迁的进度控制

征地拆迁是一项复杂而敏感的工作，不仅直接关系到项目的顺利开展，也关系到移民人群的长远生活水平和社会稳定。

（1）制定详细的拆迁工作目标

丽攀高速项目建设征地拆迁补偿安置工作的总体目标是：为确保丽攀高速项目2013年底建成通车，在市政府与四川高速公路建设开发总公司签订《投资协议》的征地拆迁费用总额内完成征地拆迁补偿安置工作，按阶段提供建设用地，满足工程用地需要，提供良好的施工外部环境。主要阶段性目标如下：2010年一季度前，全面启动征地拆迁工作，完成控制性工程征地拆迁任务，交付控制性工程施工用地，确保施工队伍进场，按区制定出征地拆迁补偿安置工作实施细则；2010年4月底前，根据建设用地需要，按急用先征的原则，完成关键节点工程的征地拆迁，按计划提供各合同段施工用地；2010年底前，基本完成征地拆迁任务，其中：5月份交地1000亩同时解决一季度已交边桩的拆迁和清表，6月份交地800亩，7月份交地100亩，8月份交地100亩，9月份交地32亩；2011年6月底前，基本完成拆迁安置房建设；2011年底全面完成拆迁任务。

(2) 政府主导拆迁工作的实施

攀枝花市人民政府出资4亿元并承诺按照国家、地方的有关补充最新规定和结合当地农村生活水平制定合理的拆迁和占地补偿方法，做好项目区域内征地拆迁安置工作。政府这种花自己钱搞建设的方式使政府的观念从"要我修路"转变为"我要修路"，调动了政府领导小组的积极性。攀枝花市政府成立了由市委副书记任组长，市政法委书记、分管副市长为常务副组长，市政府分管副秘书长、市交通局局长为副组长，同时分管副秘书长兼办公室主任，市级相关部门及沿线政府、大企业为成员单位的丽攀高速公路建设领导小组全面负责征地拆迁工作，其主要职能包括：制定征地拆迁实施计划和工作进度，根据征地拆迁进度进行补偿，进村入户的宣传等。市、区建设领导小组领导亲临一线，靠前指挥，及时解决了有关矛盾和问题。此外，市政府将协调工作纳入政府目标考核范围，一般出现因施工环境影响，不履行职责、不及时现场协调，造成停工、经济损失，甚至更为恶劣矛盾的事态，领导小组将扣年度目标责任奖，若全面完成目标责任任务后，年度将给予目标考核奖。这种正向激励和负向激励相结合的方式保证了领导小组成员顺利完成任务的责任心。依靠政府出资负责拆迁的方式，为拆迁工作的顺利进行提供了强有力的领导力量和组织保障，最大限度地赢得了拆迁户的理解和支持，为保证征地拆迁工作的顺利进行起到了关键作用。该工程在攀枝花市政府有关领导的高度重视下，创造了攀枝花市公路建设史上最短时间交地、最短时间进驻和最短时间全面施工的纪录。

(3) 丽攀公司积极配合拆迁工作的实施

丽攀公司为积极配合政府的拆迁安置工作做了如下的安排措施：首先，建立联席会议制度。公司与市高建办原则上每月召开一次工作例会，通报情况，分析研究突出问题，制定解决问题的计划、方案和措施。积极参加市区高建办与相关部门、单位、各乡镇不定期召开的专题会，解决专项问题。其次，建立信息通报制度。编辑丽攀高速征地拆迁周报、月报，分别于每周四、每月25日上午报川高公司，编辑丽攀高速征地拆迁动态，不定期报送川高公司，市委市政府，市领导小组成员单位。最后，建立联合督察督办制度。同市高建办每月开展一次全面督察；根据征地拆迁实际情况，不定期开展专项督察，并及时下发整改通知，对重点问题进行督办，并视情况组织跟踪督察。公司综合部协调拆迁工作相关事宜，明确分工，责任到人，定期组织指导各参建单位学习理解政策，了解工作原则，按程序开展工作，确保征地拆迁工作取得实效。

2. 施工环境的保障措施

（1）落实问责制，建立和谐施工环境

攀枝花市政府各级部门加强相互理解、相互信任、相互支持，为建立和谐的施工环境，保障丽攀高速公路的顺利实施，制定了如下措施：如果发生群众到工地上阻工现象，施工单位及时通知乡镇政府负责人，乡镇政府负责人和当地公安派出所负责人必须在2小时内到达现场，并将群众劝离现场；同一个问题群众第二次到工地的，施工单位在报告乡镇政府的同时，应书面向区政府报告，区政府派出的督察组应在2小时内到达现场督办，并保证施工单位正常施工；同一个问题第三次出现群众到工地阻工的，市领导小组办公室下发书面通知要求有关单位负责人向市委、市政府作出书面说明；给施工单位造成较大影响或损失的，报请市委或区委对有关分管的责任单位负责人作出处理。全面完成工作任务表现突出的年度给予目标考核奖，在先进个人评选中可考虑并按比例加倍给予奖励。各乡镇要制定好辖区内的村社干部管理办法逐级落实责任。各区要做好责任的分解落实。切实做到村组对乡镇负责、乡镇对区负责、各区队市委市政府负责。逐级落实责任到人头，每一段路每一个事都有责任人可追。

（2）治安环境的服务保障

细化到辖区派出所，对应到合同段，辖区内公安机关打击强买强卖以及强行运输行为，严厉打击强行施工分包或劳务作业行为，打击偷盗施工单位建筑材料行为，积极化解矛盾，采取措施杜绝经常性的阻工或其他严重阻工现象以及发生群体阻工的应急处理预案等。为丽攀高速公路建设项目的顺利实施提供了良好的治安环境。

(3) 砂石等材料的价格机制保障

砂石等地材的价格由市国土资源局牵头，市物价局配合制定。内容主要包括对砂石等地材采取政府划拨、对拍卖料场价格进行政府指导定价等保障建设所需地材及稳定价格的措施等，防止并打击哄抬地材价格行为。

(4) 施工用电的供应保障

供电部门统筹规划沿途电力线路，落实攀枝花招商引资和国家、省公路基础设施建设的电价优惠政策。隧道用电采取永临结合的方式，供电部门要给予支持和优惠。用电价格应执行大工业用电价格。取消增容费等收费。丽攀高速项目建设期间公路沿线因检修设备、维修线路等停电，需由供电局报市经贸局批准后，报丽攀高速公路建设领导小组办公室备案并提前三天通知施工单位，否则被视为蓄意刁难施工单位，发生两次以上的作为廉政问题报请政法机关立案调查。施工用电的保障为丽攀高速公路建立项目的进度控制目标奠定了坚实的基础。

(5) 现场协调会制度

丽攀公司根据工程实际进度情况召开现场协调会议，以解决工程施工过程中的相互协调配合问题。通常包括但不限于以下内容：各承包人之间的进度协调问题；工作面交接和阶段成品保护责任问题；场地与公用设施利用中的矛盾问题；某一方断水、断电、断路以及资源保障、外协条件配合问题等。

3. 施工建设方面的进度控制

(1) 健全进度控制部门

丽攀项目工期紧、任务重、质量要求高，这就要求必须有一个强有力的项目管理机构对其进度进行总控。丽攀项目进度计划的制定和监督由公司领导层总体负责，工程部具体实施。另外要求各个承包商健全自身的进度管理组织结构，并与工程部建立定期工程进度汇报制度，对各标段进行统筹管理。由于地势差异和承包商管理水平的不同，各个标段的进度往往大不相同。针对严重影响工程进度的突出问题，丽攀公司灵活组建督导小组，亲临施工现场对进度滞后的标段实行现场督导。

(2) 编制并监督实施进度计划

高速公路建设项目进度计划是对工程实施进度管理的前提，在实施前应该编制一份科学合理的工程项目进度计划。丽攀公司根据工程项目实施的不同阶段分别编制施工总进度计划，单位工程施工进度计划，年、月（季）度进度计划；对于某些关键工程项目（如桥梁、隧道等）还单独编制工程进度计划。对计划的制定、提交、审批制度都制定了统一的规定。

此外，丽攀公司及时检查承包商报送的施工进度报表和分析资料，同时还进行现场实地检查，核实所报的已完项目的时间和工程量是否属实，杜绝虚报现象。在对工程实际进度资料进行整理的基础上，将其与计划进度相比较，如果出现偏差，则进一步分析此偏差对进度控制目标的影响程度以及产生的原因，研究对策提出纠偏措施。必要时还要对后期工程进度计划做适当的调整。

（3）经济措施

丽攀为了确保进度目标的实现，编制与进度计划相适应的资金要求计划和人力物力要求计划。为了保持承包商的积极性，及时办理工程预付款及工程进度款支付手续，当工期提前时给予奖励，当工程延误时给予拖期损失赔偿金的惩罚，奖惩分明，确保进度目标的实现。丽攀公司于每个阶段期末组织对全线的工程进度进行检查评比活动，对阶段目标进度、质量完成目标的承包人，按照《阶段目标责任书》中的相关规定，丽攀公司将于次月在计量报表中将质量进度保证金退回承包商，并对项目经理和总监理工程师、驻地监理工程师给予一定的奖金奖励。对于未完成阶段目标任务的承包人，其质量进度保证金不予退回，直至下一阶段目标累计完成后才能兑现。

丽攀公司还编制了资金使用计划；进行投资跟踪控制，定期进行投资实际支出值与计划值的比较，发现偏差并分析产生偏差的原因，促进了工程建设的顺利进行。

（4）科学的技术措施

丽攀项目全线设计桥梁63座（其中特大桥6座，大桥42座，中桥15座），隧道9座（其中特长隧道1座，长隧道2座，中短隧道6座），互通式立交6座（其中枢纽式互通立交1座），地势险峻，施工难度大。丽攀公司优化设计方案，利用承包商先进的施工机械和技术，在保障工程质量的基础上大大加快了进度。

本着"一切为丽攀高速公路建设提供优质服务"的宗旨，丽攀高速公路各利益相关者从保障征地拆迁、施工环境、施工建设三个方面出发，落实专人对工程的建设进度进行了全面的监督管理，为丽攀高速公路建设提供了良好的外部建设环境。

二、质量控制的管理

建设项目的质量不仅影响着工程最终能否按期移交，同时也影响着移交后能否正常运营。因此，业主单位和地方政府都非常关注项目的质量管理。丽攀公司以"生命至上，安全为先"的安全指导方针，健全质量控制组织结构、完善质量管理制度、建立质量保证机制，从源头上保证了工程质量。丽攀高速公路质量监督组织机构如图4-3所示。

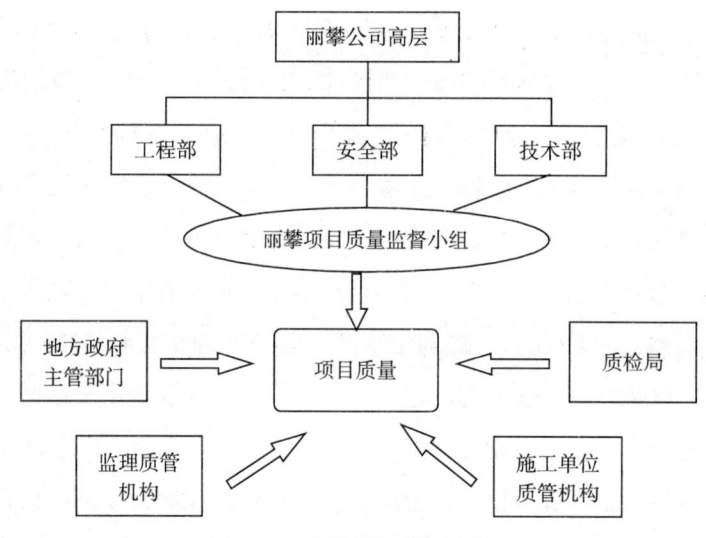

图4-3 质量监督组织机构图

1. 丽攀项目质量监督小组

丽攀项目专门成立了由丽攀公司总经理担任组长，副总经理担任副组长，工程部、技术部、安全部等负责人为成员的质量监督小组。质量监督小组主要负责整个项目全面的质量控制工作，研究制定严格的质量控制制度，包括对承包商、供应商的选择。在签订合同时严格考察他们的履约能力，具体包括：技术水平、管理能力，特别是项目经历的经验履历，条件允许的情况下需要参考以往工程的质量标准、企业形象和声誉等作为选择标准。质量管理过程如图4-4所示。

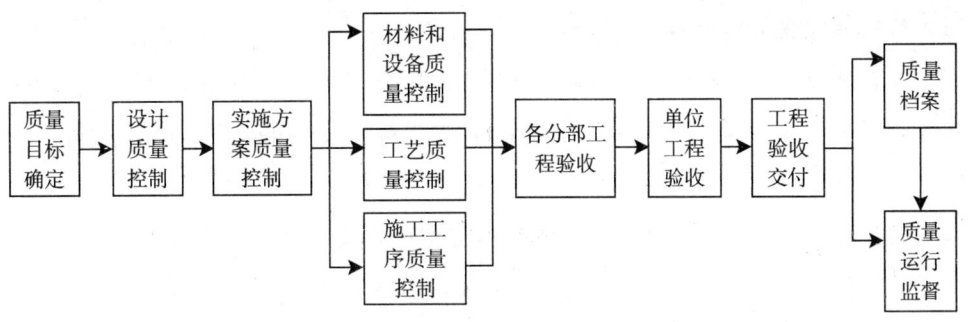

图 4-4 工程项目质量管理过程

2. 监理工程质量管理机构

切实履行监理合同，按照丽攀公司的要求配足合格的监理人员和监理设施，并加强对监理人员的技术业务素质和职业道德的教育和培养，使监理人员具有独立、公正、有效开展监理业务的能力和责任感。制定详细的监理计划，对影响工程质量的各种因素进行分析，了解工程的重点和难点，对工程质量实行动态控制，做好事前控制，将可以预见的风险提醒承包商，避免不必要的返工。

3. 承包人的质量管理机构

承包人根据施工承包合同的要求选配了质量意识好、整体素质高、遵守纪律的质量管理人员组建质量管理机构。质量管理负责人有项目的施工经历和业绩，负责建立健全完善的质量自检以及质量保证体系，认真执行自检、互检、交接检制度，注重加强员工的培训，给员工树立质量高于一切的意识。

丽攀公司以及相关质量管理责任人定期进行质量安全专项检查，特别是加大了对高墩大跨桥梁、隧道等项目的督察频次，坚决把不安全的苗头和隐患消除在萌芽状态。

三、投资控制的管理

投资管理的目的是把工程投资控制在批准的投资额内，利用有限的投资，取得较高的投资价值，使可能动用的建设资金能够在主体工程中的各单位工程、配套工程、附属工程等分部分项工程之间合理地分配。工程的变更、工程计量与计价、征地拆迁等都可能影响投资控制。丽攀公司为达到资金控制的目标，采取了如下措施：

1. 加强资金计划管理

丽攀项目的建设资金多是通过银行借款的方式获得的。融资成本对丽攀公司来说是一笔较大的开支。对此,丽攀公司加强投资计划的管理,使其与进度计划、融资计划协调一致,减少不必要的融资成本。

每个标段在签订协议后,向监理单位提交该标段的总体投资使用计划。以月为基本单位,尽可能减少资金占用和利息支出。承包商每年年底前向监理单位报送下一年度资金需求计划,并分析今年投资计划值与实际值产生差距的原因。

2. 实行廉政建设工作责任制

公司总经理是廉政建设第一责任人,分管领导是廉政建设主要责任人,各部门负责人为本部门廉政建设责任人,廉政建设责任人和各部门负责人需对所负责项目和本部门廉政工作负领导责任。

3. 规范计量支付程序

工程计量支付是工程建设施工阶段实施质量控制、进度控制和投资控制的重要手段。丽攀公司制定了《丽攀高速公路建设计量支付管理办法》规范计量支付程序。工程计量以合同单价和实际工程数量为基础,工程计量以工程合格为前提,每项工程计量必须有完整的合格质量证明附件,有各级监理工程师、丽攀公司计量工程师的签字确认,并全面审核无误后方能进行支付。对于不合格工程及质量证明附件不齐全的工程绝对不予计量支付。具体的计量支付程序如图4-5所示。

丽攀公司在各利益方密切配合下,达到了投资控制的预期目标。

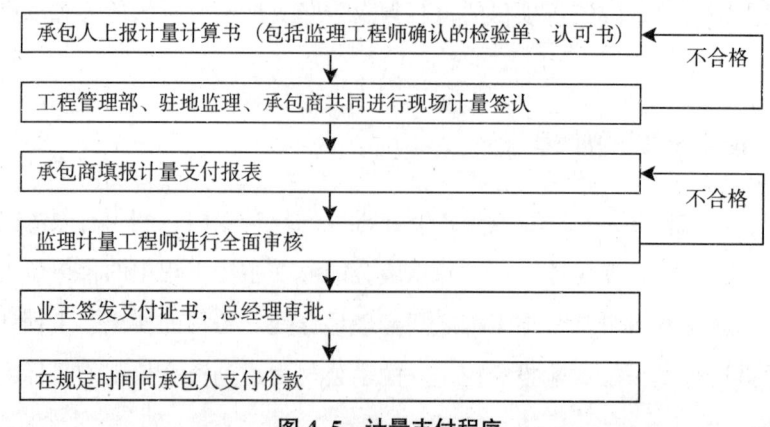

图4-5 计量支付程序

第三节 风险管理

BOT 项目的融资额度大、利益相关者众多、合同结构复杂等特点,使项目的风险分配和管理极为重要。因此,做好项目风险管理对避免或减少风险事件带来的损失有重要意义。

一、风险管理理论概述

美国学者海尼斯认为风险是指损害的可能性,某种行为能否产生有害后果应以其不确定性界定。某种行为具有不确定性时,其行为就反映了风险的负担。清华大学郭仲伟教授在《风险分析与决策》中将风险定义为:事件发生的概率及其后果。在综合分析各种学派的论点的基础上,本书对风险作出如下定义:风险是在一定约束条件下,可能发生的不利事件导致某种活动或行为的实际结果与预定目标发生偏离的综合。

风险可以用数学公式表示为:

$$R = \sum f(P, C)$$

其中,R 代表风险(Risk),P 表示不利事件可能发生的概率(Probability),C 表示不利事件的发生可能导致的损失程度(Cost)。如上所述,高速公路 BOT 项目的总风险是由多个风险因素共同影响而产生的,其函数关系可以用 f 表示。此公式表明:考察风险,就要考察风险导致的实际结果与预定目标发生偏离的可能性和偏离的程度两个方面。

高速公路建设的整个周期要进行风险管理,风险管理的全过程可划分为风险识别、风险评估、风险规划、风险控制和风险监督检查(如图 4-6 所示)。可行性研究、勘察设计阶段,以及确定管理目标、管理实施方案阶段是风险管理的重点阶段。

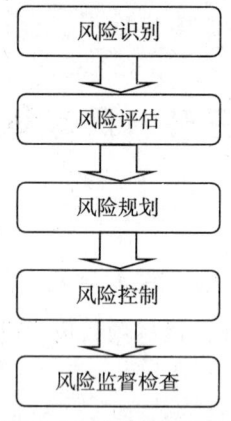

图 4-6　风险管理过程

二、风险管理的程序

项目风险管理就是研究项目运行过程中风险发生的规律，通过一系列科学的技术手段对风险进行有效识别和分析，及早采取措施使风险得到有效控制，减轻风险损失的学科。[①] 针对不同项目类型，构建与之相适应的风险管理机制和风险决策机制是提高风险管理水平的必然选择。着眼于项目风险管理的过程，美国制定了有代表性的 PMBOK 风险管理程序，如图 4-7 所示。

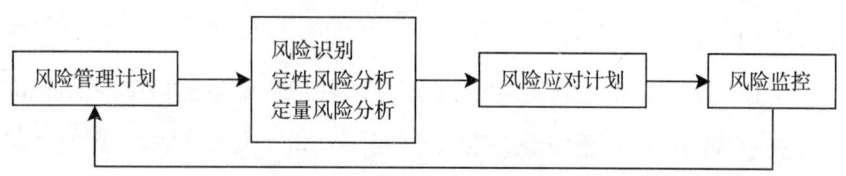

图 4-7　美国 PMBOK 项目风险管理程序

风险识别是风险管理的基础，是指通过一系列科学的风险识别方法对项目风险因素进行辨识，找到风险产生的原因，并列出风险清单；风险定性分析和定量分析分别对单一风险大小和整体风险大小进行分析，并根据风险大小进行排序，选出影响较大的风险因素；在风险分析的基础上为提升实现项目目标的机会，降

---

① 郭捷. 项目风险管理 [M]. 北京：国防工业出版社，2007.

低风险威胁，制定相应的风险应对计划。风险监控则贯穿项目实施的全过程，对风险减轻结果进行评价，监测风险因素对项目的影响，随时做出调整，从而最大限度地减少风险对项目目标的影响。项目风险管理的这六个过程是不断循环进行的。

三、丽攀项目的风险识别

丽攀高速公路建设项目相对于其他一般工程，面临更多的风险因素。根据风险的表现形式，可分为系统风险和非系统风险。系统风险包括金融风险、政治风险、不可抗力风险、市场风险等；非系统风险包括完工风险（质量风险、成本超支风险、工期延工风险）、信用风险、技术风险、环境风险、维稳风险等。具体划分如图 4-8 所示。

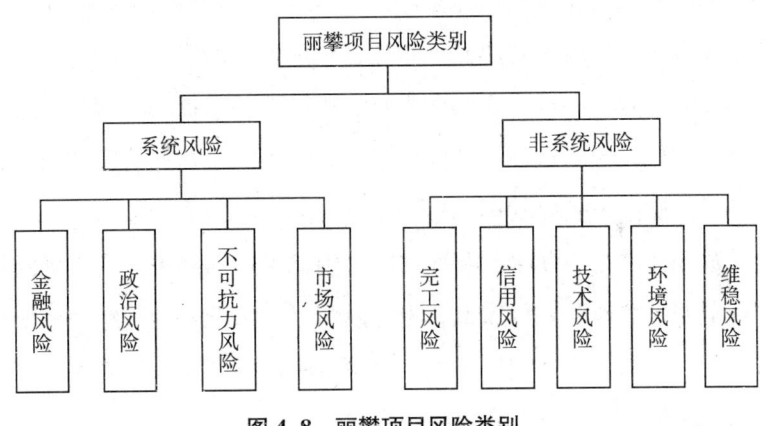

图 4-8　丽攀项目风险类别

1. 系统风险

系统风险又称不可控制风险，是指项目的建设、运营由于受到超出项目公司或项目发起人控制范围的政治、经济和自然环境的影响，而遭受损失的风险。

（1）不可抗力风险

所谓不可抗力风险是指当事人不能预见、避免并且不能克服的自然事件，包括大风、雨雪、冰雹、大雾、冰冻、高温等恶劣气候条件，洪水、山体滑坡、泥石流、地震、火山爆发、海啸等水文地质灾害带来的危险。

丽攀高速项目处于攀西裂谷中南段，属侵蚀、剥蚀中山丘陵、山原峡谷地貌。金沙江两侧次级水系坡降大，地质结构复杂，山体破碎，在雨量集中时，常有规模较大的崩塌、滑坡以及泥石流的发生，不可抗力因素隐患多。

(2) 政治风险

政治风险是 BOT 项目所面临的最重要的风险，涉及项目的各个阶段，会对所有其他项目风险产生重要的影响。如今，我国处在和平稳定的时期，国家风险可不考虑，政治风险主要表现为政策变动风险和行业规范变动风险。

政策变动的风险，指与项目有关的土地政策、税收政策、价格政策、法律法规以及环保政策等敏感性问题的产业政策和投资导向等宏观经济政策的变化而导致的风险。四川高速公路建设开发总公司的融资过程很大程度依赖于政府的特许经营权，若政府的政策发生变化，势必对项目的建设成本、投资收益带来很大影响。另外，丽攀高速公路的特许经营期长达 30 年，本身存在着诸多的不确定性，再加之税收政策、价格政策变化的可能性，更加大了丽攀公司的风险。比如各地区财政能力不断增强，各级政府修建公路的积极性普遍提高，攀枝花市政府为了加强地区经济发展，出台在同一地区投资建设另外一条高速公路的政策，那么新建高速公路对丽攀高速公路的车流量、收费机制将产生重大影响。

行业规范和标准是不断更新和变动的，因此也给项目带来了不确定性，可能发生行业规范变动的风险。国家或者当地政府可能会随着地区经济的发展情况改变一些行业的规范和标准，这样就可能给项目的建设和运营带来风险，增加投资成本或者延误工期等，不利于项目的稳定性。

(3) 金融风险

金融风险主要是指由于一些项目发起人不能控制的金融市场的变化而对项目产生的负面影响。丽攀项目面临的主要金融风险是通货膨胀风险和利率风险。

通货膨胀风险指由于宏观经济政策的变化，项目所在地的工资和物价水平大幅上涨，导致项目建设成本上升的风险。通货膨胀的涨高不仅意味着项目建设和运营成本的上升，而且往往意味着投资收益的实际价值降低。目前，保持经济稳步增长是当前政府宏观经济调控的重中之重，通货膨胀下行的可能性较小，再加之该项目的时间跨度大，因此丽攀公司要谨防通货膨胀的风险。

利率风险指项目在经营过程中，由于利率变动直接或间接地造成项目价值降低或收益受到损失。在高速公路建设项目中,与贷款银行签订贷款协议时,为了规避利率风险,最好采取以某种浮动利率作为基数,加上固定利差作为项目的贷款利率,这样既可以避免单纯地采用浮动利率融资时由于利率上升带来的费用增加风险,也可以避免单纯地采用固定利率融资时由于利率下降带来机会成本的提高。

2. 非系统风险

非系统风险是指项目融资中的参与各方可以自行控制和处理的,与项目的建设和生产经营管理有关的风险。

(1) 完工风险

完工风险是指在项目建设期间,项目建设不能按照规定的时间、设计要求、预定成本完工,或完工后无法达到预期的运行标准,而产生损失的可能性。它是项目进入建设阶段后,投资方直接面临的最大风险,决定着项目是否能顺利运营,投资者是否能得到投资回报,债权人是否能按期收回本息。完工风险主要表现为:项目建设延期、项目建设成本超支、项目迟迟达不到规定的技术经济指标等。

在进度控制方面,可能会由于政府土地及其他建设环境保证不够、施工承包商技术不过关、经验不足、合同违约、建筑材料和设备不能及时取得或者劳动力来源得不到保障等,导致高速公路项目不能按照预计的时间完成工程建设从而使项目投资者遭受建设施工进度迟延风险;在成本控制方面,物价指数的上涨带动了沙石、水泥、沥青及钢材等主要原材料的价格上涨及劳动力成本的上升,会导致土建工程的成本超支;在工程质量方面,项目工程质量未能达到设计质量要求,会导致项目工程的返工,进而导致工程延迟。

(2) 技术风险

技术风险指项目建设和运营过程中由于技术的不足或技术方案的缺陷问题导致无法满足预期运行标准,而给项目带来损失的风险。比如施工建设过程中的遗留问题,造成工程质量不能满足建设标准要求,项目不能验收,从而影响高速公路的功能发挥,降低投资收益和社会效益。

对于丽攀高速公路项目而言,面临的技术风险包括桥隧占比高,隧道大都处于断裂发育岩层破碎地带，不可预见因素多，施工临时用地（预制场、拌和场、驻地等）困难等。倮果特大桥、大水井特大桥、庄上特大桥均为丽攀高速公路攀枝花段控制性工程。其中倮果特大桥、大水井特大桥均为主跨230米连续刚构，为四川目前在建同类桥型中最大跨度、最大悬臂现浇（挂篮施工）的节段，施工技术难度大，技术标准要求高。由于技术问题，工程不能满足有关部门的质量监督，从而没有能够顺利验收，工期的延误可能降低了项目的投资收益，技术部门应该引起高度重视。

（3）信用风险

信用风险是指项目参与方因自身主观原因无法履行或拒绝履行合同中规定的责任与义务的可能性。

丽攀项目的合同管理复杂，参与方众多，各方都有可能由于客观和主观原因产生信用风险。如果任何一方不能按时按质履行其合同中的责任和义务，都可能导致整个项目的失败或至少导致项目时间上的延误、成本的超支或现金的短缺。比如在政府与项目公司的《投资协议》中未列出在车流未达到饱和之前不得修建平行高速公路的规定，这样有可能为了满足当地经济发展的需求，市政府再规划另一条高速公路，造成高速公路与国道之间以及高速公路之间的竞争形势严峻，车辆分流严重以致增加投资人经营的风险。

（4）环境风险

环境保护风险是指由于满足环保法规要求而增加的新资产投入或迫使项目停产等风险。随着公众越来越关注工业化进程对自然环境的影响，我国颁布了日益严厉的法令来控制废弃物的丢弃、有害物质的运输、水土流失，低效使用能源和不可再生能源等环境污染问题。

环境保护风险一般由项目公司承担，主要包括：对所造成的环境污染的罚款、环保设备资金投入、环境评价费用、保护费用以及其他的一些成本。对丽攀项目公司来说，要满足环保法的各项要求，就需要增加项目生产成本，或者增加新的资产投入改善项目的生产环境。在施工期间，高速公路的建设对水土流失有影响。场地清理、路基填筑、开挖、取土、弃渣等工程活动都会扰动地表，并使地表植被受到不同程度的破坏，地表抗蚀能力减弱，产生水土流失。施工建设过程中对环境污染较为严重的情况可能会迫使项目无法持续下去。所以，对项目建设期内有可能出现的任何环境保护方面的风险应该和其他风险一样得到充分的重视。

（5）社会维稳风险

社会维稳风险，广义上是指一种导致社会冲突、危及社会稳定和社会秩序的可能性，是一类基础性、深层次、结构性的潜在危害因素，对社会的安全运行和健康发展会构成严重的威胁。一旦这种可能性变成现实，社会风险就会转变成公共危机。在狭义上，社会维稳风险是指由于所得分配不均、对抗政府施政、结社群斗、失业人口增加造成社会不安、宗教纠纷、社会各阶级对立、社会发生内争等社会因素引起的风险。

丽攀高速公路建设中征地拆迁引发的社会维稳风险是指政府在执行征地拆迁决策、实施征地拆迁的过程中给人民群众的生活、生产、生命、财产等与其切实利益相关的各个方面造成的负面影响和损失的可能性。不可否认征地拆迁对原农村集体及其成员的生产、生活、精神等方面可能造成严重影响：失去收益性物业、失去农业工作机会、失去宅基地及住宅、失去赖以为生的土地、原有生活方式和邻里关系改变、产生失落感和剥夺感等。另外，不同历史年代之间、不同区域之间、不同征地性质之间的不同补偿标准和方式，有可能导致群众对比甚至盲目攀比、造成误解、产生不公平感等。高速公路建设双方应该高度重视征地拆迁过程中可能存在的社会维稳风险，切实保障征迁人的合法权益、缓解社会矛盾、维护社会稳定，为了公共利益做好征地拆迁维稳工作。

四、丽攀模式的风险特征

1. 项目各阶段的风险存在差异性

项目管理知识体系将项目的生命期划分为启动阶段（概念阶段）、开发阶段（计划阶段）、执行阶段（实施阶段）、结束阶段（收尾阶段），英文简称 CDEF 阶段。启动阶段项目的工作包括项目的机会研究、方案策划、可行性研究、项目的评估；开发阶段包括项目目标确定、范围规划、计划编制等；实施阶段包括项目的采购规划、招标采购的实施、项目的实施及控制等；项目收尾阶段包括项目范围确认、质量验收及项目的审计、项目的后评估等工作[1]。这种划分方法主要是从项目建设管理的角度出发，项目的生命期一般以项目建设完成作为结束，未涉及项目正常运营的阶段。一般的工程项目的风险在项目的建造阶段达到最大，因为这一阶段，是将项目的计划变为现实的阶段，影响项目建设成功的不确定因素较多，风险事件的发生直接影响到项目的成功，如图4-9所示。

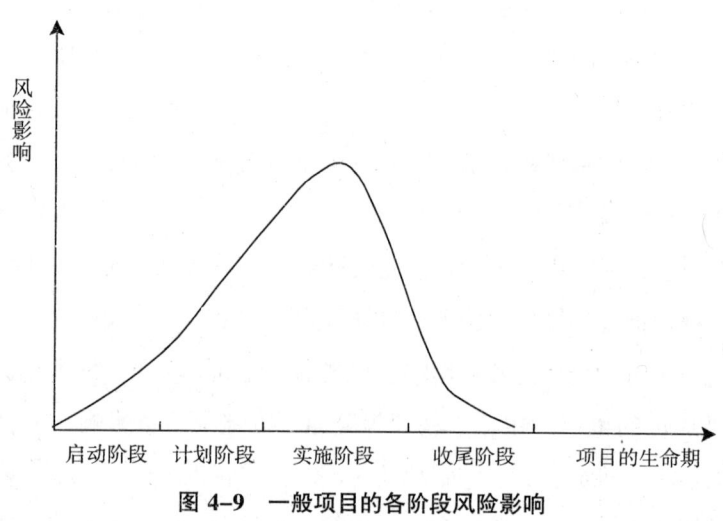

图4-9 一般项目的各阶段风险影响

丽攀高速项目的投资主体不同、筹资方式不同、建设经营管理模式不同，涉及政府、投资方、项目公司、贷款银行、承包商等众多参与方，使得项目的风险更为复杂，与传统工程建设项目面临的风险有所不同。在不同的阶段，同一风险的表现形式也不尽相同。丽攀高速项目总体分为建设—运营—移交三个阶段，在三个阶段中项目面临的风险程度也有所差异（如图4-10所示）。在项目建设期间，随着项目资金的投入，此时项目尚未产生现金流入，因此风险程度也在提高，当项目建设完工时风险达到峰值；当项目投入运营时，随着投资资金的回流，项目的风险降低，但是此时也要加强对运营风险的控制，避免由于运营管理水平的低下，产出超额的运营成本，影响了还款现金流。

---

[1] 中国项目管理研究委员会编.中国项目管理知识体系与国际项目管理专业资质认证标准［M］.机械工业出版社，2002.

第四章 丽攀模式的运行机制

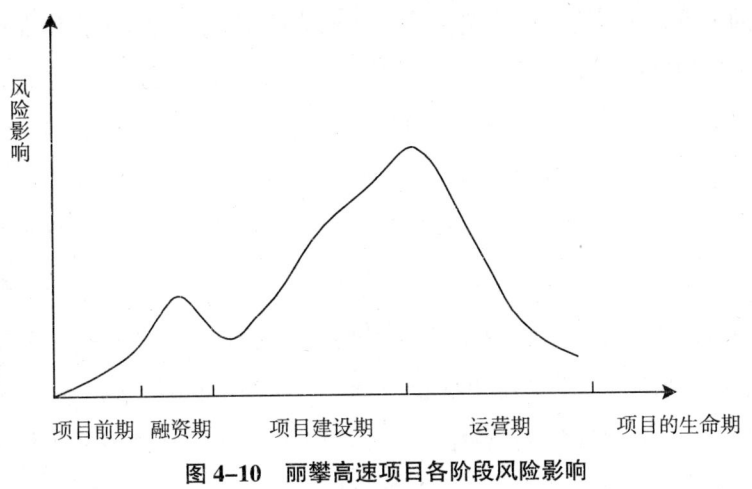

图 4-10　丽攀高速项目各阶段风险影响

2. 项目风险易受政府行为的影响

丽攀项目是公共事业社会资本化的典型形式，政府在其中的地位不可或缺。在一个规范的有效率的兼顾公平的项目中，政府扮演的角色对企业有着重大的影响。政府在授予企业特许经营权的同时也承担着管制者和帮助者等多重角色。从管制者角度来看，在项目的建设和运营过程中，政府要受到政府管制机构的问责，从而保证项目相关人的利益和维护公共利益；从帮助者角度来看，政府是否提供政策支持和制度支持也对项目的建设和运营产生影响。如果政府提供过度的政策支持，导致公共利益流向项目投资者的个体利益。若政府政策支持不足，政府的担保、税收减让和竞争承诺得不到实现，项目投资者的利益受到侵害，这样，在极大程度上破坏了项目建设环境的统一、规范、公平，也不利于该项目模式的推广，同时也破坏了政府信用，将导致交易费用的攀升。

在丽攀高速公路特许经营合同中，明确指出攀枝花市政府作为丽攀高速公路征地拆迁工作的责任主体，应在4亿元内承担丽攀高速公路建设用地的征地拆迁（含地面、地下建构筑物和其他附着物）和被征地农民的失地安置工作，并按照丽攀高速公路建设用地的需要，及时完成用地批复并完成土地清表后向项目公司提供施工用地。拆迁工作能否顺利完成直接关系到整个项目的推进。攀枝花市政府、各区政府、各乡镇政府在思想和行动上保持了高度一致，广泛深入地宣传高速公路工程建设的重大意义和相关政策，引导群众正确处理好国家、集体和个人三者之间的关系，主动关心、自觉配合、积极支持征地拆迁工作。地方政府充分发挥熟悉本地情况的优势，灵活运用经济方法或必要的行政手段，提高征地拆迁工作效率。另外，政府还负责协调解决项目建设过程中出现的问题，化解各种矛盾，为项目建设创造良好的施工环境。首先，政府与当地公安部门协调，保障施工炸药供应，协调电力部门统筹规划，保障建设单位施工用电，临时用地使用费以及复耕费按照政策低限收取；其次，政府运用自己的调控能力，保证提供项目建设和运用所需要的建筑材料和原材料的供应和价格的稳定；最后，按照国家西部大开发和四川省高速公路建设相关的优惠，政府执行税收优惠。综上所述，地方政府部门在丽攀高速公路的建设的征地拆迁工作和施工环境的保障方面，发挥着不可替代的作用，政府信用能否承兑就直接关系到该项目的风险大小，决定了投资者和建设单位的最终利益。

3. 有限的追索权使项目公司更有保障

丽攀模式的融资方式采用有限追索权方式，项目的融资主要依赖于公路资产和其未来的收益，贷款人对投资人的追索也仅限于公路资产和未来的收益以及所承担的义务部分，即当项目出现失败或是其他问题时，投资人只能以项目自身的收入和资产偿还债务，不能以其他资金来源偿还其投资，贷款人对此之外的任何财产都没有追索权。与传统的融资方式相比，该融资方式将本该由借款人承担的风险部分地转移给了贷款人。因此，对于贷款人来说丽攀项目的风险保障程度较低，由于减小了追索程度，对丽攀公司来说更为有利。

五、丽攀模式的风险管理措施

通过对丽攀高速项目的全面风险识别，可以说，风险贯穿于丽攀高速建设的全过程。本书针对上述风险，制定了风险管理的措施，将事前控制、事中控制和事后控制集于一体，全面地进行风险的防范和控制，从而使风险的负面影响降到最低。风险应对的方法包括：风险规避、风险降低、风险转移、风险分担、风险自留。

1. 政治风险的管理

高速公路项目一旦建成运营后便无法退出，项目管理层应该积极依靠政府，与政府建立良好的合作机制，避免由于政策的变动给项目带来的损失。丽攀公司利用书面协议保障公司权利。

公司与政府签订协议时迫于政府的行政权力，公司讨价还价能力较弱。因此为了保证项目的顺利建成，四川高速公路开发总公司在《投资协议》中明确规定了政府的义务和职责，防止由于政策的变动给企业带来潜在的危险。政府从项目的审批、前期征地、办理相关手续等方面给予了大量实质性的支持并做了大量细致的工作，以确保项目的顺利实施。双方在特许经营权协议中规定："甲方承诺成立精干、高效的协调机构，负责该项目的征地拆迁、建设施工期间的地方协调工作。"上至市领导班子，下至乡（镇）领导组成的协调机构，使拆迁的补偿问题、与当地居民的冲突等问题都得到很好的解决。由于政府部门的加入，拆迁工作效率得到很大的提升，保证了项目施工进度。

为了避免政府职能在项目过程中的越位和错位，川高公司在特许权协议中明确界定了政府和项目公司的权利和义务。协议规定：在特许经营期内授予项目公司在投资、建设、运营管理过程中的独占性。协议中还就税收政策的优惠做了明确规定，避免了由于税收政策的变动造成项目成本的升高。

2. 金融风险的管理

（1）利率风险的管理

该项目的融资资源大部分来自银行的贷款，因此，利率的升高或降低都会直接影响项目的融资成本的变动，从而影响投资收益。通过金融衍生工具对冲风险比较有效。该项目采用固定利率和浮动利率相结合的方式，以银行的贷款基准利率作为基数，加上一个利差作为项目的贷款利率。这样的计息方式在一定程度上避免了利率变动给项目带来的风险。目前，银行业已经放宽了贷款利率的浮动空间，丽攀项目应保持与政府的良好关系，利用政府信用提高自己在贷款过程中的谈判能力，以较低的利率获得融资。另外，还可以寻求政府的利息率保证，由政府为项目发起人提供利率保证，在项目期内利率增长超过规定的百分比时，公司可以得到补偿。

（2）通货膨胀风险的管理

通货膨胀现象在世界各国普遍存在。我国正处于高速发展中，国家项目公司面临着更大的通货膨胀风险。在与政府签订的投资协议中,双方均没有制定就通货膨胀风险应采取的必要的管理措施。本书提出建议:在特许权协议中规定相应条款,将丽攀高速公路项目收费价格与当地的通货膨胀率挂钩,采用包含通货膨胀率因素在内的价格调整公式,当通货膨胀率波动超出一定范围时调整收费价格,以保证公路项目产生的现金流足以偿付债务并保证投资收益。

3. 完工风险的管理

项目不能按照规定的时间或者预算建成并投入运营,将导致项目融资成本大幅度上升。该风险在项目建设期间发生的概率较大。丽攀公司为了防范完工风险做了如下几点措施:

（1）转移风险给建筑承包商

承包商的信誉和资质很大程度上决定了完工风险的管理和控制。承包商的实力水平影响了自身的履约能力,履约能力进一步对工期产生影响。丽攀公司在选择承包商的时候,对承包商的专业背景、技术水平和财务能力做了详细的调查,选择了信誉良好、经验丰富,并且对当地的建设环境熟悉的承包商,减少了由于对环境不熟悉而导致的工期延误。此外,丽攀公司定期对承包商的建设进度进行考核,对不能履行义务、无故拖延工程建设进度的承包商进行清退,通过事中控制有效地降低了项目的完工风险。

（2）选择有效的建设合同

丽攀公司通过订立严格的惩罚性条款和提供具有吸引力的竣工奖励使完工风险最小化。为了有效地控制投资金额和转嫁建设期的各种风险,丽攀公司与承包商签订的合同,基本上都采用了固定总价的"交钥匙"合同,成功地将建设期的风险完全转嫁给承建商。当然,为了保证项目工程的质量,承建商必须按照事前合同规定交付符合技术标准运行的项目,否则将按照合同规定的违约赔偿金进行赔付。由于承包人承担的风险较一般工程多,"交钥匙"工程项目的价格通常要加上风险溢价,比一般项目的报酬要高,但是却可以有效地将完工风险转移给承包商。

（3）建立有效的奖励、赔偿制度

丽攀公司和承建商签订的合同中明确地提出了各种有效的奖惩制度,比如对成功履行合同责任的承包商给予一定的经济奖励,而对于误工和质量不符合要求的承包商采取严格的处罚措施,对进度拖期和费用超支的情况则先规定双方所承担的份额。在工程的建设中,要求施工方使用成熟的技术,并要求其在一个双方同意的工程进度内完成。

(4) 鼓励实行工程投保制度

为了避免不可抗力因素造成的完工风险,丽攀公司采用了向保险公司投保和与政府共同承担的方式。首先,丽攀公司与政府的协议中明确规定:"因不可抗力致使协议无法按期履行或者不能履行的,所造成的损失由各方自行承担。一方未及时采取补救措施的,应就扩大的损失负赔偿责任。"其次,丽攀公司还要求承包商按照各种合同条款向保险公司投保"工程一切险"、"第三方责任保险"、"人身意外险"、"施工机械保险"等,并允许承包商将保费计入工程成本由丽攀公司开支。

4. 技术风险的管理

技术风险涉及公路项目采用的方案是否可行以及建设质量是否达标的风险。丽攀公司要求承包商使用成熟先进的技术,并规定承包商出具质量性能担保履约来转嫁技术风险,若是由于材料和建设工艺造成的缺陷则要求进行修补,期限一般延续到完工后的几个月或者一年。另外,在设计或承建合同中订立更新补贴条款和严格的惩罚性条款,以保证技术方案的可行性和建设质量。对于施工难度大的特大桥鼓励承包商采用成熟的技术,并论述技术的科学性和适用性,从源头上控制技术风险的发生。

5. 信用风险的管理

丽攀项目的建设投入资金量大,利益相关者众多且各个承包商的履约能力参差不齐,因此,在与政府协议和选择合作方时丽攀公司非常谨慎。为了项目能顺利运作完工,丽攀公司对信用风险采取了积极的措施。

(1) 选择信用等级较高的合作方

为降低信用风险,丽攀公司对项目参与各方的资信状况、资金能力、技术实力、经营业绩和管理水平等进行分析和评估,认定其是否具有足够的履约能力,在对项目当事人的履约能力进行调查和评估之后,通过一系列的合同与协议把各方的权利与义务以书面的形式确定下来。

（2）总公司和项目公司定期举行例会

项目公司对项目实行矩阵式管理，各个部门各司其职。总公司定期对项目的进度召开例会，加强上下级的沟通，对工作中遇到的问题及时进行协商，以便尽快解决问题，保证各方的进度的完成。

（3）加强合同的履行管理

丽攀公司与各方签订系列合同，并依据合同对项目进行管理，增加了对违约行为的处罚措施以及对履约单位的奖励措施，切实保障各方按照合同约定履行其工程建设职责。

（4）加强政府信用管理

在丽攀模式下，政府的影响很大，对丽攀高速公路建设的各个阶段都具有重要作用，政府的支持程度直接影响到项目的成功与否。在特许权协议授权条款中，政府是以主权者的身份出现，行使着国家管理职能，因此在这种地位不平等的情况下，投资人与政府签订的协议内容就显得举足轻重。在协议中，投资人从项目实施筹备阶段、项目建设实施阶段、项目运营维护阶段都获得了政府最大限度的积极配合和协助，特别是在征地拆迁过程中，"政府出资、政府主导、企业协助"的方式加快了征地拆迁的进程，创造了攀枝花市高速公路建设史上最短时间交地、最短时间进驻和最短时间全面施工的纪录。但是，在此次征地拆迁过程中也暴露出一定的问题，比如在丽攀模式的《投资协议》并未就红线内和红线外的拆迁安置工作规定明确的责任方，导致红线外的征地拆迁双方出现互相推诿的现象，影响了工程进度；《投资协议》也未对征地拆迁费用超支后的责任主体作出明确规定，导致主导拆迁的政府拆迁工作小组在征地拆迁的资金控制上积极性不强，原本计划征地拆迁费用控制在4亿元内，而实际征地拆迁费用上升到7亿多元，双方在征地拆迁费用超支的问题上各执一词，出现严重纠纷，延误项目工期长达半年之久。

特许权协议是丽攀模式下项目开发的前提和基础，是所有协议的核心，也是政府在保持应有权益的前提下，向项目公司授予充分权利的协议。因此，规范特许权协议的主要内容对保障政府信用的履行，规避风险具有重要意义。

6. 社会维稳风险的管理

社会维稳是整个征地拆迁工作的重中之重。丽攀高速公路建设拆迁小组严格遵循"依法依规、节约用地、急用先征、统一规范、公开透明、阳光和谐拆迁"的原则，保证了征地拆迁补偿安置工作的顺利推进。

总结高速公路建设中征地拆迁可能存在的社会维稳风险的原因表现在如下三个方面：

(1) 征地拆迁的强制性

丽攀高速公路的建设是政府为了发展当地经济，招商引资中金额最大的交通建设项目，征地拆迁基本上是政府行为而不是市场行为，由政府发布公告、组织与实施。政府行为常带有一定的强制性，这样有利于保证工程建设进度要求。但是由于这是由上而下的政策，不以农民自愿和同意为条件，仅仅在土地征收对农民进行合理补偿的前提下进行，难免引发部分被拆迁农户的不满。

(2) 补偿标准良莠不齐

土地的价值具有很强的区域性，不同的区位土地价值相差显著。随着城市化的演进和城市的不断扩张，城市边界土地升值明显，农民对土地升值的预期加强，"惜地"思想普遍，要价和附带条件越来越高，实行的补偿标准和农民不断增加的要求和欲望相比差距甚远，容易滋生群众的不满。

丽攀高速项目从攀枝花市主城区穿过，城市近郊人口、房屋密度大，且拆迁工作是跨地区、跨行业、跨部门的，涉及范围较广，不同区域之间、不同征地性质之间的不同补偿标准和方式，有可能导致群众相互对比甚至盲目攀比，造成误解，产生不公平感。

(3) 补偿安置中的社会保障力度不够

对于从事农业生产的家庭来说，失去土地所产生的后果通常比失去房屋要严重得多。因此，丽攀高速公路沿线失地农民的基本生活、基本医疗等生存性的需要应该得到尊重和保护。政府是责任主体，应切实落实被征地拆迁农民的社会生活和医疗保障。另外，由于失业人口数量的增加，如果不重视再就业的培训和给予一定的失业保险，可能诱发社会不稳定因素。

本书对丽攀项目的拆迁工作进行深入调研后，在全面分析上述可能由征地拆迁引发的社会维稳风险的原因基础上，提出了丽攀项目关于征地拆迁维稳工作的对策建议。

（1）做好征地拆迁社会维稳风险评估工作，从源头上预防和减少社会矛盾

在实施征地拆迁前，成立社会维稳风险临时评估领导小组，负责组织征地拆迁补偿安置涉及的相关单位对实施项目进行风险评估，并对评估的真实性、客观性和公正性负责。评估领导小组可以考虑让人大和政协参与到评估组织中。评估过程应该由该组织进行独立评估，广泛收集社情民意，将群众意见和专家意见相结合，在分析论证意见和评估结论形成后，由社会维稳风险临时评估领导小组编制评估报告报攀枝花市、各区人民政府，作为政府决策是否组织实施的依据。同时，评估报告报送当地国土部门备案。

（2）制定科学合理的征迁政策，从民意上赢得社会稳定

首先，市政府相关部门需要制定自上而下的宣传征迁的政策。通过广泛宣传把政府的立场、态度及时传递给广大群众，号召攀枝花市人民把丽攀高速公路建设当作攀枝花自己的事，争取公众舆论对合法拆迁的支持。向被征地群众做好宣传解释工作，特别是讲明征地拆迁的目的、意义和拆迁政策、补偿标准，尤其四川省现行的安置政策，表明政府加快经济发展和实施征地拆迁的坚定决心，教育群众树立发展要靠项目支撑、个人利益服从国家利益的大局观念。其次，自下而上形成补偿方案。能否最大限度地减少征迁方与征迁户的矛盾，最大限度地减少不和谐因素，关键在于征地拆迁补偿方案的适用性和可操作性。制定征地拆迁补偿方案时，要坚持以人为本，高效服务，征迁先"征心"。在征迁政策出台前，充分听取拆迁户意见，问需于民、问计于民、问策于民，提高补偿方案的可操作性，以政策到位促和谐征迁。最后，完善配套政策。完善征迁补偿的相关配套政策，充分保障被拆迁人的利益，提高征地拆迁后群众的生活水平。根据现有的经济条件和相关政策，逐步落实被拆迁人的养老保险、低保救助、劳动就业等政策和安置房的小区生活配套设施建设，对征迁中遇到的困难群众和孤老残疾人，在政策允许的范围内给予最高补偿标准。

（3）妥善化解征迁矛盾，从措施上保证社会稳定

灵通情报信息，及时掌握不稳定群体的行动性信息，尤其是由于征地拆迁涉及

群体的聚集行为，力争解决在基层，化解在萌芽状态。要及时收集征地拆迁后的情况信息反馈，切实掌握不稳定因素，深入与群众沟通，缓冲过激行为。对合情合理、符合政策范围的群众诉求，要及时协调和解决。对个别进行阻工闹事、漫天要价、无理取闹、哗众取宠、非法上访给政府施压的人员，要依法依规予以严厉打击。

（4）创新机制管理，从机制上推动和谐征迁

以理念创新引领社会管理实践创新，摒弃就拆迁谈拆迁的工作思路，把拆迁工作的着力点放在协调利益关系、保障群众利益上，寓服务于社会管理当中。创建"公众参与"有效机制。积极发挥社区服务中心、群众自发组织以及企业、社团组织等管理力量，推动社会管理由政府包揽向动员社会共同参与转变，公开征迁信息，建立群众诉求平台，使基层真正成为服务群众的平台。

丽攀高速公路建设的征地拆迁的创新机制体现在如下两个方面：一方面，首次选定具备资质的专业勘测单位对丽攀高速公路建设用地的面积、地类、林地、林种进行专业的勘测，当今先进的全站仪坐标解析法改变了以往由人工丈量数据与实际出入大、争议多、矛盾多的问题，达到了减少争议、控制征地成本、提高工作效率、推动征地拆迁工作的目的。另一方面，针对涉及城市房屋拆迁集中、量大的问题，为有利于改善居住条件、打造人居环境、提高生活质量、提升城市形象，同时也利于从源头上维护稳定的角度考虑，全线采取开发式安置，把拆迁安置房建设与经济适用房建设、廉租房建设、旧城改造、棚户区改造、沉陷区搬迁和城乡环境综合治理工作有机结合起来，主导以产权调换安置为主，货币补偿安置为辅的方式进行安置，在东区、西区分别选择115亩和60亩两宗地进行市场开发集中统一实施安置城市房屋拆迁户。

第五章 基于丽攀模式的地方政府职能

地方政府在地区高速公路建设发展中占有主导作用，主要体现在对高速公路建设的总体规划、政策引导、法制环境和监管等方面的主导和推动。近年来，BOT模式在高速公路建设管理中得到了广泛应用。丽攀模式是BOT模式的一个创新，该模式在征地拆迁和环境保障工作方面对地方政府的职能和政府工作行为提出了更高的要求。为保证丽攀高速项目顺利完成、保障丽攀模式有效运行，本部分主要基于丽攀模式进行政府工作职能研究，为促进政府职能有效发挥、提高政府征地拆迁及施工环境保障工作效率提供借鉴。

第一节 丽攀模式下的政府工作要求

一、高速公路建设中的政府工作目标

高速公路属于公共基础设施中不可或缺的重头戏，作为现代化的公路运输通道在当今社会经济中发挥着越来越重要的作用。实践证明高速公路作为基础设施对沿线的物流、资源开发、招商引资、产业结构的调整、横向经济联合起到积极的促进作用。但是作为一项投资额大、建造难度高的工程，丽攀高速项目在物资、人才和资金方面的需求大，各项资源要相互协调配合，对攀枝花市政府工作

提出了严峻的考验。地方政府的组织是否有力、服务是否到位、征地拆迁工作效率高低及环境保障工作是否持续稳定等方面都将影响到高速公路建设项目的工程进度、工程造价，直接决定了工程建设施工能否顺利进行，同时也关系到沿线周围群众的生活及社会稳定和谐。因此，当地政府能否持续稳定地提供配合关乎整个工程建设进度的快慢；政府能否与业主、施工单位良性互动关系到丽攀模式能否顺利成功运行。就政府工作而言，要保障丽攀高速项目的顺利建设需要达到以下四个方面的目标。

1. 确保征地拆迁工作顺利，按时提交建设用地

一般而言，在大型公共设施建设中，往往由于征地拆迁中的实际复杂问题使许多政府工作人员感到棘手，导致征地拆迁进度迟缓。高速公路建设由于征地拆迁地址分散、拆迁物种类繁杂，地方政府想要争取征地拆迁进度更是非常困难。具体来说，丽攀高速公路征地拆迁工作的困难主要表现在三个方面：

（1）拆迁物数量繁多、种类各异

在丽攀高速项目中，丽攀高速公路不仅通过攀枝花郊外的矿区、林区，还穿越攀枝花市区，要在不足40公里的范围内设置6座互通立交，拆迁物包括居民住宅、工业厂房、杆管线塔等，征用土地包括林区、矿区、农用土地等。经统计，红线内需征地3696亩，拆除房屋建筑面积221443平方米，拆迁高压电力铁塔17座，新建高压电力铁塔48座，拆迁电力通信电杆773根，拆迁管线171704米。

（2）丽攀高速公路计划建设工期短

丽攀高速项目2011年8月取得开工许可，分三期投入建设，需要在2013年12月实现全线通车。由于丽攀高速公路建设工期短，其征地拆迁速度就需相应提高。若政府征地拆迁工作效率不持续跟进，施工环境保障工作不到位，即使征地拆迁工作前期进度快但后期出现消极懈怠等都会影响施工进度，进而无法在预期时限内完成高速公路的建设，高速公路项目的社会经济效益也无法圆满实现。

（3）被拆除物的赔偿方式与赔偿价格难以确定

地方政府作为征地拆迁的主体，总是希望以最低成本和最高效率圆满完成征地拆迁任务。而拆迁户作为土地占有者和使用者，总是希望从征地拆迁补偿安置中获得更多的利益。拆迁人和被拆迁人两者力量的强弱不仅能够决定博弈持续时间，还会决定博弈结果，即赔偿方式和赔偿价格。一般情况下，被拆迁户抱着获得高补偿的希望，迟迟不愿签署房屋拆迁等相关合同，甚至成为钉子户，而地方政府迫于上级政府、项目业主与媒体等多方压力，经常不得已做出退步，改变征地拆迁补偿方式，提高征地拆迁补偿标准。因此，政府在征地拆迁工作中经常处于弱势。

客观上，丽攀高速公路征地拆迁工作量大、难度大、时间紧迫，对政府供地效率要求很高，也相应地提高了对政府的征地拆迁工作要求。所以，攀枝花市政府需要克服以上种种困难，提高征地拆迁速度，保证征地拆迁工作的顺利进行。

2. 协调配合工作到位，保证工程建设环境和谐

攀枝花市政府除了征地拆迁工作外，还需要采取一系列措施配合丽攀高速公路的建设，其中包括沙石地材、炸材供应、社会治安、水利电力保障等保障服务。这需要将地方政府的协调配合工作按职能划分由上至下进行分配，其中，国土资源局和市物价局负责协调沙石地材的供应，防止市场哄抬物价；电业局和水利局负责项目的用水、用电手续办理，保证项目的水电需求；公安局除负责炸材供应使用、保证炸材运输和存放安全外，还要在建设过程中提供治安环境服务，杜绝经常性阻工及群体阻工事件发生，保障社会稳定和项目建设进度。为了能够确保丽攀项目的顺利建设，攀枝花市政府需要出动人力物力，协调各个职能部门，共同为工程建设营造良好的施工环境。

3. 维护当地社会稳定，保持项目各项工作的平稳运行

丽攀高速公路项目的建设极易影响临近居民的生活环境，如噪声污染、粉尘污染、房屋的轻微损坏、生活交通的不便等，而丽攀高速项目穿越攀枝花市区且工程持续时间较长，这极易引起生活受到影响的居民的埋怨和纷争，一旦处理不当，就会激发项目建设单位和当地人民的矛盾，从而导致项目阻工和停滞，甚至可能发生群体性事件，影响社会稳定。因此，在高速公路建设中维护当地社会稳定是地方政府的重要工作。

地方政府应落实矛盾纠纷、排查调处，组织开展好下访活动，实行领导干部轮流坐班下访，及时做好市委、市政府主要领导和分管领导下访的相应准备工作，确保下访工作的顺利开展，深入项目建设地了解社情民意，解决突出问题，全力化解不稳定因素及潜在的矛盾和纠纷；加强内部防范工作，按照"看好自己的门，办好自己的事，管好自己的人"的要求，认真落实守楼护院，努力提高基层干部、职工的治安防范意识，认真落实好每天的值班人员，坚持做到24小时值班；同时，建立各镇（区）、各职能部门的联系组织网络，一旦发现项目建设过程中的重大纠纷或重大问题，第一时间与市级相应领导通报商议。

4. 深入了解工程设计情况和施工进度，发挥监督职能，确保工程质量和安全

在工程建设中，攀枝花市政府作为特许权授予者，需要全面深入地了解工程建设的全过程，发挥监督职能，确保工程质量和安全。

（1）建立健全沟通联系机制

攀枝花市政府应与参建单位建立健全沟通联系机制，对工程设计情况紧密关注。针对建设中的"卡脖子"问题，第一时间进行了解，全面做好协调配合工作，共同努力突破，解决项目中的问题。

（2）建立健全工程进度管理机制

攀枝花市政府应建立健全工程进度管理机制，时刻关注工程进度，深入了解工程进度管理情况，按照既定目标，检查其倒排的工期是否合理。

（3）树立工程安全管理意识

攀枝花市政府在项目建设过程中应不断强化安全生产理念，健全安全管理体系，落实安全生产责任制，加大对重点工程、重点部位和关键工序的安全监管，提升工程管理水平。

（4）树立工程质量管理意识

攀枝花市政府应树立工程质量管理意识，牢固树立精细化管理理念，实现对工程质量的全过程、全方位监控，将丽攀高速建成质量精品工程。

为达到以上四个目标，攀枝花市政府还需要不断与项目业主和施工单位探索高速公路项目建设的所有工作难点和重点，加强与省交通运输厅等相关部门的沟通和信息的对接，及时提供施工单位进场条件并做好后期环境保障工作。只有攀枝花市政府能够达到以上项目建设要求时，丽攀项目才有可能按期圆满完成。

二、地方政府行动研究

高速公路建设存在公益性、供给的不可分性、外部经济性和一定的垄断性,再加上建设高速公路一般具有资金投入大、建设周期长与回收期长等特点,一般的私人投资难以承受,地方政府有责任有义务引导当地高速公路投资。地方政府作为高速公路基础设施建设的主导者,在其中承担着规划、筹资、建设、监督责任,影响重大。所以在高速公路建设中的政府行动吸引了社会的高度关注。

在丽攀模式中,攀枝花市政府通过招标向建设单位传达丽攀高速公路的建设意愿,并在川高公司中标后积极配合协调项目的运行,负责征地拆迁工作并承担征地拆迁费用,其具体行动可划分为以下四类。

1. 政府决策行动

众所周知,对公共基础设施供给进行决策是实现公共基础设施有效供给的前提。这一决策过程是以政府组织集体为决策主体、以公共基础设施为决策对象,通过一定秩序的政治市场来实现的。攀枝花市政府顺应经济发展趋势,当机立断确立丽攀高速项目,并极力推动该项目的运转,属于典型的政府决策行动。

在丽攀模式中,攀枝花市是典型的工业城市、也作为四川省重点打造的四大城市之一,未来发展潜力强,且该市地处四川与云南的交界处,是构建大香格里拉旅游环线的关键点,迫切需要高速公路进行人流物流的运输。攀枝花市政府意识到丽攀高速公路对当地经济发展的重大意义,为推动该项目尽快立项开工,攀枝花市政府领导多次前往有关部门联系协商。根据《深入实施西部大开发战略公路水路交通运输发展规划纲要(2010~2020年)》内容,紧抓四川省交通重点项目的"集中攻坚活动"时机,确定了丽攀高速攀枝花段的建设方案。

2. 政府规划行动

地方政府在规划基础设施时,不仅要根据经济发展水平确定基础设施的投资总量,还要根据经济发展的不同阶段对基础设施的不同需要确定每一时期的发展重点。攀枝花市根据《攀枝花市国民经济和社会发展第十一个五年计划纲要》,以及当地的自然、经济、环境与资源状况,制定了适合攀枝花市的经济预期目标、社会发展目标、城乡发展目标、可持续发展目标和人民生活目标,重点构建航空、铁路、高速公路运输体系，形成规划合理、快速畅通、功能完善的城市交通网、县际公路网和县乡公路网。在高速公路建设上，强化前期工作，力争在"十一五"期间开工建设攀枝花至丽江、攀枝花至昭通的高速公路。

在丽攀高速公路项目建设中，攀枝花市政府需要结合高速公路自身特点与社会经济发展需要，坚持以人为本、提高规划的社会满意度，对丽攀高速项目的未来发展目标、方向等问题做出长远规划。并由攀枝花市政府指挥，攀钢集团公司、攀煤集团公司、市电业局等产权单位协调配合，提出征地拆迁工作要与旧城改造、棚户区改造、经济适用房、廉租房建设相结合的战略思想，解决城市的历史遗留问题，改善民生环境。制定将违章建筑拆除与全市的城乡环境综合治理相结合，将集中安置点建设与新农村建设规划、大企业发展建设、房地产开发相结合的具体措施。在征地拆迁规划方案上，强调"拆迁维稳两手抓，标本兼治保稳定"，大力推行"以人为本，以法为据"的拆迁模式，把工作深入到群众中去，把群众邀请到工作中来，主动拉近与被拆迁人的距离，积极争取群众最广泛的拥护和支持，全力维护拆迁过程中的社会稳定。

3. 政府供给行动

公共基础设施的排他性、外部经济性等特性，决定了当地政府在公共基础设施供给上具有主导地位，政府有责任提供公共基础设施。从整个社会发展的角度来看，由于公共基础设施是保证社会经济发展和公众需求的，必须由政府在总体上进行统筹规划，并通过相应的政府管制来保证和维护公共利益。

攀枝花市政府通过政策引导、宏观组织协调和规范活动，确保了丽攀高速攀枝花段的有效供给。丽攀高速公路在招标前，首先通过四川省发改委评审，而后由地方政府进行项目招标，只有符合投标人资格的公司才能参与投标。招标结果公示后，只有中标单位，即四川高速公路建设开发总公司，才拥有攀枝花市政府赋予的投资建设丽攀高速项目的权利并承担一定时期的运营权利。这充分体现了政府拥有合法的强制性公共权力，只有政府才有权利根据社会情况决定基础设施建设的供给。

4. 政府管制行动

政府作为公共基础设施的供给主体，应对所有公共基础设施进行统一管理。

在丽攀高速攀枝花段开工建设前，攀枝花市政府具有对丽攀高速项目建设的决定权。在项目建设过程中，攀枝花市政府拥有对丽攀高速攀枝花段建设项目的质量与安全的督查权利。地方政府对工程建设、设计、施工、监理、试验检测等单位进行监管，由交通运输局、国土资源局、林业局、住建局、安监局、公安局、检察院等职能部门监管施工、设计、监理单位和个人是否具有违约违规和违法行为，还对工程质量、重要工序工艺和内业资料等方面进行监督检查。在2010年11月30日至取得开工许可前的2011年6月中旬，攀枝花市政府就进行了专项督察和综合检查共计11次，开展日常巡查10余次，确保高速公路建设质量、安全、造价始终处于有效的受控状态。

以上政府行动贯穿于丽攀高速项目的始终，确保了丽攀项目的顺利开展与运行，充分体现了地方政府对丽攀高速项目的建造意愿与态度，对攀枝花市未来的发展提供了保障。

三、丽攀模式的政府工作内容

路地共建过程中，地方政府主要以监督者、调控者的身份参与建设，其工作内容主要包括征地拆迁和施工环境保障两个方面。攀枝花市政府按照"一切为丽攀高速公路建设提供优质服务"的宗旨，细化工作内容，确定各职能部门的工作职责，从建设用地、沙石地材、炸材供应、社会稳定、水利电力保障、工程安全、工程质量七类保障服务工作入手，给予丽攀高速项目全方位的支持，并根据项目情况不断量化工作方案，细化工作措施，强化工作效率，为丽攀高速项目建设营造良好环境，确保丽攀高速项目的顺利实施。

1. 建设用地保障服务

攀枝花市政府应按照国家和省制定的征地拆迁补偿政策标准，积极主动制定相应的征地拆迁补偿方案以及工作指导实施细则，及时足额落实征地拆迁补偿，按照丽攀高速项目进度及时甚至提前供地，保障丽攀高速项目的建设用地。

2. 沙石等地材保障服务

攀枝花市国土资源局指挥沙石等地材保障工作，市物价局配合制定地材价格计划，主要包括对沙石等地材采取政府划拨、对拍卖料场价格进行政府指导定价等，保障建设所需地材并稳定价格。

3. 炸材保障服务

攀枝花市公安局负责制定炸材方案，按照职责权限，确保符合工程进度所需炸材，制止指定或变相指定企业购买炸材或指定爆破公司分包爆破作业行为，制止强行代建炸药库行为，并确保炸材运输安全、炸材存放方式合理，协助办理工程爆破许可证，防止爆炸品流失。

4. 社会维稳保障服务

攀枝花市公安局负责承担治安环境、社会维稳保障工作。攀枝花市及区县公安局组织各个辖区公安机关，细化到辖区派出所，对应到合同段，打击强买强卖以及强行运输行为，制止强行施工分包或劳务作业行为，严惩偷盗施工单位建筑材料行为，最大限度消除被拆迁人对拆迁的疑虑和担忧，积极化解项目建设矛盾，维护当地社会稳定，杜绝经常性阻工或者发生群体阻工事件。

5. 水利电力保障服务

攀枝花市电业局和水利局承担水利电力保障工作，负责项目的用水、用电手续办理，按照施工安全原则和各个施工片区合理供水供电，满足工程建设进度需要。

6. 工程安全保障服务

攀枝花市安监局负责工程安全保障工作，明确安全产生监督管理单位，落实监管人员，负责监督检查计划，对工程建设中的各类安全责任事故进行报告处理。

7. 工程质量保障服务

攀枝花市交通局制定工程质量保障工作，明确质量监督管理单位，对应施工合同段落实片区负责人和工作人员，监督检查工程质量，并对工程质量问题进行报告处理。

地方政府在以上七个方面的服务工作确保了丽攀高速项目的顺利开展与运行，但也对政府工作提出了更高的要求，需要地方政府在项目建设期间为项目保驾护航，做好万全准备。

第五章 基于丽攀模式的地方政府职能

第二节 地方政府职能定位及其工作成效

在现代社会生活中，政府不仅代表了最大范围内的公共利益，同时还承担协调和仲裁社会不同群体或阶层的意志和利益主体的责任，拥有处于绝对优势地位的公共权力。路地共建项目的成功与否，很大程度上取决于地方政府对于路地共建项目的态度以及在路地共建项目实施过程中给予的支持。为了切实做好上述7个方面的保障服务、应对高速公路项目建设的各项需求，地方政府首先需要转换角色、正确定位，以项目主人翁的态度积极投入，增强地方政府在路地共建中所起的作用，达到保障高速公路项目建设的目标。

一、地方政府职能定位

地方政府的主要职能可以归结为对地方经济的宏观调控、提供地方性公共物品和公共服务以及协调区域经济发展等。在丽攀模式的框架下，地方政府积极探索高速公路建设的新机制，将"要我修路"的观念转换为"我要修路"，确立公共服务型政府的定位，其职能不仅仅限定于规划、指导、监督管理的"裁判员"层面，还深入到开展征地拆迁到施工环境保障的"运动员"层面，从丽攀高速项目的辅助者转变为丽攀高速项目的建设者，市交通运输局、国土资源局、住建局、林业局、水务局、公安局、检察院等涉事职能部门和单位，提前谋划，现场办公，全程保障，高效配合，从7个保障服务方面督导、协调、解决工程建设中的具体问题，使高速公路建设速度突飞猛进。这充分体现了地方政府公共服务职能的强化，确保了工程项目建设良好的外部环境和服务氛围，以诚意给了项目业主一剂有力的强心针，强化了地方政府在路地共建中的作用。其具体职能可细化为以下几个方面：

1. 征地拆迁政策、规则的制定者

攀枝花市高建办与各个区高建办根据《宪法》和《土地法》等国家上位法的

原则精神，严格按照四川省制定的征地拆迁补偿政策标准，制定有关征地的实施条例、细则、规定，使之明晰化和更具可操作性。同时，制定高速公路发展土地规划、征地的宏观调控政策及用地技术标准，规范土地市场，制定科学的补偿价格标准，制定与攀枝花市相符的征地拆迁补偿安置方案，及时足额落实征地拆迁补偿，按居民意愿进行安置房建设，保障失地民众的日后生活水平。

2. 征地拆迁和职工环境保障服务的提供者

攀枝花市政府在高速公路建设的征地拆迁中，对高速公路建设单位、被征地者提供公共服务。在被征地者方面，攀枝花市政府为失地农民提供政策法规咨询，公开征地相关信息，宣传高速公路征地公益性，同时也为失地农民提供社会保障，集中建设安置房，引导农民合理使用补偿收益。在高速公路建设单位方面，攀枝花市政府为项目建设者提供了全面的保障性服务；及时提供项目建设用地，严格控制征地拆迁进度，满足丽攀高速项目建设用地需要；在地材、炸材、施工水电等方面提供要素保障，为项目营造良好的建设环境；强化管理保障工作，及时破解影响工程进度、质量、安全、造价的重点难点，确保工程建设顺利进行。

3. 征地拆迁工作的执行者

攀枝花政府根据现行法律规定土地征用本质和征地模式，承担征地安置等主要任务。作为征地实施的高效执行者，市高建办和各个区高建办带领下属的各个农村组和城镇组拆迁小组，统一征地拆迁战线和补偿标准，全面推进拆迁工作以便协调配合项目建设。各个区高速公路建设领导小组统领经过征地拆迁业务培训的城镇组与农村组工作人员挨家挨户进行思想工作，晓之以理，动之以情，进行人性化拆迁。

4. 征地拆迁过程的监督者

攀枝花市政府土地行政主管部门对违反土地管理法律法规的行为具有监督检查权。在土地征用过程中，攀枝花政府监督土地资源利用的合理性、有效性以及利益分配的公平性。为保证失地补偿与保障资金的有效提供，在土地的征用、开发、监管、补偿金发放、社会保障提供、产权改革、资产评估等各个环节上，攀枝花市政府建立了全程监控反馈机制，以及违规处罚机制。

二、丽攀模式征地拆迁效果分析

征地拆迁工作作为高速公路项目建设工作不可或缺的一部分，是一项涉及面广、影响深远的系统社会工程，关系到当地经济发展和社会稳定。能否如期在补偿安置的基础上拆除项目红线范围内的建筑物、土地附着物和其他构筑物（如各类房屋、电杆电线、水井水管、坟墓、道路等），是高速公路建设项目顺利实施的重要保障。攀枝花市政府的征地拆迁工作，不仅速度快、效率高，及时满足了高速公路建设的用地需求，还使被拆迁人口服心服、对政府工作给予满意的评价，从而达到了创建公共服务型政府的目标。

1. 征地拆迁的实施

攀枝花市政府通过转换角色、正确定位，使保障服务工作有效贯穿丽攀高速项目建设的全过程，尤其在项目建设初期的征地拆迁环节，补偿安置方案获得了大多数被拆迁人的认同，减少了施工单位的工程建设阻力，为丽攀高速公路建设提供了有力的保障。

（1）征地拆迁工作量

根据 2009 年 11 月 3 日攀枝花市与川高公司签署的 BOT 投资协议，由攀枝花市出资 4 亿元用于并负责征地拆迁补偿安置工作，川高公司负责丽攀高速项目的工程建设工作。在进行拆迁工作量统计之后，攀枝花市应承担的征地拆迁工作如下：红线内需征地 3696.0235 亩，签订征地拆迁补偿协议 1289 户，签订房屋拆迁补偿协议 1191 户，农转非社保安置 1120 人，拆迁房屋面积 221443 平方米，拆迁高压电力铁塔 17 座，新建高压电力铁塔 48 座，拆迁电力通信电杆 773 根、管线 171704 米。从以上数据可知，攀枝花市政府的征地拆迁工作难，工作量大。再加上丽攀高速公路实际上贯穿攀枝花市主城区，将在不足 40 公里范围内设置 6 座互通立交桥，这就加剧了征地拆迁困难。首先是工矿企业干扰多，厂矿和杆管线拆迁难（拆迁四座煤矿；拆迁杆线 953 根（座），平均 24 根/公里；拆迁管线 15.1 万米，平均 3800 米/公里）。其次是居民区干扰多，房屋拆迁安置难（近 22 万平方米，拆除产权房 1114 户，平均 28 户/公里）。最后是人地矛盾多，人员安置难（农转非 1600 人，平均 40 人/公里，东区瓜子坪人均土地仅 0.1 亩，仅占用一亩地的待安置人员达 10 人）。

（2）征地拆迁前的准备工作

为了确保丽攀高速项目的顺利实施，攀枝花市政府进行了大量的征地拆迁准备工作。首先，成立了市高建办，沿线东区、西区、仁和区以及钒钛产业园区管委会也分别成立了区高建办，各区设立了专门的办公场所，并从各政府职能部门抽调专人集中办公，建立了丽攀高速公路建设领导小组办公室管理制度、丽攀高速公路补偿资金管理和支付实施办法，以及丽攀高速公路工程建设征地调查操作规范制度。其次，攀枝花市政府提出"三个有利"工作总原则，并派遣相关政府工作人员赴成渝考察城市征地拆迁工作、赴西昌考察高速公路征地拆迁工作，借鉴二者征地拆迁工作的良好经验，在充分思考与汲取成渝等地拆迁经验的基础上，组织专家和政府职能部门集思广益，起草丽攀高速项目征地拆迁安置补偿方案及其指导意见方案，并在广泛听取各方意见、借鉴与对比其他城市高速公路建设案例经验的基础上进行多次修改，制定出适合攀枝花市的征地拆迁工作安置补偿方案及其指导意见方案。虽然丽攀高速项目建设时间紧迫，但攀枝花市政府仍在总体上提前为工程建设营造了良好的环境。

（3）征地拆迁的措施

攀枝花市政府通过由相关职能部门联合组建的高速公路工程建设协调指挥部（即高建办），协调与高速公路项目工程建设有关的各种事项。市高建办与区高建办各司其职、密切配合。市高建办指导区高建办的日常工作，负责目标任务的制定和考核，制定有关规定、办法及细则，负责对征地拆迁补偿安置等工作进行督查和协调，对征地拆迁安置等工作进展情况进行统计、收集和反馈信息，对重大事项提出处理建议。而三区政府及钒钛产业园区管委会是丽攀高速项目建设辖区内征地拆迁补偿安置、协调和维稳工作的责任主体、工作主体和实施主体。在征地拆迁工作的实际进行过程中，各区高建办按照市高建办草拟的《丽攀高速公路攀枝花段征地拆迁补偿安置工作指导意见》，制定出《丽攀高速公路攀枝花段征地拆迁补偿安置工作实施细则》，并各自统领多支农村组与城镇组征地拆迁队伍，展开对相关部门的征地拆迁业务培训工作。各区事先进行拆迁摸底，防止红线范围内抢搭、抢建、抢修等行为。在发布丽攀高速项目建设通告后，各区高建办积极开展宣传动员等工作,开始进行城镇农村的征地拆迁工作。在城镇和农村拆迁队伍中,工作人员坚持以人为本、有情拆迁的理念,对愤怒不满的拆迁居民晓之以理,动之以情。同时,高建办对征地拆迁补偿费用在发放时的违规操作、拆迁及征地补偿费用标准的不公平、公路建设征地拆迁费的非法截留或挪用等违法乱纪行为予以制止和处罚。最终经过统一战线的工作人员的辛苦付出,大部分拆迁居民自愿签署了拆迁协议,同时也得到了群众对征地拆迁工作的理解和支持,有效维护了项目建设地的社会稳定。

2. 征地拆迁的成效

为了保证丽攀高速项目建设用地需求,攀枝花市政府在提交建设用地、拆迁房屋面积和拆除杆管线等工作上加强力度、提前准备、密切配合,圆满完成任务,在建设初期创造了攀枝花市公路建设史上最短时间交地、施工单位最短时间进场和最短时间全面开工的记录,高质高效地保障了丽攀高速的建设用地需要。但在工程施工期间,由于路地双方对超过原投资协议的征地拆迁资金供应出现分歧,丽攀高速项目中后期的政府工作运行出现了阻滞,具体情况可以从攀枝花市政府资金拨付与支付情况(表5-1和图5-1)、提交土地进度(表5-2和图5-2)、提交土地累计清表数(表5-3和图5-3)、土地补偿协议签订情况(表5-4和图5-5)、房屋拆迁进度(表5-5和图5-6)、房屋拆迁协议签订情况(表5-6和图5-7)中体现。

从表5-1和图5-1可看到攀枝花市政府征地拆迁资金拨付和使用情况。在2011年3月27日之前,攀枝花市政府的征地拆迁资金供应比较充足,能够充分满足支付需要;在2011年3月27日至2011年9月25日之间,攀枝花市政府的征地拆迁资金收支平衡,刚好满足支付需要;在2011年9月25日之后,攀枝花市政府的征地拆迁资金入不敷出,并且资金缺口有不断增大的趋势。众所周知,资金的充裕是否会对征地拆迁进度造成很大影响。若资金充足,征地拆迁工作的进程会加快;反之,若资金短缺,征地拆迁费用支付延迟,则会严重影响征地拆迁工作进程。从攀枝花市政府的征地拆迁资金拨付与支付情况分析,攀枝花市政府中后期的工作进程和积极性很可能下降。

表 5-1 资金拨付与资金支付情况表

单位：万元

时间	资金拨付情况（累计）	资金支付情况（累计）
2010年6月29日	5800	1661
2010年9月26日	15880	10820
2010年12月26日	23200	19818
2011年3月27日（C1、C2合同段启动）	24150	24975
2011年7月3日	31249	31457
2011年9月25日	34394	35535
2011年12月25日	35700	42010
2012年2月26日	36645	43466
2012年5月27日	39430	46452
2012年9月2日	40090	50991
2013年1月20日	44170	56456

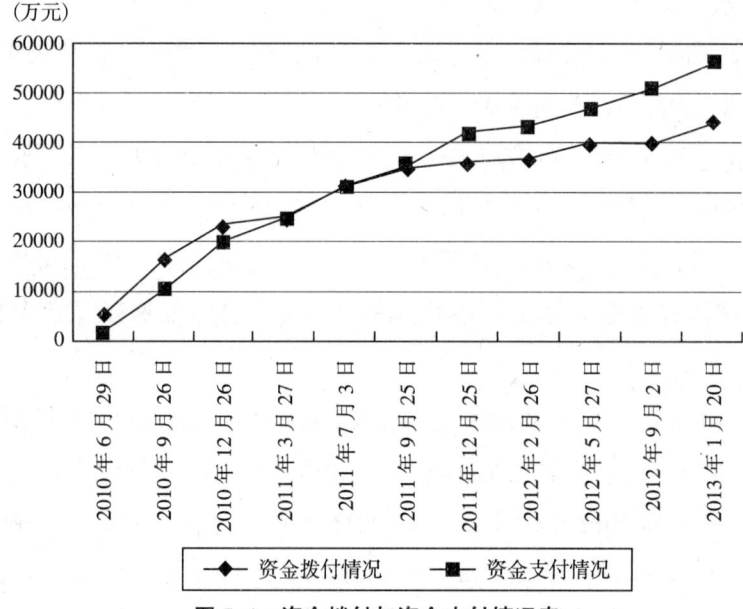

图 5-1 资金拨付与资金支付情况表

在图5-4中，累计清表的进度滞后于提交土地的进度，且滞后期接近于一个季度。这说明攀枝花市政府累计清表工作是紧随着提交土地工作而展开的。但从总体上来看，二者工作总量和趋势表现一致。

攀枝花市政府提交土地和清表工作的总体进度是满足工程建设需要的，但从表5-2、图5-2、表5-3、图5-3，以及图5-4可以看到，提交土地进度和累计清表进度有两次停滞，政府工作成果有两次明显减弱的迹象。第一次提交土地进度的停滞是从 2010 年 9 月 26 日至 2011 年 3 月 27 日，而累计清表进度的停滞是从 2010 年 9 月 26 日至 2011 年 7 月 3 日。究其原因，主要是由于丽攀项目总共有 11 个标段，C1 与 C2 标段的征地拆迁工作从 2011 年 3 月才开始，在 2010 年 9 月 26 日，攀枝花市政府已几乎完成 C3~C11 标段的提交土地工作和清表工作，仅剩余部分需要重点处理的难点。在这个阶段，攀枝花市政府提交土地和清表的工作从数据上来看似乎处于停滞，但这是属于征地拆迁工作的自然规律，是工作扫尾的正常现象。第二次提交土地进度的停滞是从 2011 年 7 月 3 日至 2012 年 6 月 30 日，累计清表进度的停滞是从 2011 年 12 月 25 日至 2012 年 6 月 30 日。这个时间段正是地方政府和项目业主对超过投资协议所约定的征地拆迁资金产生分歧的阶段，从数据上就表现为地方政府征地拆迁资金的短缺，且资金缺口还在继续扩大。直至 2012 年 6 月 30 日之后，路地双方就超额征地拆迁资金部分达成和解，累计土地提交面积才恢复正常的上升趋势。

表 5-2 提交土地进度表

征地时间	累计交地面积（亩）	累计占已招标十一个合同段总征地面积的比例（%）
2010 年 4 月 6 日	331.5	8.56
2010 年 6 月 3 日	1366	35.27
2010 年 6 月 29 日	2335	60.28
2010 年 9 月 26 日	2442.64	63.06
2010 年 12 月 26 日	2442.64	63.06
2011 年 3 月 27 日（C1、C2 合同段启动）	2475.54	63.91
2011 年 7 月 3 日	3185.32	82.23
2011 年 9 月 25 日	3185.32	82.23
2011 年 12 月 25 日	3263.25	84.25
2012 年 3 月 31 日	3263.25	84.25
2012 年 6 月 30 日	3341.34	86.26
2012 年 9 月 30 日	3580.6	92.44
2013 年 1 月 20 日	3873.5	100.00

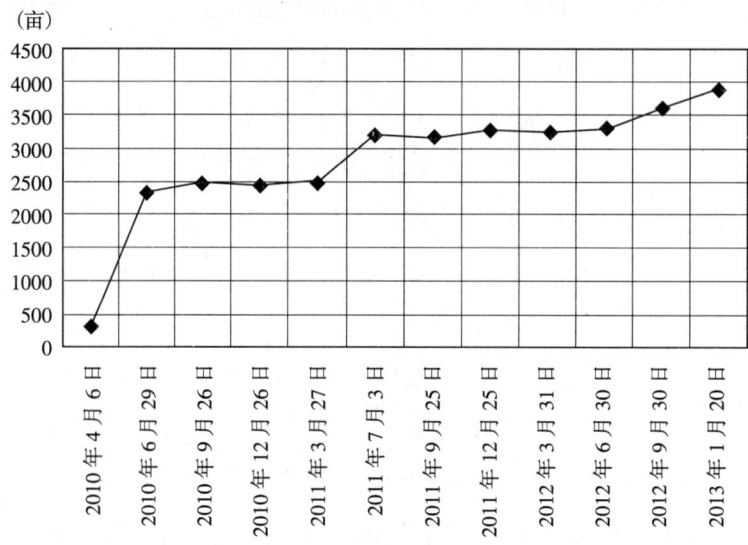

图 5-2 提交土地进度图

表 5-3 提交土地累计清表数

截止时间	累计清表数（亩）	累计占已招标十一个合同段总征地面积的比例（%）
2010 年 6 月 30 日	1065	27.49
2010 年 9 月 26 日	2351	60.69
2010 年 12 月 26 日	2395	61.82
2011 年 3 月 27 日（C1、C2 合同段启动）	2436	62.88
2011 年 7 月 3 日	2504	64.64
2011 年 9 月 25 日	2820	72.79
2011 年 12 月 25 日	3198	82.55
2012 年 3 月 31 日	3216	83.01
2012 年 6 月 30 日	3216	83.01
2012 年 9 月 30 日	3574	92.26
2013 年 1 月 20 日	3874	100.00

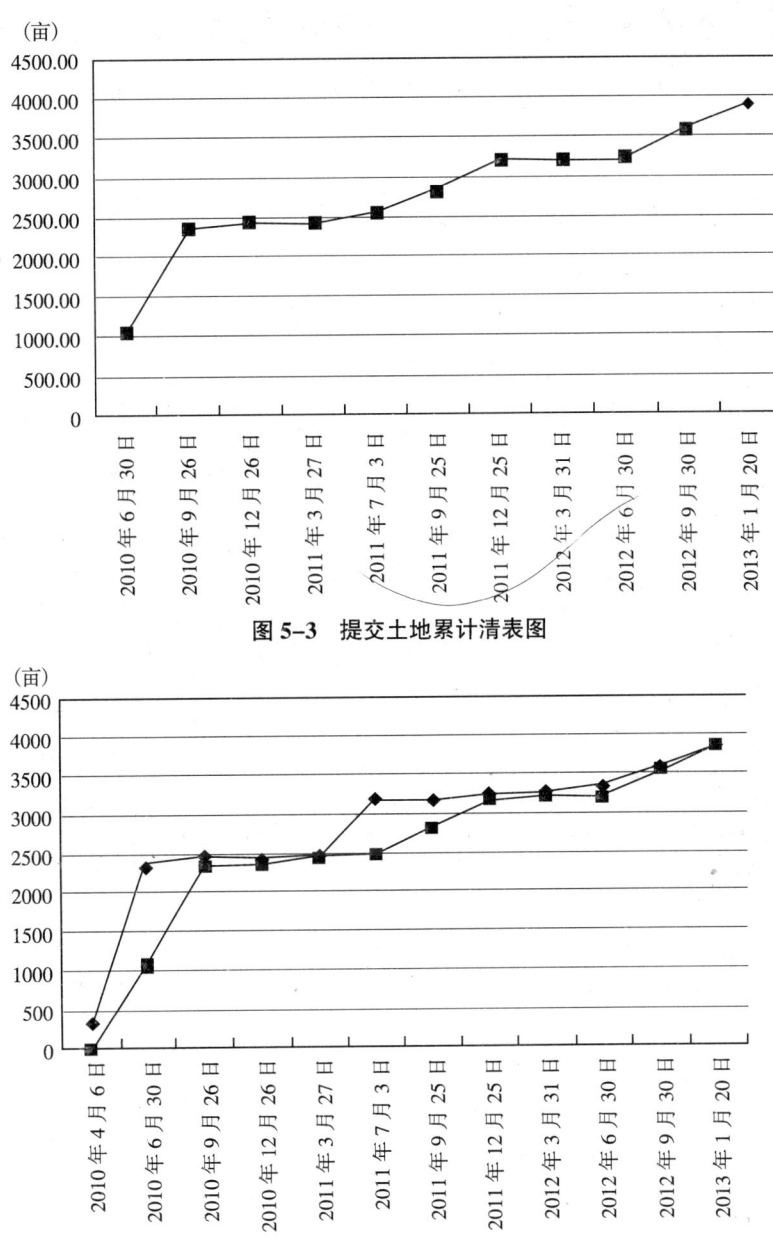

图 5-3　提交土地累计清表图

图 5-4　提交土地进度与累计清表进度

从表 5-4 和图 5-5 可看到，土地补偿协议签订的进度总体较快，但在 2011 年 9 月 25 日至 2012 年 6 月 30 日期间，没有新的土地补偿协议被签订。这同表

5-3 和图 5-3 所反映的情况是一致的，从 2011 年下半年至 2012 年 6 月 30 日期间，攀枝花市政府的相关工作几乎完全处于停滞状态。

表 5-4 土地补偿协议签订进度表

截止时间	土地补偿协议累计签订情况（户）	累计占总户数的比例（%）
2010 年 6 月 30 日	666	48
2010 年 9 月 26 日	875	63
2010 年 12 月 26 日	898	65
2011 年 3 月 27 日（增加 C1、C2 合同段）	940	68
2011 年 7 月 3 日	1204	87
2011 年 9 月 25 日	1238	89
2011 年 12 月 25 日	1238	89
2012 年 3 月 31 日	1238	89
2012 年 6 月 30 日	1238	89
2012 年 9 月 30 日	1290	93
2013 年 1 月 20 日	1386	100

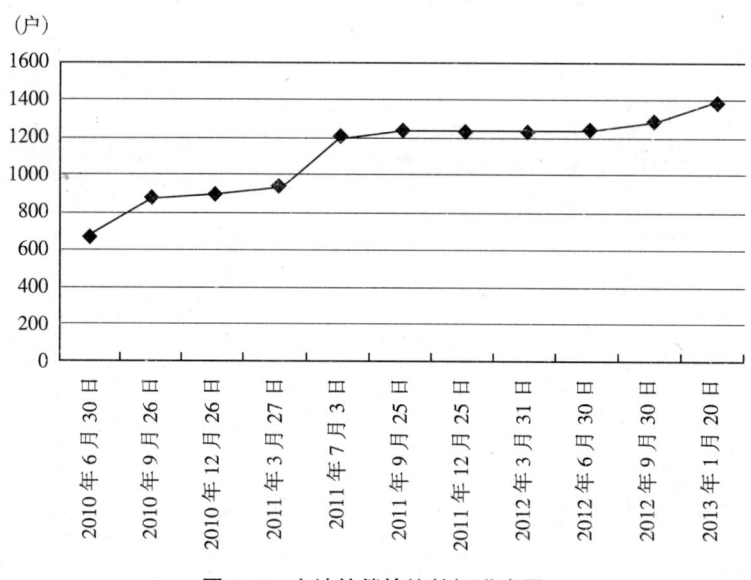

图 5-5 土地补偿协议签订进度图

从表 5-5 和图 5-6 中可看到，在 2011 年 7 月 3 日之前，攀枝花市政府的房屋拆迁工作力度较大，拆迁效率很高。但在 2011 年 7 月 3 日之后，攀枝花市政府的房屋拆迁工作速度明显减缓，尤其在 2012 年 3 月 31 日至 2012 年 6 月 30 日之间，房屋拆迁工作完全无进展，这与前文分析的情况保持一致。直至路地双方部分达成和解的 2012 年 6 月 30 日之后，攀枝花市政府的房屋拆迁工作才再次展开。

表 5-5 房屋拆迁进度表

拆迁时间	已拆迁房屋面积（平方米）	占总拆迁面积比例（%）
2010 年 6 月 30 日	2959	1
2010 年 9 月 26 日	109894	45
2010 年 12 月 26 日	161959	66
2011 年 3 月 27 日（加入 C1、C2 合同段）	197657	81
2011 年 7 月 3 日	210216	86
2011 年 9 月 25 日	210853	86
2011 年 12 月 25 日	218186	89
2012 年 3 月 31 日	227639	93
2012 年 6 月 30 日	227639	93
2012 年 9 月 30 日	229230	94
2013 年 1 月 20 日	244092	100

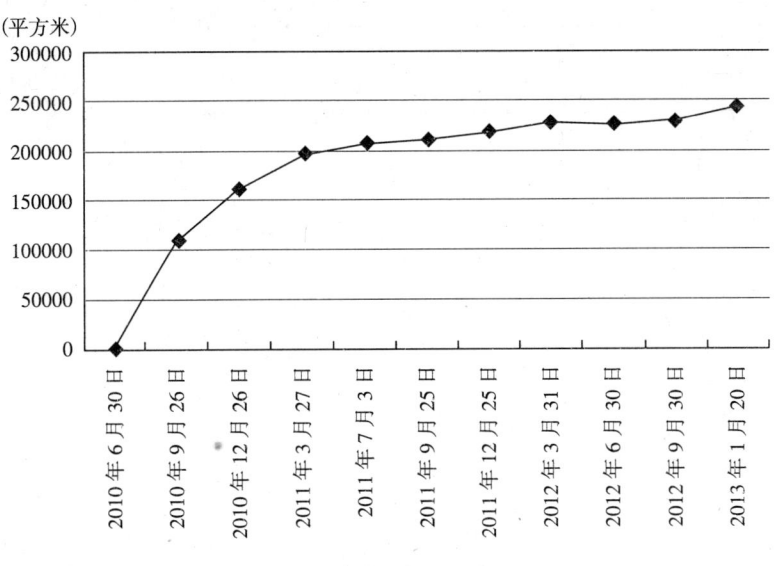

图 5-6 房屋拆迁进度图

从表 5-6 和图 5-7 可以看到，攀枝花市政府在 2010 年 9 月 26 日已经完成了 91% 的房屋拆迁协议签订。在 2010 年 9 月 26 日至 2013 年 1 月 20 日，剩余的房屋拆迁协议也陆续签订。但还是可以看到房屋拆迁协议的签订工作曾被中断，在 2011 年 12 月 25 日至 2012 年 9 月 30 日，房屋拆迁协议的签订工作无明显进展，这也是与前文分析的时间段保持一致的。

表 5-6　房屋拆迁协议签订情况表

截止时间	房屋拆迁协议累计签订情况（户）	累计占已招标十一个合同段总户数的比例（%）
2010 年 9 月 26 日	1073	91
2010 年 12 月 26 日	1095	93
2011 年 3 月 27 日（加入 C1、C2 合同段）	1111	94
2011 年 7 月 3 日	1153	97
2011 年 9 月 25 日	1153	97
2011 年 12 月 25 日	1162	98
2012 年 3 月 31 日	1163	98
2012 年 6 月 30 日	1163	98
2012 年 9 月 30 日	1163	98
2013 年 1 月 20 日	1183	100

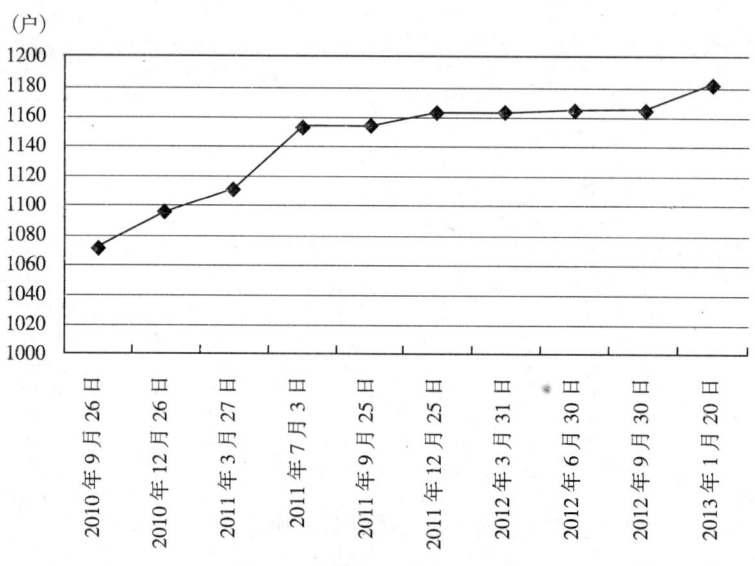

图 5-7　房屋拆迁协议签订图

第五章 基于丽攀模式的地方政府职能

从以上分析可以发现，丽攀模式在路地共建过程中总体上发挥了积极的作用，保证了建设用地，提高了工程效率，但在具体实施上由于地方政府和项目业主的意识分歧对工程建设造成了影响，需要在丽攀模式的进一步实践中得到完善。

第三节　保证地方政府职能的措施

在丽攀模式中，攀枝花市政府通过转换角色，确立了公共服务型政府的定位。政府职能的定位是政府行为偏好与约束条件相互作用的产物，政府职能的定位与政府职能的实际履行之间总是存在着极大的差异。丽攀高速项目建设前期取得了显著的成效，要保证地方政府由始至终地履行职能，决定因素是既定约束条件下的行为激励结构，即工作组织和个人影响。

一、工作组织

高效的工作组织可应对高速公路建设的各项需求，在此过程中加强政府工作意识，规范工作内容和制度，增强地方政府在路地共建中所起的作用，才能达到保障高速公路项目建设的目标。

1. 丽攀模式政府工作组织研究

丽攀模式作为新型路地合作方式，在地方政府自身、高速公路建设方与利益相关者这几方面都与过去的路地合作方式存在差异，可以根据管理学和组织行为学理论分析判断攀枝花市政府的工作组织类型。

（1）从组织形式上看，类似于项目负责制的管理方式

在丽攀模式中，攀枝花市政府专门成立了市高建办，负责丽攀高速项目建设相关单位的服务协调工作与保障支持工作。市高建办由市委副书记任组长，市政法委书记、分管副市长为常务副组长，市政府分管副秘书长、市交通局局长为副组长，分管副秘书长兼办公室主任，市级相关部门及公路沿线各区政府、大企业

为成员单位,主要负责高建办的日常工作、目标任务的制定和考核,制定有关规定、办法及细则,负责征地拆迁补偿安置等工作的督查和协调,对征地拆迁安置等工作的进展情况进行统计、收集和反馈信息,对重大事项提出处理建议。公路沿线东区、西区、仁和区以及钒钛产业园区管委会也分别成立了区高建办,设立了专门的办公场所,从各区政府及职能部门抽调专人集中办公,建立了相关工作管理制度。三区政府及钒钛产业园区管委会是丽攀高速项目建设辖区内征地拆迁补偿安置、协调和维稳工作的责任主体、工作主体和实施主体,统领着多支农村组与城镇组征地拆迁队伍,按照市高建办的征地拆迁安置补偿方案以及工作指导方案制定各个区的工作实施细则,负责城镇农村的征地拆迁工作。

(2)从组织结构角度来看,属于直线职能型组织

组织结构可以形象地反映组织内各机构、岗位上下左右相互之间的关系,也对组织功能进行了侧面诠释。采用组织结构理论来解释丽攀模式下地方政府工作的组织行为、内容与效率较清晰明了(如图5-8所示)。丽攀模式下的直线职能型组织结构具有责任分明、命令统一的特点。市高建办作为该直线职能型组织的总负责人,拥有统一领导该组织内所有成员的权力,并对该组织的一切问题负责,而组织下属部门只接受一个上级的指令。在具体工作中,以市领导为首的市高建办干部以每周召开的路地协调会为主要方式,以工地现场办公为辅助手段,及时解决影响高速公路建设的问题。而各区主要领导包片负责、深入一线、蹲点督导、靠前指挥、现场办公,督导、协调、解决征地拆迁中的具体问题,再将解决方案反馈给上级,对于征地拆迁中的难点由下至上汇报,由上级政府统一通过公共权力重点解决。因此,丽攀模式下的地方政府工作接受与反应能力强,执行力度强,从而提高了政府工作效率,创造了攀枝花市高速公路建设史上最短时间交地、最短时间进驻和最短时间全面施工的纪录。

2. 其他路地共建模式政府工作组织研究

丽攀模式下,地方政府通过有效的工作组织,最大限度地发挥了优势,促进了建设项目的高效运行(如图5-8所示)。在其他路地共建模式中,由于地方政府的主动参与度不足,提供保障服务的组织结构相对来说不及丽攀模式健全,公路沿线的基层政府难以成立专门小组负责征地拆迁工作,只能在国家相关法律的

第五章 基于丽攀模式的地方政府职能

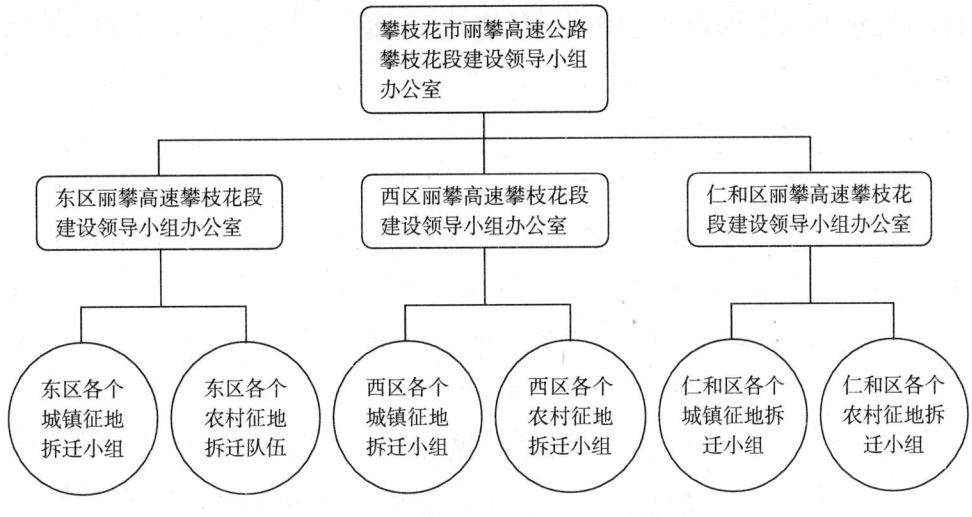

图 5-8 丽攀模式政府工作组织结构图

框架下，被动地承担以下职责①：

一是市（县）政府作为拆迁主体，主要行使管理、委托、监督职能。市政府及其职能机构是集体土地征用和房屋拆迁主体，并在集体土地房屋拆迁中行使制订修改政策、委托下级土管部门组织拆迁、协调解决拆迁争议、办理房屋拆迁验收合格、审批拆迁手续等权力，而较少从事具体拆迁工作。

二是区政府是拆迁过渡政府，主要行使宣传、协调督促职能。按照国家《土地管理法》规定，区政府在集体土地征用和房屋拆迁中只有责任而少有利益，仅限于行使拆迁工作的宣传、协调、督促等职能。

三是乡（镇）政府是拆迁实施主体，任务重、压力大。乡镇土管所受市、区土地管理部门的委托和督促，直接进行集体土地房屋拆迁的政策宣传、调查登记、安置告示、产权确认、签订协议、支付补偿等具体工作，行政上受上级政府监督、管辖，但在实际工作中较少得到上级的积极支持。

在其他路地共建模式中，市（县）、区、乡（镇）级政府表面上看来各司其职，但缺乏统一的指挥和协调反馈机制，实际上各自为政，上级政府对具体的征地拆迁工作参与较少，实施征地拆迁的乡（镇）级政府也得不到上级的行政支

---

① 唐杰. 政企合作条件下征地拆迁问题研究［D］. 湘潭：湘潭大学硕士学位论文，2008.

持,故易造成征地拆迁和保障服务的低效率。与丽攀模式相比较,其他路地共建模式主要存在以下两个方面的问题。

一方面,缺乏集合了相关行政领导和职能部门的专门机构来处理保障服务事宜。例如,征地拆迁工作本身难度大,行政审批环节多、涉及部门多、前置条件多,而地方政府的征地拆迁机制存在缺陷,市及区级政府对高速公路建设中的征地拆迁和施工环境保障问题重视度不高,相关职能部门意见不一、相互推诿。基层乡(镇)与村干部在征地拆迁中产生纠纷,因责权利不对等问题难以解决,即使传达给上级部门,上级部门缺乏参与意识也难以解决具体问题,造成项目建设征地拆迁等工作周期过长,最大限度地影响了政府工作效率和项目建设速度。

另一方面,在实际征地拆迁工作中,由于地方政府征地拆迁工作组织混乱,缺乏有效的约束力和信息沟通渠道,一旦出现问题就难以得到解决。例如,市级政府一般较少从事具体拆迁工作,在面临实际拆迁纠纷时,无法做出正确判断;区级政府往往把征地拆迁视为分外工作,甚至"宣而不传、配而不合、督而不办";乡(镇)对农户房屋的合法补偿面积、用途性质,以及其他构筑物的补偿等方面具有较大的自由裁量权,但对自由裁量权的任何使用不当,又会引发民众的攀比和悔约,故乡镇政府的工作难度非常大,在缺乏上级支持的情况下很多问题难以得到解决;村干部代表基层政府,在民众中具有较高威望,但其编制非国家公务员,只能接受上级指导承担征地拆迁工作。因此,地方各级政府各自为政,对征地拆迁工作积极性低,相应的考核机制和监督机制形同虚设。

3. 丽攀模式政府工作组织的优势

实践证明,攀枝花市政府在高速公路建设中的保障服务工作组织形式新颖,力度到位,运作情况高效。从丽攀模式和其他路地共建模式的组织结构比较中可以发现丽攀模式的组织层级少、效率高、目标清晰,其结构层级为三层,三层之间有良好的信息传递渠道,这种政府工作组织结构分工明确、责权分明,将具体的权利、义务与责任落实到各区高建办小组成员身上,便于市高建办对各区高建办的工作预期成果与效益进行评价或者监控,也便于考察各区高建办小组成员的工作业绩。因此,该结构有利于实现人力、物资等资源的优化配置,充分调动各区高建办成员的聪明才智、业务潜能和工作积极性,在工作内容和效率上与其他

第五章 基于丽攀模式的地方政府职能

路地共建模式的政府工作不可同日而语。同时，这种政府工作组织结构还可以最大限度地将竞争机制、激励机制、约束机制、奖惩机制等有机地融合在一起，从而提高丽攀高速项目管理的科学性、针对性和有效性。因此，丽攀模式下的拆迁组织是职、责、权、限四位一体的高效健全组织，为丽攀高速项目提供了良好的建设环境。

二、个人影响

伟大的思想家、哲学家马克思认为，个人活动会对社会发展产生能动的作用。在丽攀高速公路建设中，项目业主、建设单位和政府部门的工作人员积极充分发挥了人的主观能动性，推动了丽攀高速公路项目的顺利运行，为攀枝花市经济发展做出了不平凡的贡献。也就是说，项目业主单位和地方政府中的个人在各自的岗位上从事这样那样的有意识、有目的的活动，从而影响高速公路项目建设的进程。这就是高速公路建设中个人的影响，包括思想认识、工作作风、廉政建设和目标责任四个方面。

1. 思想认识

在高速公路建设中，各个参与方中的个人对于丽攀项目建设需要有一致的思想认知，特别是当地政府和项目业主单位的领导。在中国传统文化下，领导往往代表着"权力"，在某种程度上具有绝对的权威，并控制下属、以严格的纪律和高绩效的标准来要求下属，对下属的心理、态度和行为都有着重大的影响。因此，地方政府领导的思想认识及其工作态度，对高速公路的顺利建设至关重要。

丽攀高速项目建设前期十分顺利，无恶性事件发生，创造了该市公路建设史上最短时间交地、最短时间进驻和最短时间全面施工的纪录。这离不开攀枝花市领导和区领导对项目建设的执着意志。在项目建设前，就成立了以市委副书记张剡为组长，市政法委书记单荣、副市长柳康健、李章忠为常务副组长，市政府两位副秘书长、市交通运输局局长为副组长，分管副秘书长同时兼办公室主任，市级相关部门及沿线政府为成员单位的市高建办，统一组织和领导丽攀高速公路征地拆迁补偿安置工作。各有关区、乡镇、社、村也做到了党政"一把手"挂帅，组成专门机构，责成专人负责。在项目建设过程中，攀枝花市领导身先士卒、分片包干、划定责任合同段，带头做到"三亲自"，即亲自调研、亲自协调、亲自督办，不回避矛盾，不以任何理由影响征地拆迁、延误工期。同时，各区领导包点负责、深入一线、蹲点督导、靠前指挥、现场办公，督导、协调、解决征拆中的具体问题，定任务、定时间、定责任、齐心协力为丽攀高速公路工程建设排忧解难，对工作不力、懈怠、贻误的领导和工作人员立即调整，并问责追究。

由此可见，攀枝花市在丽攀高速项目的建设前期，及时成立以党政领导挂帅的市及区高建办，作为项目建设中的政府工作指挥中心。在丽攀高速项目的建设中，该指挥中心不仅对项目建设年度目标进行分解，制订了政府工作总计划，还充分发挥了市领导及区领导的能力，利用领导的影响力提高政府工作人员的思想认识和工作效率。

2. 工作作风

在市级领导至基层工作人员统一了思想认识的基础上，丽攀高速项目建设过程中地方政府的工作作风从上到下得到了极大的改善。这从两个方面予以体现，一是政府工作人员摆脱了"脱离群众"的工作作风，深入群众生活，解决百姓难题；二是政府工作人员摆脱"形式主义"和"官僚主义"，将工作落到实处，从而提高了政府工作效率。

第一个方面，地方政府依靠有效的工作组织，做到了征地拆迁补偿的标准化和制度化，使征地拆迁公平性得到了极大的体现，减少了当地群众对政府工作人员的不信任，稳固建立了政府工作人员与老百姓沟通的桥梁。同时，各级领导以身作则，深入群众，排解困难。各级拆迁工作组本着"把道理说明白，把政策讲清楚，把思想理顺畅，把工作做细致"的工作理念，以"四员"身份开展拆迁工作，即"宣传员"，积极宣传有关政策；"解答员"，只要群众有疑惑、有难题，就仔细耐心解答；"被拆迁户的勤务员"，只要不违背政策能帮的尽全力帮；"调解员"，深入对被拆迁户的老人赡养、财产分割等多方面问题调解，以确保每个被拆迁户无后顾之忧地搬迁。同时，政府工作人员持着真心、耐心与诚心，想拆迁户所想，急拆迁户所急。攀枝花市政府工作人员在合理的范围内理解并支持被拆迁群众，视群众困难为自己困难，以"热情关爱、热心帮助、热诚打动"，化解了矛盾，拉近了距离，消除了对立，有效解除拆迁户的疑虑。这就摆脱了以往地方政府工作人员"脱离群众"的作风。

第二个方面，地方政府上下级工作人员共同负责群众问题，不搞"形式主义"和"官僚主义"，使丽攀高速项目成为攀枝花市公路史上最短交地时间的项目。攀枝花市委、市政府领导干部身体力行，发挥表率和带头作用，带头深入困难较多、情况复杂、矛盾尖锐的地方了解实际情况，出主意、想办法解决实际问题，树立了为民、务实、清廉的形象。实地工作人员尽量帮助基础群众，对群众的合理要求和反映的问题，提高自身工作效率，做到大事小事不过夜，棘手问题现场办公，及时解决征地拆迁工作中所遇到的问题。

3. 工作目标责任制度

丽攀高速项目建设实行目标督查考核制。2010年3月，攀枝花市政府与东区、西区、仁和区政府和钒钛产业园区签订了《丽攀高速公路攀枝花段征地拆迁工作目标责任书》。在此基础上，市政府以及各个区政府对年度目标进行分解，就征拆安置、施工保障和环境协调进一步细化工作方案，明确责任领导、责任部门、具体责任工作人员，落实项目沿线乡镇村社的工作责任，并就各个合同段的征地拆迁补偿安置工作倒排时间表，严格按照时间表来安排政府工作。实行各级领导分片包干负责制，签订目标责任书，对工作不力、懈怠、贻误工作的领导和工作人员要立即调整、问责追究，并做到不回避矛盾，不上交矛盾，不激化矛盾，不以任何理由影响征地拆迁，延误工期。对每个阶段性工作进展情况，由市委、市政府分管联系领导牵头，市委、市政府目标督查办、市效能监察局等有关部门参与，对阶段性工作进行考核，排出名次，评出优劣，奖惩兑现，年度进行总体考核奖惩兑现。

2013年6月，在丽攀高速项目建设的收尾阶段，市丽攀高建领导小组与四个区的丽攀高建领导小组签订了《丽攀高速公路攀枝花段工程项目征拆收尾、施工保障和环境协调工作目标考核责任书》；2013年6月23日，在全市交通枢纽建设攻坚大会上，市政府与丽攀公司签订了《丽攀高速公路攀枝花段工程项目的考核目标责任书》。通过进一步强化地方政府和项目业主的目标责任，细化了考核目标，落实了工作责任，务求实效地加快了项目工程建设。

4. 廉政建设

高速公路工程投资往往巨大，是社会各界关注的焦点和易发生职务犯罪的热点。在丽攀高速项目建设中，极个别村社干部涉及高速公路外包零星工程或建材供应方面，也出现过类似苗头。如果地方干部与被拆迁人存在利益关系，征地拆迁和施工保障协调工作将受到制约。从预防职务犯罪及廉政建设上讲，在丽攀高速项目开工建设之初，地方政府就发布了公告，依法依规从严从重打击类似现象，通过有效监督，这类现象得到了及时处理和制止。在丽攀高速项目中，攀枝花市政府机关与丽攀公司共同开展路检共建、预防职务犯罪，市检察院会同丽攀公司开展了"阳光丽攀"廉政主题教育活动，以争创"工程优良、干部优秀"为抓手，打造"阳光高速"主题实践活动为目标，构建党风廉政网络，形成上下联动的廉政监察工作体系。深入开展对挪用克扣征地拆迁资金的行为、强行干预和插手征地拆迁与工程建设的行为，以及强行要求在工程中送材料、搞运输或者其他违规行为等突出问题的专项治理，从规范参建者行为、加强拆迁资金监管、强化质量安全监督、加大廉政阳光工程创建力度等五个方面着力狠抓专项治理工作，将廉政监督的关口前移，要求各级领导及所有参建工作人员，牢记立党为公、执政为民的本分，坚决做到"不吃、不拿、不要、不得"（管住自己的嘴，不吃拆迁与施工单位的饭；管住自己的手，不拿拆迁与施工单位的红包；管住自己的权，不向施工单位介绍分包单位和材料供应商；管住自己的家属和身边的工作人员，不得假借领导名义承揽工程或谋取不正当利益），确保征地拆迁风清气正，打造廉洁、高效、阳光的工程。截至丽攀高速通车，未发现地方干部、丽攀公司管理人员廉政方面的问题。应该说，制度建设、法制教育和廉政监督相结合，形成高压态势和依法依规维护良好的工程建设秩序，是防范和杜绝职务犯罪现象的有效途径。

第五章 基于丽攀模式的地方政府职能

第四节 丽攀模式制度化设想

丽攀模式解决了地方财政资金不足又急需基础设施建设的矛盾，促成了当地政府职能的转换，既节约了基础设施建设资金，又为当地企业、居民等提供了相应的基础设施服务，发挥了政府的公共服务职能，在高速公路建设中是一次成功的尝试，要使丽攀模式在其他的高速公路建设中得到广泛的运用，需要地方政府将其制度化、规范化。

一、丽攀模式的政府采购特性

丽攀模式的高速公路建设，政府通过承担征地拆迁费用的形式支付价款，获得高速公路带来的社会效益，已具备了政府采购的特征，将丽攀模式纳入政府采购是将其制度化的有效方式。政府采购是指政府利用财政性资金采购依法制定的集中采购目录以内的或者采购限额标准以内的货物、工程和服务的行为。政府采购不仅是指具体的采购过程，而且是采购政策、采购程序、采购过程及采购管理的总称，是一种公共采购管理制度，是一种政府行为。一般来说，政府采购项目主要为各种货物类采购，其次为工程类采购和服务类采购。其中，政府工程招标采购是指国家机关、事业单位和团体组织，使用财政资金依法进行的。按照四川省 2009 年政府集中采购目录及采购限额标准，预算的丽攀高速项目投资总体上符合分散采购限额标准，属于政府集中采购目录以外单位项目预算总额在 50 万元以上的工程项目，可按照《中华人民共和国政府采购法》和《中华人民共和国招标投标法》的有关规定执行。

丽攀高速公路是省市共建重点交通基础设施工程项目，获得省政府正式批复后，由攀枝花市出资 4 亿元并负责征地拆迁补偿安置工作，川高公司负责工程建设。在丽攀模式中，攀枝花市政府的招标行为具有以下政府工程采购特征[①]。

1. 采购主体的特定性

政府采购的主体是由政府采购法规专门规定的，主要是指靠国家财政资金运作的政府机构、社会团体和企事业单位等公共实体。各国确定的政府采购主体有所不同，但是无论政府采购主体的范围大小如何，其主体的性质都有别于社会其他采购主体。丽攀高速项目由攀枝花市政府招标，并最终确定由川高实施建设，该行为的主体是攀枝花市政府，具有特定性。

2. 采购的非营利性

攀枝花市政府建设丽攀高速公路是为了给当地公共实体和社会提供工程和服务，从而实现社会公共效益，且攀枝花市政府投资4亿元支持项目建设，并未约定项目完成后按投资额度分享高速公路运营的收益，具有公共性和非营利性。

3. 采购程序的法定性

政府采购不是一般性的购买行为，而是通过一整套的采购程序来完成的，而这些采购程序是由政府采购法律、法规规定的。丽攀高速项目的招投标是一个完整的系统过程，从攀枝花市政府招标开始，直至川高公司中标，经历环节多、程序规范，与正式的政府工程采购相似。

4. 采购过程的公开性

政府采购的有关法律和程序是公开的，采购过程也是在完全公开的情况下进行，一切采购活动都要做出记录，所有的采购信息都是公开的。攀枝花市政府按照法定的组织程序，两次向全国招标，最终与川高公司签订投资协议，所有程序是在完全公开的情况下进行的，完全能够接受来自财政、行政、法律、舆论和社会等多方面的监督。

5. 采购行为的政策性

政府采购是国家宏观政策的重要组成部分，担负着节约财政资金、保护民族工业、扶植中心企业、开发地区等政策目标。丽攀高速项目由政府部门计划、决策、监督和管理，是一种行政行为，符合四川省构建西部综合交通枢纽的宏观交

---

① 王亚星. 中国政府采购的市场化运作 [M]. 北京：红旗出版社，2003.

第五章 基于丽攀模式的地方政府职能

通构想，体现了省政府总体政策的意向，考虑了地方政府的全局整体目标，政策性强。

在攀枝花市政府对待路地共建的理念上来说，丽攀模式转变了政府的观念与责任。其他路地共建模式是项目业主进行投资建设时被动采用的，政府承担项目建设的配合服务性工作。丽攀模式将丽攀高速项目的征地拆迁等工作转变为政府的实质性责任，使政府从"要我修路"转变成"我要修路"，成为攀枝花市政府必须认真对待的利省利民工程，而项目业主成为地方政府的服务者、中标人，从这个角度上来说，丽攀模式是政府工程采购的一种表现形式，地方政府对工程建设的顺利进行承担责任。

二、丽攀模式纳入政府采购的探讨

将丽攀模式的高速公路建设项目纳入政府采购是符合国家政策规范的，可通过现有的政府采购法规监督、控制丽攀模式的运行，使丽攀模式下的政府观念固化，规范项目业主行为，有利于路地双方的协调配合，减少运行中的阻滞，提高工程建设效益。

1. 丽攀模式实践中的制度欠缺

丽攀模式在实践中虽然表现出了不同于其他路地共建模式的优势，具有创新性，但也体现出了它的固有缺陷，即制度上的欠缺。首先，丽攀模式缺乏明确的法律法规，在具体实施时没有相关法律法规进行引导；其次，丽攀模式下的政府工作组织和运行方式是从实践中摸索提炼出来的，尚需在其他项目的应用中进一步完善，并最终制度化；再次，丽攀模式下地方政府与项目业主、施工单位的协作关系虽得到优化，但在具体实施中由于无制度规范仍存在人为不和谐因素；最后，地方政府自身的行为也存在制度漏洞。例如，在地方政府领导人换选后，新的领导人对丽攀模式的理解程度不深、对路地双方先前达成的一致意见可能并不赞同。因此，路地双方需要经历一个磨合的过程，需要通过政府内部人员大力宣传、项目业主及时沟通，双方统一认识、排除障碍，从而逐渐加深新上任领导对丽攀模式的认同感并提高其对项目的支持度。因此，要使丽攀模式在其他高速公路建设中得到推广，就需要解决丽攀模式制度欠缺的问题，将丽攀模式纳入政府工程采购范围，将丽攀模式制度化。

2. 丽攀模式的政府采购制度

我国的政府采购制度基本上起源于地方政府的探索和实践，经过不断修改与完善，在目前具体的法律法规和规则中，对政府采购的范围、管理机构、采购模式、采购预算及采购计划编制、采购方式、招标投标程序、采购合同签订、采购资金拨付以及采购监督等有关问题做出了明确规定，并对中介组织介入政府采购市场的条件、程序，政府采购合同的履约和验收，以及政府采购资金预算单列和支付形式等，做出了原则性规定。

将丽攀模式纳入政府采购使其制度化，具体操作时有章可循、有规可依，在政府层面还可以避免地方政府领导变迁等对丽攀模式运行的影响。丽攀模式政府采购符合政府工程采购的特性，可以利用我国现有的政府采购体制将丽攀模式政府采购完善并具体化后，作为政府采购制度体系的组成部分进行推广。丽攀模式在纳入政府采购时应在以下三个方面进行相应优化。

首先，在《政府采购法》的基础上，对其中的原则性规定进行细化，各省市进一步规范各类配套法律文件，使丽攀模式的政府采购遵循各省市的实施细则。

其次，理顺丽攀模式下政府工程采购管理体系。各级人民政府是负责政府采购监督管理的部门，在政府工程采购中，政府部门作为管理者，行使监管职能，对工程采购的采购方式、采购程序及采购合同的签订与履行及资金的使用，进行全方位的管理。在加强对政府工程采购管理的同时，政府有关部门还要积极协调与其他监管部门的关系。

最后，完善丽攀模式的政府工程采购监督机制。从目前我国的政府采购具体实践来看，基本实行的是集中采购模式，而政府采购中心的职能又基本落在了各级财政部门，形成了自己采购自己监督的格局，丽攀模式的政府工程采购也有采购的通病。因此，必须完善内部监督机制，同时建立相对独立的外部监督机构对政府的采购活动进行监督。

3. 丽攀模式的政府采购适用范围

监管体制健全的丽攀模式不仅为当地政府节约采购资金，为社会公众提供应有的基础设施，还能促进地方基础设施建设和经济文化发展，具有科学合理性和

第五章 基于丽攀模式的地方政府职能

可行性。以下情况的高速公路建设可采用丽攀模式实施政府采购。

第一，基础设施建设项目投资额大，但政府没有足够的财政资金。目前我国基础设施建设与国外相比仍欠缺，若要快速改变我国基础设施现状，必须投入巨额建设资本，政府的财政资金仍然是杯水车薪，此时社会民间资本的流入是必然的，采用丽攀模式是最好的选择之一。

第二，项目征地拆迁工作量巨大。基础设施建设项目的业主单位本身就肩负艰巨的建设任务，若还要承担起征地拆迁的工作，在人力、财力和物力有限的情况下难免会影响到征地拆迁和项目建设两个方面的效率。再加上征地拆迁过程中，手续烦琐，项目业主很可能是外地公司，对征地拆迁的当地居民在沟通和处理问题上方式不同，一旦利益处理稍有不慎，极易造成征地拆迁纠纷。因此若采用丽攀模式由政府承担起征地拆迁责任，则可解决上述问题。

第三，基础建设项目对当地社会经济效益影响大，需要短期内建成。根据对丽攀模式的分析，丽攀模式最大的优势之一就是效率高，建设周期短。

因此，将丽攀模式纳入政府采购范围，一方面能使丽攀模式程序规范化，使其得到政策支持，避免地方领导换届需要磨合而影响工程建设进度；另一方面，还能丰富政府采购内容，扩充政府采购范围，给予基础设施建设项目更多、更好的选择模式。推广丽攀模式可以迅速促进基础设施建设项目的发展，解决我国基础设施建设不足、社会公共设施欠缺的困境，在市、省、国家的层面上带动经济发展。这对目前正处于复苏阶段的经济有良好的刺激作用，不仅可以扩大就业范围，提高就业率，还可以增加社会福利，带动我国经济进入良好的经济运行轨道。

第六章 基于丽攀模式的建设企业管理

丽攀模式不仅需要地方政府的高度重视和大力投入,更需要项目业主在征地拆迁和环境保障阶段的配合,以及对施工建设过程的全面控制和管理。为了保障丽攀模式有效实施,作为建设企业的项目业主肩负着重要责任。高速公路建设存在征地拆迁难点多、施工难度大、技术要求高等难题,要攻克这些难题需要建设企业内部建立起行之有效的管理制度来保障。企业管理制度包括企业经营的目的和理念、目标与战略,企业管理组织及各业务职能领域活动的安排。

第一节 丽攀模式下的建设企业管理战略

一、企业战略目标的制定

建设项目业主是公司化经营的现代企业。企业战略是企业在实现其使命的过程中所追求的长期结果,是在一些最重要的领域对企业使命的进一步具体化,反映了企业在一定时期内经营活动的方向和所要达到的水平,既可以是定性的,也可以是定量的,比如业绩水平、发展速度等。高速公路建设管理企业也不例外,同样需要建立企业的战略目标体系,设立长短期战略,设计总体的战略实施方案,从而实现项目的保值增值。

1. 战略目标的构成

从高速公路建设项目特点来看，项目业主是整个项目生产过程的总组织者，是物质资源、人力资源及技术知识的集成者，是高速公路建设项目的主体。它对建设工程项目的组织实施进行全过程全寿命管理。企业目标不能仅仅局限于眼前的工作本身，丽攀模式下项目业主必须建立科学合理的战略目标。从层次上看，战略目标分为最高层管理战略目标、职能单位目标和个人目标；从时间上看，战略目标分为长期战略目标和中短期战略目标；从内容上看，战略目标分为项目投资总目标、项目进度目标、质量目标。相应的，业主单位在工程的准备阶段、设计阶段、施工阶段及运营阶段要做好安全管理、投资控制、进度控制和质量控制等工作，并协调组织好各项工作。

2. 战略目标制定过程

构建现代管理制度下的企业战略目标不是一蹴而就的，其过程是循序渐进的。渐进地制定战略目标体系，是指公司最初构想企业战略目标时，并不提出具体的目标，而是有意识地将其模糊化、概念化，仅提出一个导向性方向。下一步再从导向性方向出发，促使公司职能单位、次级单位等公司各层级单位对战略目标研究布置，并在全体员工内部展开讨论。当导向性目标被大多数员工接受时，公司内部各部门或职能单位可在此基础上进一步提出较具体的战略目标，并在员工内部展开进一步讨论，最终确定分阶段、分部门实施的具体目标。总体上，战略目标的构建过程形成了"引导—反馈—修改—引导"这样一个循环渐进的机制。建设管理企业战略目标体系的形成不仅需要公司最高管理层制定全公司的长期战略目标和短期战术目标，而且在此之后，包括工程部、技术部、综合部等在内的各战略经营单位（SUB）或职能部门，也必须确立自己的目标。丽攀模式的业主单位内部战略目标的制定过程主要包括如下几个步骤，如图 6-1 所示。

（1）目标制定过程始于最高管理层宣布企业使命

以丽攀公司为例，在丽攀高速公路建设初期，公司董事会及高层管理人员小组首先分析行业竞争情况、发展动态及丽攀公司的企业性质，充分考虑公司实际发展现状，提出"创一流管理，带一流队伍，建一流工程"的企业使命。

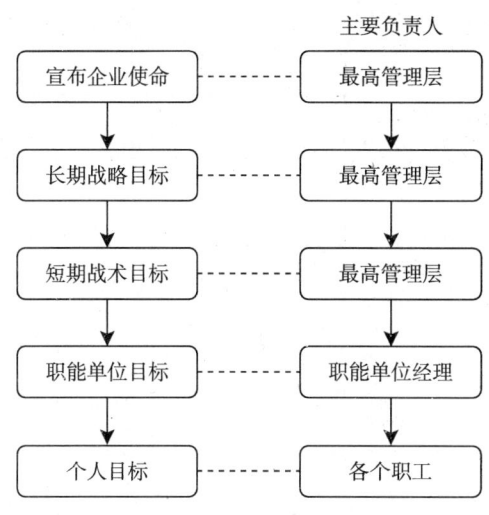

图 6-1 企业目标制定流程图

（2）最高管理层确定达到这个使命的长期战略目标

丽攀公司董事会及高层管理人员小组根据之前确定的公司使命确定公司的长期战略目标，该类战略目标主要指公司在高速公路建设行业中的发展方向。它的着眼点是整体而不是局部，是从宏观角度对高速公路未来建设进行理想的设定。它所提出的，是企业整体发展的总任务和总要求。它所规定的，是整体发展的根本方向，并不涉及具体的战略策略或方案。

美国著名经济学家钱德勒根据对公司各个发展阶段战略进行分析，认为企业包括四种经典的战略类型，即数量扩大战略、地区扩展战略、垂直一体化战略和多元化经营战略。本书从前期对丽攀公司的企业诊断问卷调查结果（如图 6-2 所示）中发现，大多数员工认为丽攀公司应该扎根于高速公路建设行业，不断地做专做强，这是数量扩大战略和地区扩展战略；也有一小部分员工选择依托主业，抓机会，有选择地向其他行业多元化发展，这是多元化经营战略。根据国家宏观环境影响和丽攀公司的实际及问卷调查结果，公司目前的长期战略应倾向于数量扩大和地区扩展。

（3）最高管理层确立整个公司的短期战术目标

丽攀公司董事会及高层管理人员小组针对长期战略目标建立起整个公司短期执行的战术目标。丽攀公司沿着导向性方向的指引，分析公司内部员工的反馈意

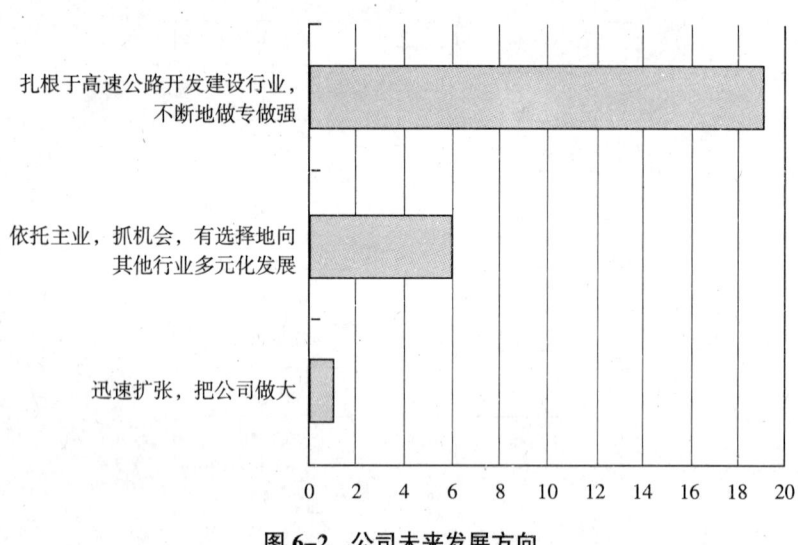

图 6-2 公司未来发展方向

见,结合丽攀模式的特色和优劣势,因地制宜地提出了"三年攻坚、奉献丽攀,优质高效、按时通车"的短期战术目标。

(4)各战略经营单位或职能部门建立各自的长短期战略目标

丽攀公司内包括财务部、办公室、工程部、技术部、综合部和安全部在内的各战略经营单位(SUB)根据最高管理层宣布的公司使命愿景和确立的公司长短期战略目标,密切结合各自经营单位或事业部门的实际和业务特点,建立起适合各自部门有效运营的长期和短期战略目标。

(5)各战略经营单位或职能部门制定自己的长短期具体目标

丽攀公司的财务部、办公室、工程部、技术部、综合部和安全部等战略经营单位或职能部门根据上级部门的长短期战略目标,制定具体的长短期战略目标。这一长短期战略目标与前面几个步骤的战略目标相比,则显得更加具体,更像是具体的行动指南。一般来说,该类长短期具体目标包括各个部门的年度、季度的计划工作量。

(6)员工个人目标形成

最后,这个目标的制定过程通过组织结构层次一直向下,继续进行下去,直到个人。员工个人对形成的目标进行讨论,形成反馈意见并向上一层级传达以形

第六章 基于丽攀模式的建设企业管理

成新一轮的目标形成过程。

3. 丽攀公司战略目标制定原则

企业内部各个层级在制定战略目标时必须遵循一定的原则,只有这样才能确保公司长期、短期战略目标科学正确,符合公司的未来发展要求,才能保证战略目标制定过程的顺利进行。丽攀公司在制定战略目标的过程中,遵循了以下基本原则:

(1) 关键性原则

这一原则要求丽攀公司在确定战略目标时必须突出有关企业经营成败的重要问题、有关公司全局的问题。诸如企业经营发展战略、业务经营范围决策、安全管理及成本造价控制等有关公司发展全局的问题是丽攀公司最高管理层和各个战略经营单位制定战略目标时应该重点关注的。切不可把次要的战术目标作为公司的战略目标,以免滥用公司资源而因小失大。

(2) 可行性原则

确定的战略目标必须保证能够如期实现。因此,在制定战略目标时,要全面分析公司内外资源条件,例如丽攀公司面临的外部法律环境和当地政府有关高速公路建设企业的优惠政策,公司内部的资金实力、技术条件和人才储备等。在此基础上,公司可分析其主观努力所能达到的程度。确定战略目标时既不要脱离实际、凭主观愿望把目标定得过高,也不可不求进取把战略目标定得过低。

(3) 定量化的原则

要使公司的战略目标明确清晰,就必须使目标定量化,具有可衡量性,以便检查和评价其实现的程度。丽攀公司经营范围涉及高速公路建设及公路设施经营、管理及养护,许多项目存在工程巨大、工期长、业务量多、工作复杂等特点,需要一些确实可行、定量明晰的目标将工程任务确定并分配下去,这样才有利于整个高速公路建设工作的顺利进行。因此,战略目标必须用数量指标或质量指标来表示,而且最好具有可比性。

(4) 一致性原则

一致性原则又称平衡性原则,包括横向和纵向两个方面。在横向上,战略目标组合中的各个分目标之间应相互协调,相互支持,在横向上形成一个系统;在

159

纵向上，丽攀公司总部的长期战略目标和短期战术目标要与财务部、工程部、技术部、综合部等战略经营单位和职能部门的长期战略目标和短期战术目标协调一致，形成系统，不能互相矛盾，互相脱节。

（5）激励性原则

丽攀公司的战略目标既要具有可行性，又要具有先进性。所谓先进性，就是指制定的目标要经过努力才能实现。只有那些可行而先进的战略目标才具有激励和挑战作用，才能挖掘出丽攀公司内部从管理人员到技术人员及普通员工的巨大潜能，从而将员工的个人价值发挥到最大化。

（6）稳定性原则

公司的战略目标一经制定，就必须保持相对稳定。否则随时变动或者彻底改变战略目标，将会导致工程建设进度拖延、资源浪费甚至导致公司的经营业绩下滑。当然，如果经营环境发生了变化，如高速公路建设行业内政策变动，行业竞争加剧等情况，丽攀公司应根据实际情况相应地对前期战略目标进行调整。战略目标调整后，所有的经营单位及职能部门的短期战术目标也要及时做出相应的调整。

二、工程建设目标体系的构成

建设项目管理是一个复杂的系统工程，随着科学技术和建设事业的不断发展，建设项目的规模越来越大，技术性、系统性越来越强，复杂程度也越来越高。尤其是横贯川西南至滇西北的丽攀高速公路建设项目，施工路线途径村庄、矿产资源区较多，征地拆迁难度大。加之西南地区地质地貌复杂、河流沟渠及山峰较多、天气多变等因素，道路桥梁架设技术要求高且工程造价高，客观上又对丽攀公司的管理提出了更加严峻的挑战。针对丽攀公司的国有企业性质，结合高速路建设行业的特点，可从项目管理的经济效益、管理效益、进度管理和社会效益四个方面建立项目业主的目标体系。

1. 经济效益目标

经济效益是衡量一切经济活动的最终的综合指标。所谓高速公路建设项目的经济效益就是指建设项目的生产总值与投入成本之间的比例关系。提高高速公路建设项目的经济效益,有利于充分利用有限资源创造更多的财富,实现大型建设项目的保值增值,对项目业主的未来发展也有着重要意义。建立企业的经济效益目标体系,提高经济效益的途径有很多,行之有效的方法之一就是依靠技术进步,采用现代化的管理方式,提高企业的经营管理水平,提高劳动生产率。对于建设管理企业而言,经济效益目标主要在于企业的投资控制、财务管理效益、国民经济效益和抗风险能力这几个方面,各子目标如图6-3所示。

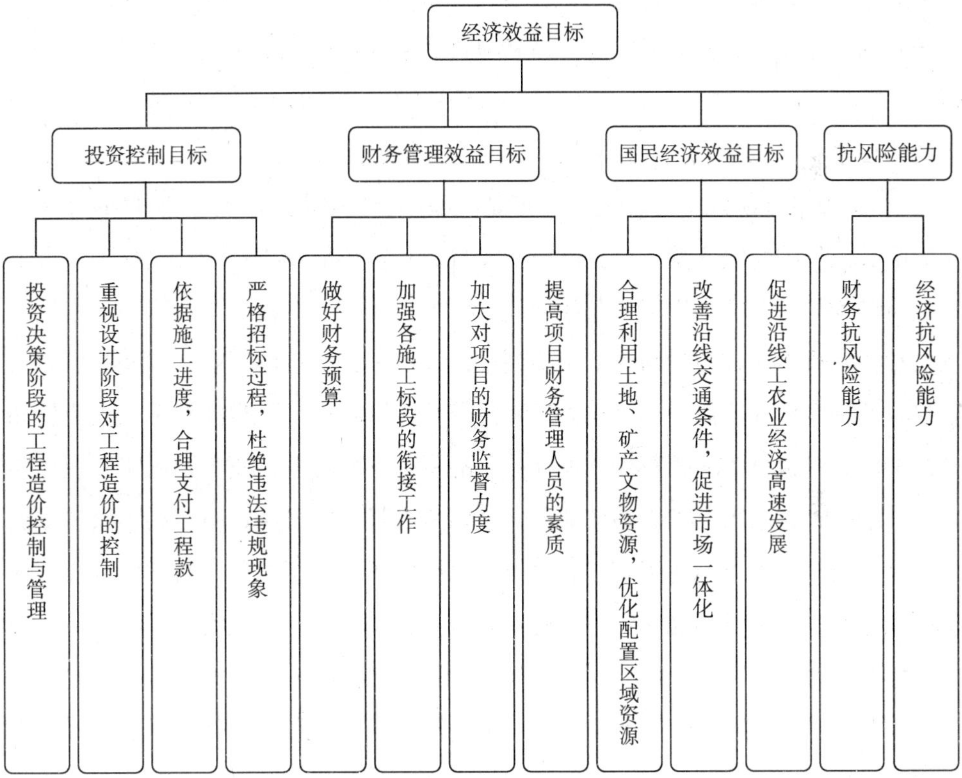

```
                        经济效益目标
    ┌───────────┬──────────────┬──────────────┬──────────┐
 投资控制目标   财务管理效益目标   国民经济效益目标   抗风险能力
```

- 投资决策阶段的工程造价控制与管理
- 重视设计阶段对工程造价的控制
- 依据施工进度,合理支付工程款
- 严格招标过程,杜绝违法违规现象
- 做好财务预算
- 加强各施工标段的衔接工作
- 加大对项目的财务监督力度
- 提高项目财务管理人员的素质
- 合理利用土地、矿产文物资源,优化配置区域资源
- 改善沿线交通条件,促进市场一体化
- 促进沿线工农业经济高速发展
- 财务抗风险能力
- 经济抗风险能力

图6-3 经济效益目标分解图

(1)投资控制目标

投资控制是在不影响高速公路建设工程进度、工程质量、施工安全的条件下,将工程建设的实际费用控制在目标值之内。在对项目进行技术经济分析的过程中,需从总体上考虑工期、投资、质量、实施方案之间的互相影响和平衡,以寻求最优的解决方案。投资控制不能局限于高速公路初期的建设成本,还要充分

考虑其后的运营成本高低，采用全寿命期的管理思想，不仅要使建设成本最小化，同时还要同整个项目的盈利最大化相统一，从而取得最大的经济效益。

1）投资决策阶段的工程造价控制与管理。高速公路建设项目的各项技术经济决策，对项目的工程造价有重大影响。特别是建设标准水平的确定、工艺的选择、设备选用等都直接关系到工程造价的高低。据有关资料统计，在项目建设各阶段中，投资决策阶段对工程造价的影响程度最高，可达到70%~80%。因此要积极做好项目决策前的准备工作，切实做好项目的可行性研究，科学地对高速公路项目的效益进行分析。只有充分提高项目决策的精度，采用适合的科学方法和可靠的数据资料，做好投资估算，才能保证在整个寿命周期内的管理被控制在合理的价格中，才能使高速项目的投资控制目标得以实现。

2）重视设计阶段对工程造价的控制。高速公路建设项目设计质量的好坏直接影响着工程的建设质量、投资回报和效益。有资料显示工程设计费虽然只占工程造价的5%，但对工程造价的影响却能达到15%。在工程设计阶段，工程设计人员往往偏重于设计质量与功能，不注重设计对工程造价的影响，因此在丽攀高速项目的勘察设计阶段中，可建立工程投资目标，让设计人员在重视工程质量和功能的同时，也将工程投资作为设计控制的指标。设计阶段概算及施工图预算要求全面准确，力求不漏项、不留缺口，并要考虑足够的各种价格浮动因素。要加强设计阶段的工程概预算审核，确保设计阶段概算和施工图预算科学、准确，保证丽攀高速公路服务功能和经济合理双重目标的实现，彻底改变"重实施、轻前期"的状况。

3）依据施工进度，合理支付工程款。在工程款的支付环节，为了达到控制费用的目标，丽攀公司采取了多种有效的措施，包括要求施工单位按时上报验工月报，对施工单位上报的验工月报按现场实际完成情况严格审查核实，不多报、早报、重报、漏报，从而达到控制费用的目标；对统计的验工月报的审核必须由相关的专业工程师签字，才能作为拨款的依据，拨款的比例严格按协议或合同办理，当发现有重大的质量问题时拒绝付款，而工程付款单必须由费用控制造价工程师签字才生效；工程施工决算经审计无疑后方可付清余款，并按合同要求留下质量保证金，待质量保证金期满后付清；同时，严格控制工程款的最终超付现

第六章 基于丽攀模式的建设企业管理

象。提高参加单位财务管理人员的素质和支付程序的规范化、标注化，及时对合格工程进行计量并支付工程款，杜绝超计、多计等违规计量支付行为。

4) 严格招标过程，杜绝违法违规现象。严格按照建设工程招投标规范的要求进行工程施工招标。在招标过程中，既要有效降低工程造价，又要保证承包单位施工管理水平能够胜任项目要求。丽攀公司高度重视招标文件的编制工作，招标文件、合同条款的编制以及招标投标实施细则的修订，满足合法性、公平性和准确性要求，合理划分合同双方的义务与风险责任，使其招标投标工作公开化、透明化、简单化。依法实行公开招标，使善于钻营者无隙可乘，从源头上堵塞漏洞，防止违法违规行为的出现。

(2) 财务管理效益目标

财务管理效益目标是指在一定环境和条件下，企业一切财务活动所要达到的目的。财务管理效益目标是评价企业财务活动是否合理的标准，也是财务决策的准绳。做好企业财务管理，建立合理的财务管理效益目标对于提高企业的效益意义重大。具体到丽攀高速项目来看，就是要分析财务盈利能力、盈利成本、现金流量及现金回收期、偿债能力，建立起项目具体的财务经济目标，实现利润最大化和企业价值最大化。要做好财务管理目标的确立和控制工作，就要加强丽攀项目的财务管理工作。

1) 做好财务预算。既可通过编制预算来分析效益目标和财务指标，也可通过预算来检查实际的执行情况，还可通过预算分析来寻找挖掘潜力、降耗增效的途径。以财务预算为财务管理前提，将达到事半功倍的效果。根据丽攀公司的行业性质和管理环境，可参考全面预算管理制度，采用科学合理的预算编制方法，细化预算编制工作，制定出可操作性强的预算管理方案。在预算执行的基础上，达到加强建设项目财务监督的目的。这是企业在经营过程中按照经营目标，实现经济效益的保证，也是企业能够真实地反映经济效益提高状况的重要条件。

2) 加强各施工标段的衔接工作。一般而言，高速公路建设项目前期工作主要由工程专业人员完成，巨额费用主要在项目建设阶段开始支付，财务人员往往被动地依据发票来支付款项，各施工标段衔接不到位，会导致财务管理中资金来源去向不明确，工程建设资金与其他管理费用混为一团等问题的出现。财务管理混乱既不利于执行预算编制，也为项目后期的决算管理带来了很大的困难。应在项目规划阶段即制定建设项目财务管理体系，明确各阶段、各标段的财务职责；针对高速公路建设项目的各个阶段，制定可操作性强的财务管理细则，并将其纳入工程管理及财务工作考核体系。另外，应尽可能地保障财务人员参与前期工程工作，更多地了解项目工程。

3）加大对项目的财务监督力度。应建立和完善高速公路项目的财务监督检查机制，加大对项目的财务监督力度。一方面，针对企业内部建立内部会计控制制度体系，强化内部审计监督制度。通过定期及不定期对项目内部人员进行常规、离任和专项等内容的内部审计，及时发现并纠正经济活动中不真实、不合规、不完整的情况。另一方面，完善项目部对资金使用约束机制，加强对施工单位的财务监管，对个别施工单位的非涉及本项目的资金使用行为进行事前控制。强化合同管理手段，结合工程进度和质量制定完备的施工单位管理奖惩制度，制定明确的奖罚细则，定期进行财务检查。

4）提高项目财务管理人员的素质。首先，要提高人员准入门槛，保证从业人员的专业素养。其次，应加强对财务管理人员的教育与培训，包括岗前培训和在岗继续教育培训。及时拓宽会计人员的知识面，提高其专业技能和财务管理水平。还要根据高速公路建设项目管理工作中的新变化，深入进行财务调研，摸清各支队财务管理实际情况，查找问题和不足，并有针对性地组织培训工作，不断提升财务管理人员的理论与实务水平。

（3）国民经济效益目标

国民经济效益目标是指高速公路项目建设完成后，对国家和地方的各项社会发展目标所做的贡献和产生的影响，尤其是对区域宏观经济、产业结构调整和基础设施完善等方面的工作所带来的影响。国民经济效益目标具有宏观性、间接性和长远性的特点。高速公路建设项目需要达到以下几个国民经济目标：

1）合理利用土地，保护沿途矿产、文物资源，利于区域资源得到优化配置。丽攀高速项目沿线的矿产资源主要为煤矿、钒钛磁铁矿及石灰岩矿、白云岩矿。工程建设应依据四川省煤田地质工程勘察设计研究院、四川省矿产资源储量评审中心等机构对建设线路的测算评估及审核，注意避开矿产资源区，避免公路施工建设对当地的矿产资源造成危害。

对于文物资源的保护，首先应向上级申请文物考古研究所采用调阅档案资料和实地考察相结合的方式，对丽攀高速公路工程路线方案布设所涉文物资源进行评估。根据现场实地勘察，排查已知的文物点，确保建设线路不经过国家级、省级、市级文物保护单位。其次，建设线路若涉及文物保护点，项目建设可调整、优化路线，同时下一步的设计当中对路线进行优化、调整、论证和比选，最终将初步设计路线调整出文物保护范围或建设控制地带，有效降低了路线对文物的影响，应确保在文物保护点保护范围和建设控制地带之外的地方征地用地。最后，若发现有新的文物点，则需要立即停工，报请上级由文物行政主管部门根据文物保护的要求会同建设单位共同商定保护措施，进行抢救性文物考古发掘工作。工程建设所需要的考古调查、勘探、发掘所需费用由建设单位列入建设工程预算。

土地资源是不可再生资源，也是人民群众赖以生存的基础。应坚持合理利用土地原则，严格控制征地用地范围，不浪费土地资源，按照节约集约用地原则确定丽攀高速公路用地标准。另外，在确定建设路线的基础上，应充分利用现有建设用地，提高公路用地利用效率，打造出一条占地省、利用率高的建设用地新模式。

总之，丽攀高速公路的建设及后期运营要促进沿线地区资源开发和合理配置，为地区经济合作，改善投资环境，吸引资金、技术、劳动力等提供重要的物质基础和保障条件。

2）改善沿线交通条件，改善物流流通环境，促进市场一体化。丽江至攀枝花高速公路攀枝花段是《四川省高速公路网规划（2008~2030年）》中的第五条南北纵线（宜宾至攀枝花）525km中的末段，也是大香格里拉旅游环线川滇两省的公共通道。丽攀高速公路云南段，是云南高速公路网"三纵三横"中的"第一横"，起于丽江市玉龙县，经丽江市古城区、永胜县、华坪县，接四川省在建的丽攀高速攀枝花至川滇界段。丽攀高速公路全线通车后，将形成昆明—大理—丽江—攀枝花—昆明的旅游环线，形成滇西北、川西南城市群的高速公路网，由此改善建设沿线交通条件，改善物流流通环境。丽攀高速公路与其他高速公路及县乡普通公路交错形成强大的公路网，可极大促进公路客、货运输业的发展，降低运输生产成本,全面提升公路运输的质量,使综合运输体系结构日趋合理和完善,极大地加快了建设沿线区域的物流交换速度,有利于区域建立统一的市场经济体系。

3) 促进沿线工农业经济高速发展。高速公路自身建设对原材料沥青、水泥,碎石等的巨大需求,直接带动了周边相关企业与产业的发展,从而可带来明显的经济效益,促进区域经济的形成和发展,促使沿线的经济开发和产业带相继形成,推动沿线土地的增值,使沿线地区经济超常增长。

丽攀高速公路的经济效益目标还包括改变沿线以前交通不便、信息闭塞的状况,为农产品特销提供便利条件,促进高速公路沿线农村利用自身优势,建立蔬菜、花卉等农副产品加工基地和仓储物资集散基地。这样将达到加快农村城镇化进程、带动经济腹地小城镇发展的目的。

(4) 抗风险能力

高速公路建设项目的风险主要是由于其规模大、投资多元化、实施周期长、不确定因素多而面临的不可预见性风险。该类风险所造成的损失规模增大,通常情况下易于改变项目的财务结果和经济结果。而项目抗风险能力则是针对以上情况所提出的概念,它是指能够抵抗高速公路建设项目在建设运营过程中可能发生的不可预见性因素,使项目的财务结果和经济结果受到影响的程度减小的能力。它主要体现在两个方面,一是项目的财务抗风险能力,二是经济抗风险能力。

1) 财务抗风险能力。财务风险主要是指高速公路建设项目在被不可预见因素影响了建设造价、收费收入时,使项目的财务结果受到影响的风险。这里的财务结果主要是指高速公路建设项目的财务可行性,应对项目的财务敏感性进行分析。若发生的不可预见性因素影响了项目的财务结果,投资者仍认为高速公路建设项目具有财务可行性,则认为该高速公路建设具有一定的财务抗风险能力。

丽攀公司可以从以下三方面提高项目的财务抗风险能力。首先,面对不断变化的项目建设环境,丽攀公司应设置高效的财务风险管理机构,配备高素质的财务风险管理人员,健全财务风险管理规章制度,强化财务风险管理的各项基础工作,使企业财务风险管理系统有效运行,从而提高公司的财务抗风险能力。其次，提高丽攀公司财务风险管理人员的风险意识。要使财务风险管理人员明白，财务风险存在于财务工作的各个环节，任何环节的工作失误都可能会给公司带来财务风险。最后，理顺丽攀公司内部财务关系，做到责、权、利相统一。为防范财务风险，公司必须理顺内部的各种财务关系，明确各部门在企业财务管理中的地位、作用及应承担的职责，并赋予其相应的权力，真正做到权责分明，各负其责。

2) 经济抗风险能力。经济风险主要是指高速公路建设项目在被不可预见因素影响了建设造价、收费收入时，使项目的经济结果受到影响的风险。这里的经济结果主要是指高速公路建设项目的预期盈利能力，采用内部收益率指标。在不可预见性因素发生之后，若内部收益率指标仍可接受，则认为该公司公路建设具有一定经济抗风险能力。

丽攀公司可以从以下三方面提高项目的经济抗风险能力。首先，为防范项目的经济风险，丽攀公司应对不断变化的项目建设经济风险和攀枝花市的宏观环境进行认真的分析研究，把握其变化趋势及规律，并制定多种应变措施，适时调整管理政策，从而提高公司对经济风险和环境变化的适应能力和应变能力，从而提高经济抗风险能力。其次，提高投资决策的科学化水平，防止因决策失误而产生的经济风险。投资决策的正确与否直接关系到财务管理工作的成败，经验决策和主观决策会使决策失误的可能性大大增加。为防范经济风险，企业必须采用科学的决策方法。在决策过程中，应充分考虑影响决策的各种因素，尽量采用定量计算及分析方法并运用科学的决策模型进行决策。对各种可行方案要认真进行分析评价，从中选择最优的决策方案，切忌主观臆断。最后，应建立健全项目对经济风险的监控系统，对项目的进度、资金、质量进行全方位监控，从而达到控制经济风险、提高经济抗风险能力的目标。

2. 管理效益目标

丽攀高速项目建设涉及的因素很多，建设工期较长，建设过程中会有许多已有条件发生改变，更会遇到诸多不确定性因素。且高速公路建设项目从前期筹备、征地拆迁，到中期施工建设以及后期的通车运营，整个过程具有很强的计划性，必须严格按照计划、步骤和法定程序有秩序地进行。高速公路建设项目的这些特点决定了需要对建设项目进行科学的管理，树立合理的管理效益目标，建立良好的组织架构以及时迅速反应，提高决策效率。管理效益具体目标的分解如图6-4所示。

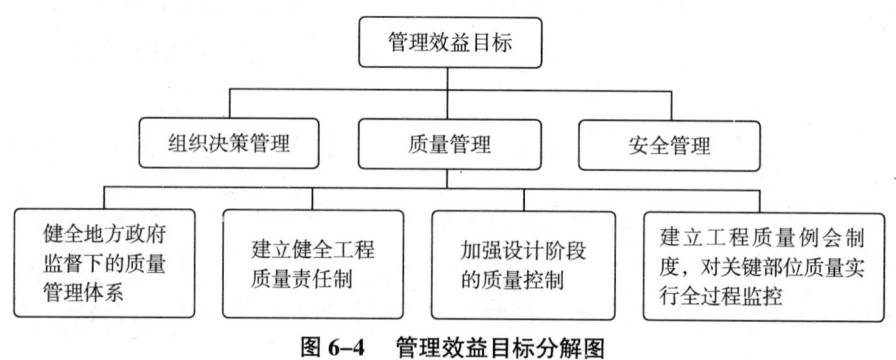

图6-4 管理效益目标分解图

（1）组织决策管理

组织决策管理包括项目业主的组织结构设计和企业决策管理。企业的决策管理是指决策者依据科学的决策理论，经过一定的决策程序，使其做出的决策既符合主观诉求，又符合客观规律的过程。掌握企业重大问题的决策机构，对企业其他管理机构形成一种制约。对于工作任务如何进行分工、分组和协调合作，是对公司各部门的职能、责任及权力范围所做的规范设定，是为实现企业总的战略目标而形成的一种协作体系。图6-5是根据丽攀公司现设的职能管理部门及其分工，结合战略管理方法为丽攀公司设计的组织决策管理图，既反映了丽攀模式下组织系统（如企业领导层）与各个子元素（如各个职能单位）间的组织关系；又反映了各职能单位和工作人员的组织关系；也反映了丽攀公司内部决策管理的层级和程序，这使企业内部形成了良好的组织结构，反应迅速、运作高效。

（2）质量管理

项目业主对建设工程的质量管理既要要求施工人员在施工过程中认真负责，更要要求施工单位提高建设工程的质量目标控制认识，将质量控制视为企业生死存亡的根本技能，只有这样才能保证建设工程在项目业主的质量控制下达到要求。

1）健全地方政府监督下的质量管理体系。丽攀模式属于路地共建项目，工

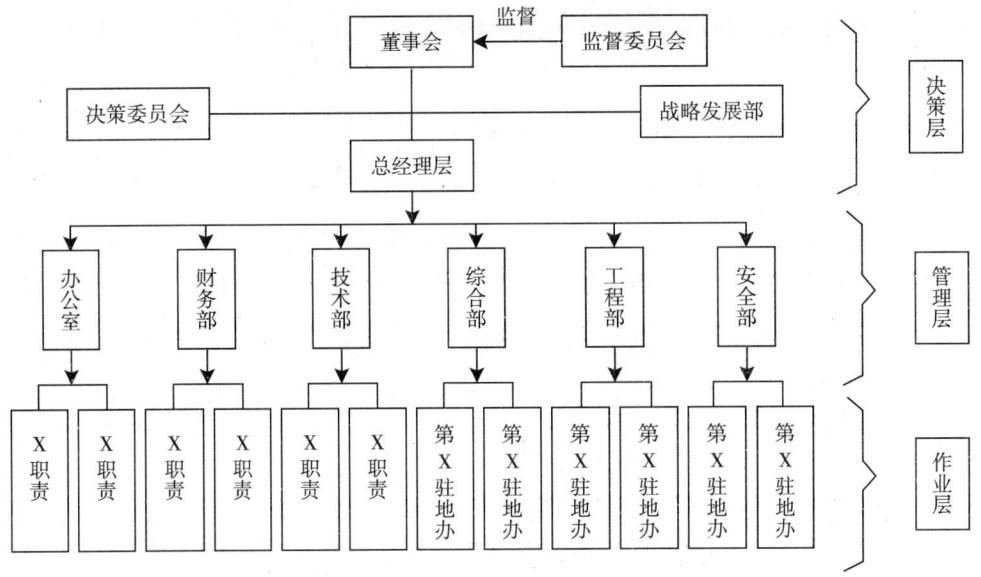

图 6-5　丽攀公司组织决策图

程项目质量是关系国计民生的大事,虽然由项目业主具体管理控制,但地方政府也要履行监督职能。在质量管理上,项目业主要在地方政府的监督下,健全"建设管理、监理控制、施工负责"的质量管理体系,落实项目法人责任制、工程质量终身负责制和领导责任制,充分运用经济、行政、法律和舆论等多种监督手段,使工程质量处于全过程保证和监控之下。

2) 建立健全工程质量责任制。路地共建项目的参与者需树立以质量为中心的经营思想和工作态度,推行现代化的管理方法,培养专职质量管理人员,推行重要分项工程实名制,建立健全工程质量责任制。

3) 加强设计阶段的质量控制。设计是工程建设的灵魂,是工程质量的龙头,工程质量首先取决于设计质量。设计主管人员必须具备丰富的施工经验和较高的业务技能,很多设计方案的实际可操作性不强,甚至与实际严重脱节,就是设计人员闭门造车造成的。本工程主要组织咨询审查单位对勘察活动全程进行跟踪检查,尤其在施工图设计阶段对全线地质钻孔深度、岩芯描述、原始记录逐一进行检查和核实,促进勘察设计的精度和深度提高,同时组织初步设计、施工图设计阶段地勘外业、成果报告专项检查、咨询、评审和验收。

4) 建立工程质量例会制度，对关键部位质量实行全过程监控。丽攀高速项目的第一批开工路段桥隧道占比达 71.19%。设有大中桥 66 座，其中设有 6 座特大桥，包括 4 座大跨径（两座主跨 230 米，两座主跨 180 米）连续刚构桥，质量风险大，施工控制难度大。设有 10 座隧道，大都处于断裂发育岩层破碎地带，不可预见因素多。设有 6 座互通立交，立交之间的平均间距不足 9 公里，匝道桥达 22 座。由于地形陡峻，施工临时用地（预制场、拌和场、驻地等）困难。由于该工程存在技术复杂、工程规模大的特点，要求监理和承包单位定期总结质量情况，分析问题所在并提出改进措施，严格检查质量报表，使上述项目在施工过程中质量处于完全受控状态。

（3）安全管理

大型工程建设，安全就是企业的生命。高速公路建设项目的征地拆迁、施工建设及后期运营，安全管理始终放在第一位，应坚持"安全第一、预防为主、综合治理"的原则，做到安全生产，警钟长鸣。

3. 进度控制目标

目标进度管理运用在大型工程项目上，需采用科学的方法确定进度目标，编制经济合理的进度计划，并据以检查工程项目进度计划的执行情况，若发现实际执行情况与计划进度不一致，应及时分析原因，采取必要的措施对原工程进度计划进行调整或修正，其目的就是实现最优工期，最终达到社会经济效益目标。由于目前施工技术相对成熟，且工程施工管理不属于本书的范畴，在进度控制方面主要从资金供给进度和供地进度着眼（如图 6-6 所示）。

（1）资金供给进度

丽攀高速项目的总体进度目标是实行进度责任制，确保 2013 年建成通车。路基部分重点桥隧工程在交地后 24 个月建成，一般路基在交地后 20 个月建成，路面及交安部分采取交叉作业方式施工，在路基完成后 10 个月内完成。年度目标方面，2010 年底以前实现项目预开工，确保完成投资 8 亿元，其中建筑安装工程费 4 亿元，路基工程完成 28.95%，桥梁工程完成 9.49%，隧道工程完成 26.52%，征地拆迁完成 100%。2011 年计划完成投资 18.85 亿元，基本完成全线 C3~C13 共 11 个标段的土建路基工程。2012 年计划完成投资 16 亿元，在 2012

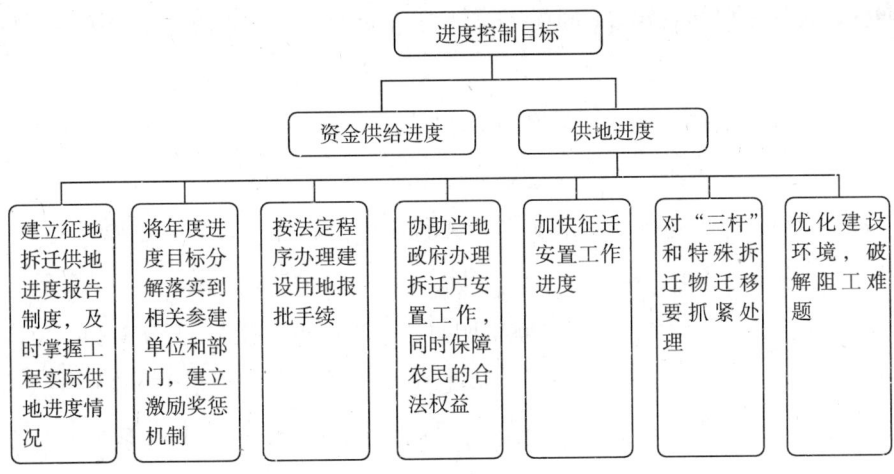

图 6-6 进度控制目标分解图

年 3 月底前路基工程全部交工，路面工程、交安工程在 2012 年 12 月底前完成。2013 完成投资 9.5 亿元，12 月建成通车。

丽攀高速项目的资金来源主要有四川高速公路有限公司的投资、攀枝花市政府补助（4 亿元的征地拆迁资金）及国内银行（中国建设银行四川省分行、中国银行股份有限公司四川省分行）贷款。公司应根据工程年度计划和各个标段进度计划，进行投资计划方案设计。并适时将计划投资与实际投资进行比较分析，使各标段、各个时段的计划投资既能满足工程建设需要，又不至于与实际投资脱节。

（2）供地进度

施工建设用地的及时供给是工程项目顺利实施的重要保障，更是建设工程如期完成的关键。为保证丽攀高速项目总体目标和年度进度目标按期完成，保障施工作业正常进行，项目业主需要协调地方政府相关部门，做好征地拆迁工作，确保供地进度及时合理。

1）建立征地拆迁供地进度报告制度，及时掌握工程实际供地进度情况。根据施工项目的具体情况和建设用地报批审查情况，合理编制符合工期要求的最优计划，按照进度计划落实与执行，在进度和执行过程中，跟踪检查实际进度，并与计划进度对比分析，根据检查对比的结果，分析实际进度与对比进度的偏差对工期的影响，采取切合实际的调整措施，使计划进度符合新的实际情况，在新的起点上进行下一轮控制循环，如此下去，直至完成任务。对进度滞后的标段，应及时提前向政府反映情况，要求政府大力配合工程建设工作，加快急需施工标段的征地拆迁和村民安置工作，保障建设用地和临时用地的供给。

2) 将年度进度目标分解落实到相关参建单位和部门，建立激励奖惩机制。丽攀高速公路共13个标段，工程分三期投入建设，C3~C13共11个标段于2010年6月预开工，2011年8月正式获得四川省交通运输厅批复的开工许可，C2标段于2011年10月开工，C1标段于2012年9月开工，计划2013年10月C3至C13标建成通车，C1和C2标于2013年12月通车。为此，应将工程年度计划和各个标段建设计划分解落实到相关单位和部门，明确责任人，并建立激励机制，确保项目各个阶段进度目标得以实现，严格执行动态目标考核奖惩制度，依照相关规定和合同约定，对施工进度目标完成情况进行考核奖罚。

3) 按法定程序办理建设用地报批手续。根据农村集体土地建设用地管理办法，严格按照用地报件审查机制，按照法定的程序办理建设用地报批手续。高速公路建设项目建设用地应在规划区内选址，避免超出规划区。

4) 协助当地政府办理拆迁户安置工作，同时保障农民的合法权益。丽攀模式下，地方政府转变职能，在征地拆迁安置工作中由被动转向主动，这本身有利于促进征地拆迁工作的开展，大大提高了征地拆迁的工作效率，一定程度上保障了供地进度。但这并不意味着项目业主可以袖手旁观，相反，丽攀公司应积极协助当地政府做好征地拆迁工作，协助其办理拆迁户安置工作，保障农民的合法权益，促进当地政府健全被征地农民的合理补偿机制和保险机制，保证征地补偿费用及时足额落实到被征地农村组和农户。这样将更有利于加快征地拆迁工作，防止因征地拆迁矛盾影响供地或发生阻工现象而影响供地进度。

5) 加快征迁安置工作进度。由于时间紧、任务繁重，各个标段相关职能部门应配合政府迅速开展征地拆迁工作，及时为丽攀高速公路建设提供建设用地和临时用地，保证C1~C13全线开工建设。要加快征迁安置工作进度，抓紧处理征迁遗留问题和特殊拆迁物的拆迁工作。

6) 抓紧处理"三杆"和特殊拆迁物的迁移。在征地拆迁过程中，包括电线

第六章 基于丽攀模式的建设企业管理

杆、电力塔、通信杆线及管道在内的杆、管、线的拆迁进度会严重影响供地的进度。丽攀公司、当地政府、相关建设管理部门和施工单位要严格执行省政府批准的征地拆迁补偿政策和标准，严格按法定程序进行征地拆迁，兼顾各方利益。对于"三杆"和特殊拆迁物迁移要抓紧处理，电力、电信、移动、联通、广播电视等部门要提前做好规划设计，严格按照省政府办公厅文件规定，积极迅速搞好杆线迁移。对特殊拆迁物迁移，各标段工程管理处要主动与业主单位协商、现场确定，综合部、安全部和工程部要积极配合，认真履行协调职能，保证按时限完成任务。

7) 优化建设环境，破解阻工难题。在丽攀高速公路的建设过程中，丽攀公司始终要把优化建设环境、更好地做好施工环境保障摆在工作的重要位置，以破解阻工难题为工作的突破口，多管齐下，标本兼治，着力构建"不愿阻工、不需阻工、不能阻工、不敢阻工"的机制，将阻工闹事对工程的影响降到最低限度，营造良好的建设环境，取得工程进度全线领先的阶段性成果。具体而言，需要从以下四个方面入手：

第一，充分激发群众的参与热情，营造"不愿阻工"的群众共识。通过县、乡镇、村层层召开领导班子会、党员干部会、群众大会及征地拆迁专题会等会议，媒体宣传，丽攀公司下乡宣传，农户村民走访等形式向当地人民宣传丽攀高速公路可以大大缓解当地交通压力、改变落后的交通格局，也可以加快县市经济社会发展，促进群众脱贫致富，让群众认识到丽攀高速项目的重要意义，促使当地各界将致富思变的愿望转化为支持高速公路建设的热情。通过广泛的思想发动和过细的思想工作，使沿线群众形成"不愿阻工"的共识，保障工程便道修建、机械设备进场和施工队进场施工。

第二，维护群众合法权益，夯实"不需阻工"的民意基础。只有站在群众利益的角度考虑，以民为本，让群众切实感受到征地拆迁的利益，阻工闹事才能从根本上得到遏制。征地拆迁款能否迅速到位，事关群众核心利益，是影响社会稳定的重要因素。应与政府主动衔接、积极沟通，保障当地群众得到及时足额的征地拆迁补偿款，感受到高速公路建设的实惠和政府及时兑现的诚意。根据具体情况，对高速公路经行的经济相对落后的镇、村及其困难群体，可以进行项目扶持及发动社会捐款救助等方式，筹集资金为困难群众解决大量实际问题。

第三，提高服务协调职能，构建"不能阻工"的防范机制。要强化各标段驻地部门履职尽责的意识，力求工作得力到位。防止推诿拖拉、工作疏漏造成环境矛盾。要强化主动化解阻工矛盾的意识，有效防止矛盾的扩大化。同时，加强与施工方的沟通协调，达成施工单位不随意向老百姓表态、相关矛盾由指挥部或丽攀公司综合部代为处理的共识，一旦施工方与当地群众发生冲突，要与政府一同主动介入，妥善处理，从而防止村民和施工单位因沟通不畅而引发矛盾纠纷。

第四，借助政府的力量，严惩违法违纪行为，使群众形成"不敢阻工"的心态。由于攀枝花市政府出资 4 亿元用于并负责征地拆迁补偿安置工作，政府在征地拆迁工作中的主动性将大大提高，主人翁意识也有相当程度的增强。借助政府的行政权力，严惩违纪违法行为，对恶意闹事阻工的事件，坚持动作快、处置严和追究深的原则，及时妥善地处理阻工事件，缓解路地矛盾，保证不延误供地进度和工程建设进度。

4. 社会效益目标

简单来说，高速公路建设项目的社会效益目标就是从社会发展的角度来确定高速公路建设及后期运营对高速公路沿线区域社会经济发展所产生的影响，衡量建设项目的社会价值与社会影响，应包括项目在社会经济、政治、文化艺术、教育卫生等各个社会生活领域的作用。社会效益具体目标的分解如图6-7所示。

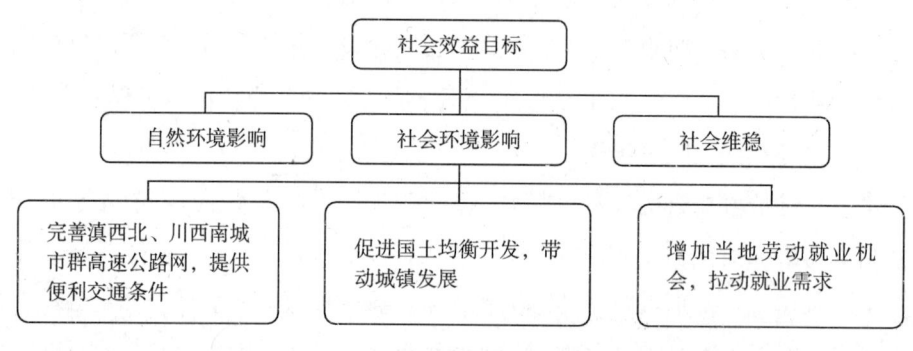

图6-7 社会效益目标分解图

第六章 基于丽攀模式的建设企业管理

（1）社会环境影响

1）完善滇西北、川西南城市群高速公路网，提供便利交通条件。丽攀高速项目是《四川省高速公路网规划（2008~2030年）》中第五条南北纵线（宜宾至攀枝花）525km中的末段，也是大香格里拉旅游环线川滇两省的公共通道。丽攀高速公路云南段，是云南高速公路网"三纵三横"中的"第一横"，丽攀高速公路全线通车后，将形成昆明—大理—丽江—攀枝花—昆明的旅游环线，形成滇西北、川西南城市群的高速公路网。这一交通条件的改善，直接惠及当地政府和人民，使当地人民直接使用收益、出行快速便捷，也使区域经济高速发展。

2）促进国土均衡开发，带动城镇发展。丽攀高速公路建成，完善了攀枝花市和丽江市的公路交通系统，促进了国土均衡开发，促成了沿线经济带形成，也促进了城镇的发展。便利的交通将使得公路沿线区域吸引更多的城市人口，加速了城市化进程，有利于卫星城镇的形成与发展。

3）增加当地劳动就业机会，拉动就业需求。高速公路项目是技术和人力密集型的建设行业，在建设期间，会增加大量的就业机会，拉动就业需求，特别是可以解决一部分周边地区的农村富余劳动力。丽攀高速公路的施工建设将增加沿线居民的就业机会，也将提高其收入水平，改善他们的生活质量。

（2）社会维稳

丽攀高速公路建设是攀枝花市经济社会发展中的一件大事，保证高速公路建设高效顺利进行，为高速公路施工建设保驾护航，是政府相关部门、建设企业和相关镇、区的一项重要职责，也是维护稳定的现实需要。随着丽攀高速公路建设进程的不断推进，政府、建设企业、施工单位及沿线居民之间一些深层次的矛盾和问题也逐渐凸显，尤其是农户的生产生活受到影响而产生的问题、沿线居民征地拆迁补偿和安置问题，以及由于涉农问题而触发的政企矛盾等社会维稳风险，都是丽攀公司需要重点防范和化解的。着力解决好涉农问题，最大限度地减少不和谐因素，对于推进高速公路建设、维护社会稳定具有十分重要的意义。

根据对丽攀高速公路各标段施工现场调研，发现高速公路建设中涉农及相关问题主要包括以下四种类型：

1) 农户的生产生活设施受到影响造成的涉农问题。主要体现在：一是农灌沟渠、人畜饮水水源遭到损坏，处理不及时而引起的纠纷；二是机耕道、人畜通道设置数量及规格达不到农户的要求而引发阻工、上访；三是施工爆破作业中，房屋等建筑设施是否受损、受损程度等认定结果意见不统一而引起纠纷；四是施工单位占沟还沟、占道还道，而当地政府对施工单位还原农户生产生活设施数量及规格要求更高而导致双方僵局，影响施工进程。

2) 施工过程中影响农户生产生活环境的涉农问题。主要体现在施工过程中噪声、环境污染、施工引发的地质灾害、施工影响农户用电等干扰了农民的正常生产生活而引起的纠纷。

3) 部分施工单位管理松散，施工不文明，与当地农民产生矛盾，引发阻工、上访现象。

4) 征地拆迁的遗留问题。这类问题包括征地拆迁红线位置争论、拆迁补偿标准不一致、施工期间费用补偿不统一，以及施工期间爆破损害、噪声和振动等环境污染。这些问题如没有妥善处理，村民可能会产生阻工、堵路、上访等过激行为。

丽攀高速公路开工建设以来，公路建设的安全、畅通和维稳工作成为相关各方所关注的焦点。随着工程建设的进行，迅速发展的遗留问题给丽攀公司带来较大的维稳压力，为达到社会维稳目标，应从以下三个方面入手：

1) 分析、识别并及时化解可能的社会维稳风险，从而为丽攀项目的实施保驾护航。对可能影响社会稳定的因素进行科学系统的预测、分析和评估，制定风险应对策略和预案，以有效地规避、预防、降低、控制和应对可能产生的威胁社会稳定的风险。

2) 正确处理好征地拆迁遗留问题。时间越长处理协调越困难，要重视遗留问题，建设企业在单位内部，要成立清理遗留问题工作机构，全面梳理存在的问题，以协商的态度主动与有关人员联系沟通，争取达成解决问题的共识。要利用好地方政府负责征地拆迁的相关部门建立的沟通机制，政企双方要建立协调联动机制，共同应对征地拆迁出现的各种困难和问题。政府方面，要主导征地拆迁工作，帮助路段公司尽快解决具体问题，协助路段公司与周边村民、住户建立良好的关系。

3）坚持以人为本，深入调查了解民众需求。企业要坚持以人为本，从居民的切身利益角度思考，主动调查了解周边村镇的情况，调查是否存在沿线噪声扰民、是否存在营运污染环境、是否存在村民出入不便、是否存在因沟渠设计不合理导致污水排泄不畅甚至倒灌等情况。通过摸清各种可能存在隐患苗头，真正关心公路建设对周边群众的影响，制定措施解决群众的实际困难。通过各种渠道大力宣传公路建设是惠民工程和民心工程，争取"睦邻友好"，让周边群众真正理解和支持高速公路的建设。通过上述措施为维护社会稳定和创造良好的施工环境打下坚实的基础。

（3）自然环境影响

丽攀高速公路对建设区内的自然环境将产生一定的影响。一方面，由于区域自然资源开发对区域交通环境具有明显的依赖性，高速公路的建设通车有利于资源的开发利用，包括对矿产资源、水产资源以及农产品等的开发和利用，交通是否便利对区域资源开发利用具有很大的影响，具体表现在矿产资源的可持续发展，水产资源的多种类生产，农产品的区域化、规模化、集约化、专业化生产。而另一方面，高速公路又会对沿线的自然生态环境产生不小的影响，包括对沿线的森林植被、野生动物生活圈、农田生态平衡和环境保护等方面的威胁。

高速公路建设应充分发挥对建设区自然环境的正面影响，促进高速公路辐射区域的矿产资源、水产资源和农产品的开发利用。同时，更要注意控制高速公路征地拆迁、施工建设及通车运营对自然生态环境的负面影响。在进行高速公路勘察设计时，应合理选择公路选线与施工，使其与自然景观相协调，避免损害自然景观和历史遗迹的科学、文化价值，损坏自然保护区的完整性，降低景观质量，造成景观分割，破坏景观的结构和稳定性，影响旅游资源的开发。

第二节 丽攀模式下的企业组织设计

高速公路建设项目管理不仅仅是经济、工程上的问题，更应该是一个管理学上的问题，包括建设企业建立什么样的管理机制来管理，设立哪些部门来有效完成工作，在完成工作当中各部门需要怎么分配权责，怎样让部门之间制衡、监督才能不出现违法违规现象等问题，这都需要对建设管理企业的组织结构进行研究。

一、组织结构设计原则

丽攀公司组织结构设计主要遵循了以下三个方面的要求：一是有利于各利益相关方的合作；二是加强内部权力制衡，控制建设资金的使用；三是保证工程建设的顺利实施。

1. 目标一致

丽攀公司是川高公司投资组建的项目公司，行政体制上隶属于川高公司，因此在目标的制定上与总公司保持高度的一致。丽攀公司在进行公司组织结构设计时，既要考虑到总公司的利益需求，也要兼顾公司自身的利益，这样才能取得双赢的局面。

2. 权责利的平衡

公司内部各个部门之间应该合理分配权利、责任和利益。任何一个部门或者部门之间发生了权利和责任的不对等，往往容易引发纷争。因此，必须通过合同条款、规则制度等文件对各部门的职责形成文字内容，按章办事，做到权责利的平衡。

3. 组织之间的制衡

丽攀公司各个部门之间必须建立严格的制衡机制，某一个部门的权力过大，容易滋生腐败问题。丽攀公司的经验表明，应建立决策部门、执行部门与监督部门三个重要部门，形成权力平衡，相互制衡的稳定局面。要保持监督部门的独立性，在监督和审计过程中具有充分的权力对可疑环节提出质疑，保障工程的廉洁性。

二、丽攀公司的组织结构

川高公司与攀枝花市人民政府于2009年11月3日签订《丽攀高速公路投资协议》，随后川高公司批准成立四川丽攀高速公路有限责任公司。丽攀公司现设有办公室、财务部、工程部、技术部、综合部、安全部六个职能部门。要使诸如丽攀高速公路这类大型复杂工程项目高效运行，需要决策提高效率，建立垂直等级较少的组织结构来进行建设管理。直线职能制虽然管理费用低，命令统一，决策迅速，责任明确，维护纪律和秩序比较容易，但横向联系差，缺乏弹性，不利于公路建设各项目段中不同职能的协作。根据丽攀高速项目的特点以及川高公司以往建设实践的探索，丽攀公司建立了跨职能部门的矩阵结构，在不同的建设标段由相关部门按职能共同参与，力图做到条块结合，协调各单位的活动，保证任务的完成。这种组织结构形式将企业的横向与纵向关系相结合，有利于协作生产，且人员配置有利于发挥个体优势，集众家之长，提高建设效率和项目完成的质量。各职能部门人员的不定期组合还有利于信息交流，增加互相学习机会，提高专业管理水平。丽攀公司的整体组织结构如图6-8所示。

丽攀公司各部门的主要职责如下：

1. 工程部

负责项目工程进度计划的编写、调整，审批承办人施工进度计划，必要时对其调整；负责项目工程的进度控制、质量控制和安全管理，编制进度、质量、安全管理规章制度、管理办法；对设计变更的工程量进行复核。

2. 办公室

协助组织协调机关工作，兼管党总支的日常事务；负责综合性会议组织、档案管理、保密、文电处理及信访工作；负责办理员工招聘、调动、审查、录用、分配及任免、考核、辞退工作；负责员工劳动工资、社保统筹、住房公积金等的计算、提取、协助财务上缴等工作。

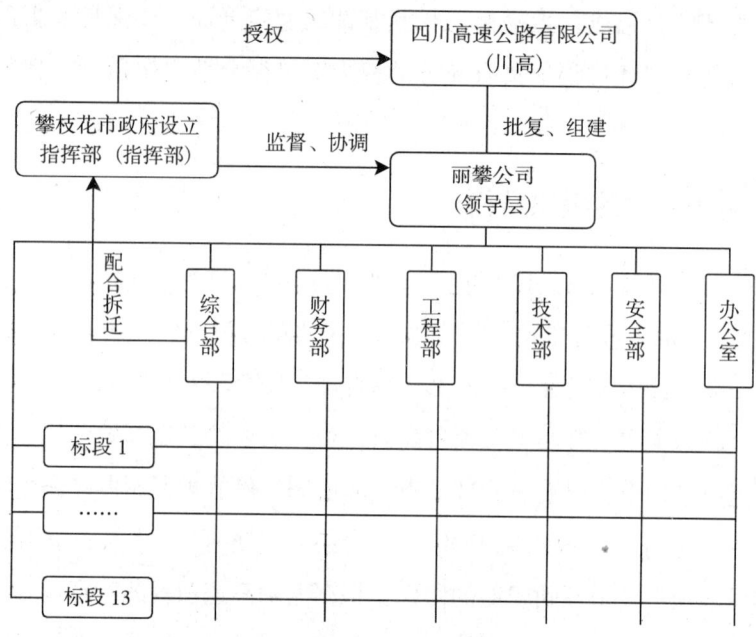

图 6-8 丽攀公司整体组织结构图

3. 财务部

严格执行国家金融政策，遵守结算纪律，严密手续，认真负责，保证资金安全；编制年度及各季度财务预算、费用预算；负责资金的安排调度，认真审查支付报告，严格支付原则；负责工程款支付管理工作，及时上报资金的运行及结存情况；建立合同台账，定期进行合同执行情况报告。做好资金使用监督工作，配合专项审计，确保工程建设资金使用的真实、合法和效益。

4. 技术部

协助设计单位做技术经济分析、方案比选，对各阶段设计进行控制和管理；负责工程变更设计的组织和管理工作；参与工程进度、安全、质量的检查和管理。

5. 综合部

负责征地拆迁的日常工作，跟踪落实征地的用地申报情况；草拟征地拆迁承包合同初稿，配合领导洽谈征地拆迁承办合同；负责核实征地拆迁数量和费用，洽谈相关合同并监督合同执行情况，做好征地拆迁费的结算工作。

第六章 基于丽攀模式的建设企业管理

6. 安全部

负责工程建设环境保护、建设水土保持工作的监督、检查；负责工程安全评估的管理和组织验收；负责组织安全事故的调查、处理；负责工程安全合同、安全档案管理。

相较于其他行业企业常见的职能式组织结构，丽攀公司的矩阵式组织结构减少了工作层次与决策环节，最大限度地体现了项目管理组织柔性的特点，使职责与权限、纵向联系和横向联系很好地结合，加强了部门与部门之间、部门与项目之间、项目与项目之间的配合交流，保证了项目实施的进度，提高了工作效率和反应速度，又有利于发扬民主，集中决策点，在时间和绩效方面能获得有效平衡。这种组织模式通过分标段设立项目组来平衡各项目的目标，协调各职能部门的工作，实现项目目标的可见性，避免资源重置。在组建项目组时，项目经理从六个职能部门抽调项目成员，在项目建设中严格按项目管理的方法执行和考核，确保每个标段的目标得以实现。项目团队受各职能部门经理和项目部门经理的双重领导，职能经理注重对项目效率的评估，而项目经理则注重对项目效果的最终获得，在各标段项目结束后项目成员回到各自所在的职能部门。矩阵式组织结构能促进各部门、各层经理的合作与协调，在保持专业分工的同时加强联系和沟通，克服了横向联系差、缺乏弹性的缺点。

三、丽攀公司内部运行机制

在一个企业组织内部，决策部门、执行部门与监督部门三权制衡的运行机制可以帮助企业在各部门之间形成权责明确、相互制约、协调运转的联系。丽攀公司结合高速公路建设项目的特点，通过建立内部权力机构和规范的岗位责任，保证了公司内部管理的健康运行，从而使得项目在该制度下保质完工。

本书根据丽攀公司的实践，提出了基于运作高效、质量卓越、安全生产的丽攀模式的企业组织内部决策、执行及监督机制（如图6-9所示），以期提高项目业主的管理水平，为高速公路建设及工程质量管理提供组织内部运行机制上的保障。

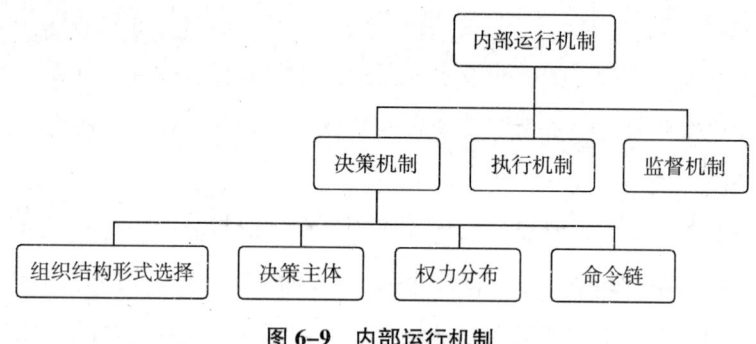

图6-9 内部运行机制

1. 决策机制

决策是企业的内部过程行为和群体行为。决策机制是指决策所涉及的各要素的相互关系及其运行的规律性。本书重点从选择组织结构形式、决策主体、权力分布和命令链四个方面进行设计。

(1) 组织结构形式选择

丽攀公司作为高速公路建设企业，存在着经营产品的单一性及产品市场的集中性的特点。行业性质决定了企业决策效率必须高，不宜选择过于复杂的组织结构形式，需要建立垂直等级的结构。这种跨职能部门的矩阵结构加强了企业内部的专业化分工与协作，使企业内部各职能部门各司其职，适应市场变化与竞争的需要，同时在降低成本、提高效益方面成效显著。

(2) 决策主体

丽攀公司的最高决策权在于董事会和总经理层面。总经理的岗位职责是负责企业的建设经营管理和行政管理工作，完成好上级领导交给的各项工作任务，制定公司的发展战略。无论是总经理还是各职能部门的负责人，都要保证决策的科学性、正确性，把个人利益与集体利益区分开来，保证公司利益的最大化。

(3) 权力分布

矩阵制的组织结构形式，决定了权力分布相对集中，即集中在丽攀公司最高管理层。但丽攀公司的组织决策设计也应考虑权力的制衡监督因素，因此总经理层下设定专门负责工程变更方案决策的部门（即决策委员会和战略发展部），同时建立规范的制度保证决策部门可提供决策方案，这样就避免了集权带来的机会主义。

(4) 命令链

丽攀公司矩阵制的组织结构框架清晰地规定了命令链的走向与长度，也反映了组织中正式的报告反馈关系。直线职能制组织结构中，命令链的长度可能长于反馈链的长度，因为总经理下达的有关生产经营的指令，其成效可能会反馈到董事会及其成员处。

2. 执行机制

执行部门就是贯彻决策部门的战略意图，完成工程的预定目标。一个项目的执行力是企业的战略、规划转化为效益、成果的关键。正确的决策只有得到完全而彻底有效的执行才能够取得最佳的效果。执行强调的应该是执行的专业化、执行层级的规范性和执行手段。在高速项目工程变更中，执行部门可以按决策部门提出的决策方案根据实际情况去施工现场核实。

相对于决策而言，执行部门更需要专业的技术，协调工作难度大，涉及面广，因而可以建立起一套规范科学的执行实施管理办法，应坚持"安全第一、预防为主、综合治理"的方针和"标本兼治、重在治本"的原则，提高整体的执行合力，把工程的安全质量管理工作落到实处。

3. 监督机制

丽攀公司作为一个管理机构，通过建立有效的监督机制来防止部分管理人员的违法违规行为、不合理的工程变更、工程成本的超支等问题，让管理更加健全、高效。建设一支灵活、专业的质量监管队伍是提高执行力的决定因素。在一般的三权格局之中，监督权相对较弱，因此，如果项目业主的管理要产生良好的效益，那就必须建立完善的监督机制控制项目成本，杜绝恶意工程的变更。没有监督会导致权力滥用，没有责任追究的监督工作会导致工作效能的弱化。

监督工作要明确责任，更要确立一种严格追究责任的理念。制订内部责任追究办法，明确规定追究什么责任、追究谁的责任、谁来追究、如何追究等内容，使责任追究制能真正落实到直接部门、直接负责人。只有将责任追究落到实处才能使监督更加有效，才能彰显制度的权威。高速项目业主监督部门按照"谁审批、谁负责"的原则，切实做到有权必有责、用权受监督、违法要追究。

通过上述对公司权力部门的制衡理论的分析，丽攀公司在现有六个职能部门的基础上，重点以工程部、技术部、综合部这三个主要的平行部门，直接对公司总经理负责，在一定程度上体现了"三权分立"的原则。公司在分配各部门的权责时考虑到权力的制衡和监督，任一项管理不能完全由一个部门负责，而是让多个部门参与，共同把关，这样才能有效避免由于某部门的一权独大而造成各部门之间的冲突，或者由于监督不力和管理的漏洞滋生的违法违规问题。制衡理论更有效地发挥了监督机制，可以避免因一些部门的不正当行为而引发的公司的财产流失，也能有效地提高成本管理与控制。

此外，高速公路项目的内部管理特别需要三权即决策权、执行权、监督权的分离，并建立制度保证各个部门能够严格按照各自的岗位职责，各司其职，这样就避免了相对集中的决策权由于缺少制衡，而产生的"滥用"和"越权"现象。

第三节 丽攀模式下的企业管理制度

为了使丽攀模式更好地运行和改进，项目业主需建立适当的管理制度，组织和控制各项建设管理工作。在不同模式的高速公路建设中，工程施工管理相对独立，且技术成熟，不属于本书研究的范畴。本部分主要在分析我国高速公路建设行业现状和趋势的基础上，结合对丽攀公司的调查研究，根据丽攀模式中各参与主体错综复杂的关系，提出以路地协调管理、人事管理、财务管理、招标管理、合同管理为核心的管理制度，使项目业主的建设管理工作更好地服务于丽攀模式。

一、路地协调管理制度

参与高速公路建设管理的有项目业主、地方政府、施工承包单位、监理单位等。而作为丽攀高速项目管理核心的丽攀公司为保障良好的施工环境，与高速公路沿线地方政府、有关单位（包括高建办、各杆管线产权单位等）进行的协调工作，尤其是在征地拆迁、保障施工环境和防止或处置阻工等方面的协调工作更是丽攀模式的核心，也是高速公路建设管理的重点难点。

丽攀模式下的路地协调管理制度研究框架如图 6-10 所示。

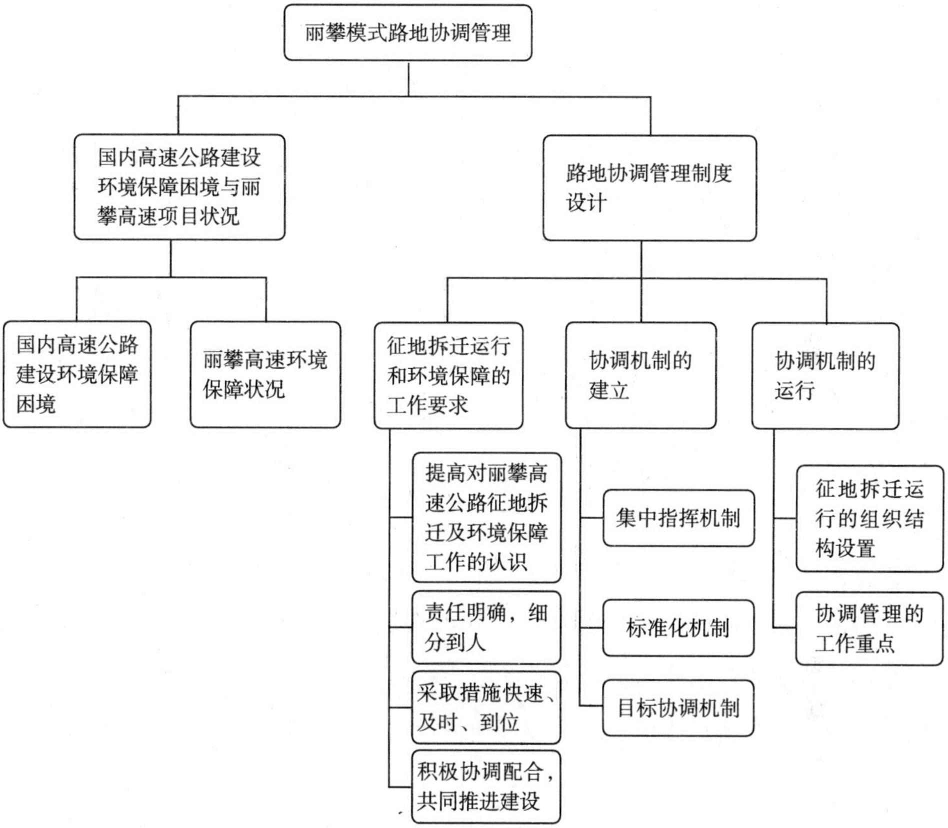

图 6-10 丽攀模式下的路地协调管理制度

1. 国内高速公路建设困境及丽攀项目状况

（1）国内高速公路建设环境保障困境

国内高速公路建设的环境保障存在着征地难、拆迁难、协调难、干扰因素多等诸多难以攻克的问题。

第一，征地难。由于在高速公路建设的土地征用方面没有统一的补偿标准，《土地法》对建设用地补偿费、安置补助费的标准虽然划定了界限范围，但弹性比较大，容易致使公路沿线各市、县、乡和企事业单位、个人提出的补偿标准相差悬殊，难以执行，个别单位和个人甚至漫天要价。一般说来，城郊征地比农村征地难，高等级公路征地比县乡路网改造征地难，部分群众为了达到提高征地标准的目的，采取各种手段阻挠施工队伍进场或施工，甚至征地阻力也会来自当地政府部门和企事业单位，这更进一步加大了征地难度。

第二，拆迁难。拆迁难最主要的问题来自于电力、通信、水利、厂矿、部队等单位和部门。在拆迁过程中，这些单位和部门执行的是行业自行制定的补偿标准，往往数额巨大，难以在短期内达成协议，严重影响建设工期。高速公路沿线个别钉子户以各种借口提高补偿安置要求，条件难以满足，也成为阻碍施工建设的重要因素。

第三，协调难。协调难首先表现为地方政府的协调力度不够。虽然高速公路建设能拉动当地经济增长、提高农民收入，但地方政府往往是被动接受公路建设的事实，路地协调工作并未纳入各级政府年度考核指标范围，征地费用的多寡和征地周期的长短与地方财政没有直接关系，因而有些地方政府对公路建设的环境保障重视不够，对需要协调解决的问题采取推诿拖延的态度。其次表现为征迁机构的责任不落实。高速公路沿线的各级政府一般都成立了由主管领导挂名的征地拆迁指挥部，负责协调建设各方的关系和出现的问题，保障公路建设环境。但由于征地拆迁机构责任落实方面没有硬措施，履行职责时往往依赖于领导个人和对公路建设的认识、决定于建设单位与征地拆迁机构关系的好坏，甚至还有部分征地拆迁机构遇好处就热心参与，遇困难就推托，甚至避而不见。再次表现为地方各职能部门执行行业规章时缺乏协调与配合。土地部门、环保部门、电力、通信、水利部门各有各的规章，施工单位与这些部门打交道也没有统一标准，协调难度很大，这必然会影响到工程进度和质量。

第四，干扰多。高速公路施工现场被沿线群众聚众围堵、破坏正常施工秩序的现象比较普遍。由于群众阻工，与施工队伍发生矛盾，甚至发生武力冲突，严重影响了社会稳定。

（2）丽攀高速环境保障状况

丽攀高速项目穿越攀枝花市主城区，工程艰巨，全线桥隧比达63%（已开工合同段桥隧比达71.76%），工程造价每公里达1.07亿元，建筑物密布，征地拆迁异常艰巨，表现为"三多三难"。一是与工矿企业干扰多，厂矿和杆管线拆迁难。

第六章 基于丽攀模式的建设企业管理

线路三跨金沙江,四跨铁路,拆迁四座煤矿,杆管线拆迁涉及10kV以上电力铁塔17座,新建48座,平均拆迁电力、通信杆线15根/公里和3114米/公里。二是与居民区干扰多,房屋拆迁安置难。拆迁房屋24户/公里,拆迁房屋面积4403平方米/公里。三是人地矛盾多,人员安置难。安置农转非人员23人/公里,其中,东区瓜子坪互通立交区人均土地仅0.1亩,每征一亩地就需要安置农转非人员10人。

尽管受到上述现实条件的限制,丽攀高速公路征地拆迁工作总体上还是取得了较好的成绩。丽攀高速项目全线共13个合同段,其中C3至C13合同段先行建设,于2010年6月预开工,当年12月即已全部交付已征土地2442.6435亩,已清表2395.1497亩,占总面积的98.1%。房屋拆迁调查核定总户数1109户,已签协议1082户,占调查总户数的97.57%,已拆除的602户占调查总户数的54.28%;调查核定总面积199326平方米,已拆迁面积共161959平方米,占81.3%。杆管线拆迁方面,沿线应拆迁电力铁塔25座,已拆1座;应拆除电力、通信杆655根,已拆除351根,占应拆总数的53.59%;管线调查数为150778米,已拆除67121米,占应拆44.5%。施工环境方面,发生阻工51次,全部解决。由于丽攀高速项目出现了路地双方在征地拆迁费用上的争议,2012年上半年征地拆迁工作基本停滞,后在部分达成协议的情况下,截至2012年底,已全部交付已征土地3873.5056亩,已清表达100%。房屋拆迁调查核定总户数1386户,调查核定总面积244092平方米,已拆迁数量达100%。杆管线拆迁方面,沿线应拆迁电力铁塔18座,已拆18座,应建49座,已建49座;应拆除电力、通信杆450根,已拆除450根;管线调查数为175359米,已拆除166819米,占应拆95.1%。施工环境方面,发生阻工90次,已全部解决。通过丽攀高速项目建设第一年和最近一年的征地拆迁数据可以看到,丽攀模式总体上是卓有成效的。

通过丽攀模式的实践发现,路地协调需要重点关注的地方主要体现在以下方面:房屋拆迁进度受过渡房源集中解决困难等因素制约,需要重点解决房源过渡问题,才能推进房屋拆迁进度;部分村民要求提高征地拆迁补偿标准,影响施工中的临时用地手续办理进程;某些标段(如丽攀高速C3标斗地梁断道)的施工作业与当地村民正常生产生活的矛盾日益突出,阻工情况时有发生;杆管线、厂矿拆迁协调难度大，阻碍供地进度，有短暂停工现象。部分产权单位，如电信、电力、移动、联通等，对杆管线的拆迁补偿预期过大，拆迁进度缓慢，是拆迁难的重中之重，这需要业主单位协调地方政府、加强各级高建办的沟通，加大杆管线拆迁用地协调力度，做好各产权单位的工作，使他们进一步提高认识，支持高速公路的建设，确保杆管线拆迁的顺利进行，按时完成拆迁任务，及时提供用地，确保高速公路建设工程的正常施工需要。

2. 路地协调管理制度设计

丽攀高速项目是四川省市共建重点交通基础设施项目，2009年11月3日攀枝花市与川高公司签署BOT投资协议，由攀枝花市政府出资4亿元用于并负责征地拆迁补偿安置，川高公司负责丽攀高速的工程建设，从而形成丽攀路地共建模式。该模式明确了公路沿线四个区是丽攀高速项目征地拆迁补偿安置工作的责任主体、工作主体和实施主体；丽攀公司应配合当地政府做好高速公路建设的环境保障工作，同时在征地拆迁安置方面与政府工作同步衔接、协调，保证供地程序，及时为工程施工提供建设用地和临时用地，保障施工顺利进行。

（1）路地协调的工作要求

丽攀公司的综合部主要负责与地方政府相关部门沟通，协调配合政府部门做好征地拆迁、补偿安置，以及丽攀高速公路的施工环境保障工作，其工作要求主要包括以下四个方面：

第一，认识到位，提高对丽攀高速征地拆迁及环境保障工作的认识。综合部要提高认识，统一行动，及时协助施工单位解决工程建设过程中遇到的困难和问题，向广大群众宣传建设的重要性和必要性。在涉及土地征用补偿和农民阻挡施工的问题上，积极与政府协商解决，确保工程进度。

第二，责任明确，细分到人。就征地拆迁安置和环境保障工作方面，丽攀公司内部部门要划清职责权限，层层落实责任，事事细分到人，形成良好的运行秩序。综合部是征地拆迁和环境保障工作的主要协调部门，也是重点牵头部门；同时，综合部的工作也需要公司内部工程部和安全部的配合帮助，才能保证各项工作顺利进行。

第三，采取措施快速、及时、到位。在切实维护群众合法利益的同时，对无

第六章 基于丽攀模式的建设企业管理

理阻工闹事、强买强卖等现象要坚决配合政府予以打击。遇见困难和问题应快速行动，提高效率，有效化解出现的各种矛盾和问题，确保和谐稳定大局。

第四，积极协调、配合，共同推进建设。综合部要代表丽攀公司和攀枝花市政府有关部门及时沟通，做好协调工作；加强与当地群众的沟通联系，防止和化解阻工；积极与杆管线和厂矿产权所有人沟通，敦促其尽快拆迁；也要与施工单位交涉，监督其文明施工，避免与村民发生武力冲突。总之要与各方畅通联系渠道，共同推进项目建设，确保丽攀高速公路按期高质量、高标准地建成通车。

（2）协调机制的建立

协调机制根据体系的构成和协调方式的不同，主要有集中指挥机制、标准化机制、目标协调机制三种。集中指挥机制是指依靠体系中上层领导和权威的直接集中指挥和指令达到系统的有效协调，主要用于职能部门内部或对同一个上级负责的不同部门之间的协调。标准化机制是指通过在体系中建立相互协调的规范和标准来达到系统的有效协调，主要用于各参建单位之间以合同为依据的协作关系的协调。目标协调机制是指以项目进度总体目标为基准，协调各参建单位的利益冲突，调动所有员工的积极性，共同努力去实现工程建设进度目标的过程。这是对体系较高层次的要求，随着合作伙伴式管理模式的推广，各参建方之间可以通过共同目标的驱动达到协调的目标。

在征地拆迁和环境保障工作中，丽攀公司不仅需要与地方政府、施工单位等各方协调配合，还要做好内部各部门的协调，才能使路地合作高效有序进行。协调机制包括系统的内部协调，即项目业主、承包人和监理之间的协调，也包括系统的外部协调，即与政府部门、金融组织、社会团体、服务单位、新闻媒体以及周边群众等的协调。协调机制的内容包括人际关系的协调、组织关系的协调、供求关系的协调、配合关系的协调和约束关系的协调。

（3）协调机制的运行

丽攀高速项目按照"项目业主投资建设、攀枝花市政府出资征地拆迁安置"的新模式进行。为确保项目顺利高效进行，需要地方政府成立由有关部门负责同志组成的高建办，负责重大问题协调和决策。在征地拆迁工作中，由各区政府征地拆迁一、二、三处具体负责征地拆迁安置和环境保障，丽攀公司负责协调配合政府完成这些工作，具体主要由公司综合部负责，工程部和安全部协调综合部完成两项大任务。综合部下设协调工作组、征地拆迁实施组和调查评估组。协调工作组负责贯彻落实相关土地法律法规，做好项目征地拆迁、移民安置和地方协调工作，负责地方关系协调，协助地方政府调解纠纷、化解矛盾，保障良好的施工环境，做好环境保障工作；评估组负责项目土地、林业、矿产、地质灾害、文物保护、水土保持、环境评估等报批及办理相关手续，督促落实相关评估意见；征地拆迁实施组下设合同协议小组和征地拆迁队伍，负责协调组织当地征迁办做好土地征用、覆着物征迁和移民安置工作，同时还要协调施工单位办理临时用地征用、采矿许可、爆破许可、爆破方案审查、用水用电等相关手续。丽攀模式征地拆迁和环境保障的协调组织设置如图6-11所示。

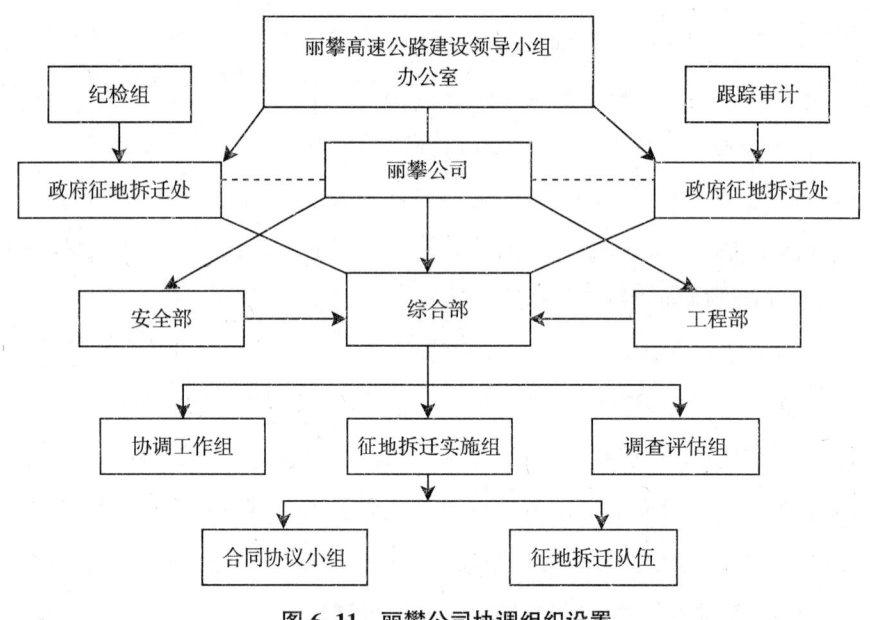

图6-11　丽攀公司协调组织设置

项目业主的协调管理需要兼顾各方利益，加强协商配合，坚持依法办事，为工程建设营造良好的施工环境。

第一，与地方政府协调。项目业主自身要与地方政府经常性地沟通配合，妥善处理好与地方群众的关系，同时还要督促施工单位加强与地方政府的沟通，施工过程中加强沿线地方公路、水利设施、生态环境的保护，搞好工程建设中的群众生产生活设施建设，按时履行承诺。确定工作重点，树立时间、任务、责任观念，施工建设用地和临时用地要求要提前与政府做好沟通，以使政府根据供地需要的重点和时间安排，有计划、有重点、分阶段地开展征地拆迁安置工作，保障供地进度。在做好协调配合工作的同时，项目业主还要注意加强对政府征地拆迁和安置工作的具体行为，对其资金使用情况进行监督，做到心中有数，控制征地拆迁安置费用。注意协调监督政府在征地拆迁、安置工作中对当地群众的征地拆迁补偿款及时足额支付，保障供地进度，确保施工队伍顺利进场施工。

第二，解决好与群众的关系。在丽攀高速项目的建设中，部分施工标段仍存在纠纷不断、难以施工等亟待解决的突出问题。丽攀公司各区各部门要围绕突出问题、难点问题和遗留问题，坚持原则，制定切实可行的工作方案，进一步明确责任，强化措施，认真加以解决。在具体工作中，要正确处理好整体和局部的关系，在解决问题时要讲究原则，把握分寸，分清形势，区别行事；要认真做好当地群众的思想工作，加强法制宣传，引导群众依法办事，坚决配合政府杜绝各类影响、阻挠施工的现象发生。

第三，主动与被拆迁产权单位协商。涉及有关企事业单位的拆迁，项目业主要主动与地方政府高建办、连同相关部门跟产权单位协商、现场确定，综合部协调工作组要积极配合，认真履行协调职能，加快处理遗留问题和搞好杆管线等特殊拆迁物的迁移，力争尽快全面完成各项征地拆迁工作。

第四，引导监督施工单位文明施工。项目业主要引导、监督施工单位坚持文明施工，路地双方共同营造和谐的建设环境，千方百计保安全、保质量、保工期，确保高速公路建设顺利进行。对施工单位要严把工程质量控制关，增强质量意识提高工作标准，工程要注重安全性和耐久性，功能质量要体现以人为本、使用方便的理念，外观要与沿线环境生态景观相协调，努力将丽攀高速公路建成国优工程和品牌工程；引导施工单位要处理好新建与维护的关系，在加快工程建设的同时，加强对沿线公路、水利等基础设施的保护，尽量减少对环境的破坏。

二、人力资源管理制度

企业最重要的生产要素是人力资源，当今世界各企业的竞争从根本上说都是人力资源综合素质的竞争。对于丽攀公司而言，如何有效地配置人力资源，建立路地共建模式下的人才培养机制，如何更好地营造有利于人才成长的环境、优化人力资源结构，为企业取得长足发展，是其人力资源管理制度建立的关键所在。

1. 人力资源管理的含义

现代企业人力资源管理的对象是企业拥有的人力资源。人力资源管理是对人力资源的取得、开发、保持和利用等方面进行计划、组织、指挥、协调和控制的活动。人力资源管理关心的是"人的问题"，其核心是认识人性、尊重人性，强调现代人力资源管理要"以人为本"。人力资源管理以人为中心，主要关心人本身、人与人的关系、人与工作的关系、人与事的配合、人与环境的关系、人与组织的关系等，充分挖掘人力资源的潜力，提高企业的生产效率，从而实现企业的目标愿景。现代人力资源管理就是一个人力资源的获取、整合、保持激励、控制调整及开发的过程。

人力资源管理包括对数量和质量的管理。对人力资源的数量管理，是根据企业人力物力的变化，对企业内人才进行适时培训，提高现有人力资源素质，使人力物力保持最佳比例和有机组合。同时进行人力资源规划，制定必要的措施和人才需求计划，从而确保在需要的时候和需要的岗位上获得需要的人才。对人力资源质量的管理包括采用科学的方法对人的思想、心理、行为等进行有效管理，充分发挥人才的主观能动性。

2. 人力资源管理制度现状分析

（1）国内高速公路企业人力资源管理制度现状

我国高速公路的迅猛发展迫使高速公路的管理水平不断提升。目前，我国大型高速公路基本实现了高速公路专业公司管理的新模式。大多数高速公路实行"一路一公司"，取代了以往高速公路建成后重新组建运营管理公司的模式。组建新的运营管理公司需要投入大量资金、管理队伍和人员设备等，重复的建设会造成资源浪费，高速公路整个资源未得到有效配置。而专业的管理公司，采用现代化企业管理制度，对管理资源进行合理整合，在人力资源规划、员工招聘录用、职工培训管理、薪酬管理、员工激励等方面大胆革新，一定程度上解决了高速公路机构设置重叠臃肿、人员过剩、管理成本高以及管理水平低下的弊端。新的专业化高速公路公司有管理机构精简、管理人员精干、管理组织灵活等特点。

由于高速公路专业化管理是面向客户提供专业的管理服务，专业化服务、附属设备设施及相关场地和周围环境的科学管理的高要求都对高速公路公司形成了挑战。目前，我国高速公路公司对所辖高速公路的管理水平、服务质量、道路维护等方面的工作有待进一步提高。这要求企业实现现代化管理，建立科学合理的人事管理制度，提高整体服务人员的综合素质，建立系统科学的人员培养机制。

（2）丽攀公司人力资源管理制度分析

丽攀公司内部设置办公室、财务部、技术部、工程部、综合部和安全部六个部门。公司对各个部门的工作职责进行了较详细的规定，对办公室领导工作做了初步规定，还制定了工作职责，并对如打字员、档案员、文秘等岗位工作职责做了细化。同时公司制定了会议制度及议事规则。这些基本的规章制度对于现有在岗员工有很好的指导、监督作用，利于引导员工按照规章制度做好本职工作，尽职尽责，从而有利于工作的开展。

但是调研发现，公司没有设置专门的人力资源管理部，而是由办公室员工兼职管理招聘考核工作。现有的制度仅仅是针对现有员工岗位职责的引导监督，对内部人员未来职业发展规划工作做得不到位，且现有制度只是一些零散的制度，没有形成选拔、培养及提升人才的人才培养计划和人力资源管理体系，这不利于公司人力资源管理，不利于形成一个科学良好的人才梯度和敦实的人才储备队伍。

3. 丽攀模式的人力资源管理制度

科学健全的人事管理制度要能够保证组织对人力资源的需求得到最大限度的满足；能够最大限度地开发企业内外的人力资源，促进公司的组织发展；能够维护和激励组织内部的人力资源，挖掘现有人力资源的潜力。丽攀模式的人事管理制度旨在使企业的人力资源管理科学化、正规化、现代化，使人力资源的配置利于丽攀模式的运行，促进企业整体管理水平的提高，实现企业组织目标。人力资源管理制度主要包括人力资源规划管理制度、员工招聘录用管理制度、培训管理制度、薪酬管理制度、考勤管理制度、员工激励管理制度、员工福利管理制度、人力资源调整制度等（如图 6-12 所示）。

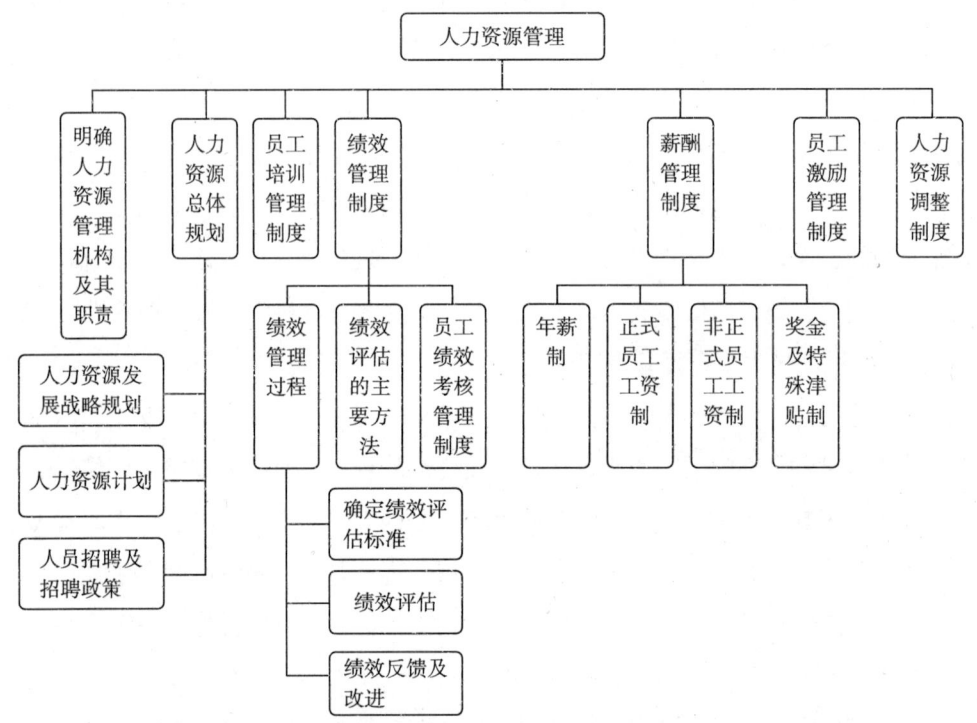

图 6-12　路地共建模式的人力资源管理制度

（1）明确管理机构及其职责

企业人力资源管理和开发部门，对人力资源管理负首要责任。项目业主应根据高速公路建设和运营需要设立人力资源部或由专人负责人力资源管理工作，其职责主要包括：根据企业需要研究制定企业人力资源战略规划、人力资源发展计划；设计、推行并监督改进人事管理制度及流程；致力于企业人力资源的开发利用，最大限度挖掘企业内外人力资源潜力；制定企业招聘录用制度；管理企业劳动用工合同、员工人事档案；负责员工人事变动的管理工作；制定员工教育培训计划、制度及程序；制定员工薪酬福利计划制度和政策；制定人事考核制度，对人员进行绩效考核；创造良好的人才成长提升环境，建立良好、稳定的劳动用工关系，促进企业与员工的共同发展。

(2) 人力资源总体规划

人力资源总体规划就是根据业主单位内外环境的变化，根据企业人力资源状况，对未来的人力资源供求状况做出预测，制定人力资源管理的总目标、总政策，以及对实施步骤的安排，从而对人力资源进行调整、配置和补充，保证在需要的岗位上得到需要的人才。人力资源总体规划主要有战略上和策略上的规划，包括人力资源发展战略规划、人力资源计划、人员招聘及招聘政策等。

丽攀公司的人力资源发展战略规划旨在丽攀模式的框架下，提高企业组织的应变能力。随着企业外部环境的变化，如高速公路行业动态变化、政策调整、高速公路生产技术突破及生产程序变化等，应对组织人力资源总体规划进行调整。全面定义人力资源规划的总原则和总方针，具体阐述公司的组织结构、职务设置，明确各部门、相关人员的职责。

丽攀公司的人力资源计划关注于为公司的生产经营活动预先准备人才，为公司管理活动提供有效指导。人力资源计划包括人员的晋升、配备、培训、职业发展、工资和奖金等方面。人力资源计划通过核查现有人力资源，预测未来人力资源需求，预测人员供给数量，最后确定人员数量并执行计划形成公司近期和中长期人力供求平衡计划，制定人员配置规划。人员配置规划阐述了企业每个职务的人员数量、人员的职务变动、职务的空缺数量等。人力资源供给计划要确定外部招聘、内部选聘的方式、人员流动政策等。

为了更深入地了解丽攀公司的人力资源管理现状，本书通过丽攀公司的企业诊断调查问卷，对公司现有部门人员分布、员工学历和年龄进行详细了解，以便对现有的人力资源制度作出改进。

从图6-13可以看到，公司内部人员岗位分布较均匀，大体相当，每个部门人数占总体人数的15%~26.9%。公司的人力资源规划不是一成不变的；相反，应该根据政策变化、技术要求改变和项目工程建设需求的变化而相应地及时修改人力资源规划，总体上确定各部门人数分布及各部门组织的职责要求，以使新的人力资源规划适应公司的发展。

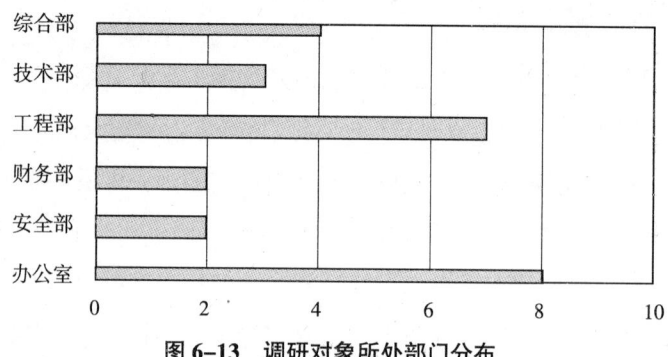

图 6-13　调研对象所处部门分布

图 6-14 显示丽攀公司在职员工呈现"高学历化"的现象。公司员工的学历分布主要集中在本科学历，占调研总人数的 61.5%，主要人员都维持在大专以上的文凭，低于大专文凭的只有 1 名。"高学历"现象很大程度上是由于"丽攀高速"属国有高速公路建设公司，技术含量高、工程施工难度大，对人才技术水平和专业能力要求高等原因。这说明丽攀公司重视人才的技术水平和专业能力，进入门槛高。因此，丽攀公司制定人力资源计划时，应予以相应的薪酬奖励和员工职业发展规划，只有这样才能留住高技术人才。

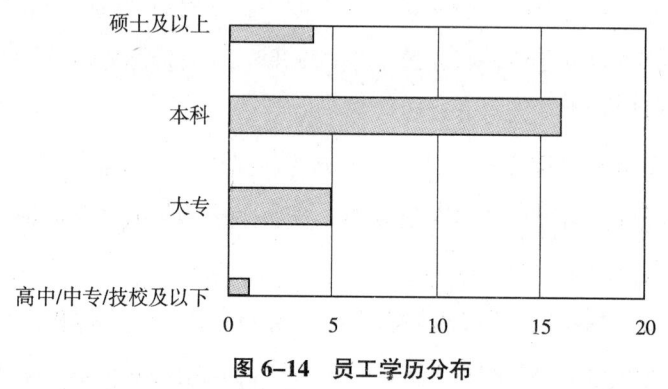

图 6-14　员工学历分布

图 6-15 显示丽攀公司在职员工呈现"年轻化"的现象。公司员工年龄主要集中在 26~35 岁，占总人数的 53.8%。36~45 岁的有 26.9%。这可能与丽攀公司 2009 年刚成立，成立时间较短，公司本身"年轻"有关。因此，丽攀公司在以后的人力资源管理时，可招纳部分有丰富工作经验者，以便传授给年轻员工相关的经验和技能。

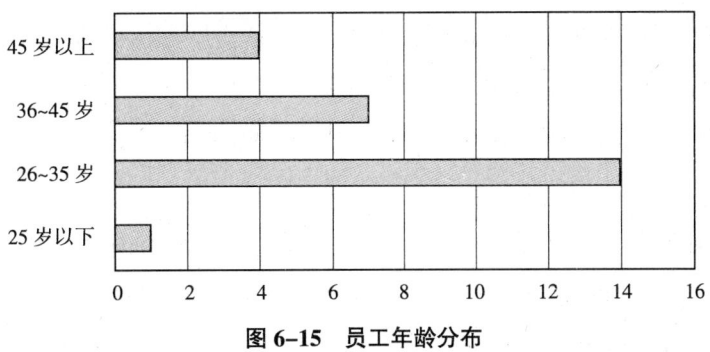

图 6-15　员工年龄分布

丽攀公司从事高速公路项目投资建设、公路及公路设施的经营、管理及养护、配套房屋的租赁、工程咨询、汽车服务等业务。人力资源规划需要考虑这一特色，为各项工作准备合适的人才。人员招聘工作首先要根据丽攀公司实际情况确定招聘需求。人员招聘可以采取校园招聘和社会招聘相结合的方式，较基层的工作以校园招聘为主，而对工作经验要求高和技术要求高的工作则以社会招聘为主。具体招聘政策可考虑签订 3~5 年的劳动合同，试用期为三个月到半年；试用期间适用试用期待遇，转正后适用转正待遇，其中包括基本工资、住房补贴和"五险一金"；合同期内解除合同的一方赔偿另一方违约金 3000~5000 元。

(3) 员工培训管理制度

人力资源教育培训的目的是为企业培养合适的人才，包括岗前培训、进入公司教育、继续跟踪教育和综合管理人员培训。企业需要制定公司员工培训计划，确定每期培训要达到的目标，选择恰当的培训形式、教学方式、培训时间、培训周期、培训对象、培训经费等。岗前培训针对新入职人员施行，对新入职员工进行公司经营方针、经营理念、公司背景、公司各部门组织结构职责等教育培训，使新员工尽快熟悉公司情况和进入正式工作状态；在职教育培训针对企业内员工施行，每年定期对公司内部员工进行专业基础知识、职业技能等进行培训，提升员工的技能和专业水平，帮助员工完成职业生涯规划；综合培训教育管理包括高层管理人员、中层管理人员、基层管理人员培训，针对不同管理层次的人员采用不同的有针对性、有目的的培训，有利于人才梯度的形成和保持。

员工岗前、岗中在职培训是对员工培训教育分步骤、分时段、分内容、有针对性地培训。同时，人力资源的教育培训也要依据业主单位员工的个人素质和岗位而设定不同的培训方案。在对丽攀公司的调研问卷中发现，丽攀公司员工存在"年轻化"和"高学历化"的倾向。相关的人力资源教育培训要在丽攀公司"年轻化"和"高学历化"的基础上做出改进。由于大部分公司员工为高学历者，相应的人力资源教育培训的内容难度可以提高。同时，由于大部分公司员工年纪较轻，某些工作经验有待增强，可以由川高公司的经验丰富工作者传授相关的知识或技术。从而从整体上以最短的时间提高丽攀公司的人员技能水平。

（4）绩效管理制度

绩效管理是所有企业人力资源管理的核心部分，丽攀公司也不例外。一方面它通过科学的程序和方式对员工一定时间内的工作行为、工作业绩进行评定分析；另一方面又将员工绩效评价结果与预期绩效目标对比，找出差距，帮助员工改进绩效并确定下期的绩效目标。[①]

绩效管理包括三个过程：确定绩效评估标准、绩效评估、绩效反馈及改进，如图6-16所示。

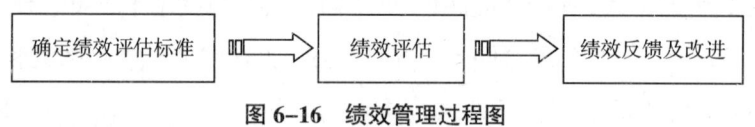

图6-16　绩效管理过程图

绩效评估标准是对业主单位员工绩效和质量进行监测的标准，是企业员工被期望达到的水平。绩效评估标准从性质上分为客观标准和主观标准。客观标准如产量、出勤率、出事率等。主观标准包括绝对标准和相对标准，绝对标准是用固定标准衡量员工绩效，相对标准是通过员工间绩效相比较来评定员工工作绩效的好坏。

绩效评估是根据绩效评估标准，运用各种方法对业主单位员工工作绩效进行考核和记录，并将记录与绩效评估标准进行对照、分析和评价。绩效评估要定期实行，一般一年两次或三次。丽攀公司对各部门每月的重点工作和重要文件的办理情况实行清单化管理，严格执行督查督办制，并及时上墙张榜公示，为领导决

---

① 林平凡. 现代企业管理——构建新的竞争优势 [M]. 北京：中国社会科学出版社，2007：275.

策和年终考核提供参考。

绩效评估结束后,应将绩效评估结果反馈给企业员工个人。进行绩效反馈时注意方法、时间、技巧,既做到反馈信息,又要避免发生不必要的不愉快情况。绩效改进是指在评估结束后要采取一系列的措施改进下属的工作绩效,帮助员工在现有工作基础上进行改进和发展。

科学的绩效评估方法有较高的客观性和较强的针对性,要根据实际情况选择绩效评估方法。绩效评估方法一般主要包括图尺度评价法、关键事件法、交替排序法、强制比例法、行为锚定评价法、360度考核法等。

员工绩效考核是以职能、职务等级制度为基础,对员工成绩、工作能力、工作积极性进行合理评价,其目的是积极利用调动、晋升、调配、特殊报酬和教育培训等人事管理手段,提高员工的素质、能力和工作热情。绩效考核的目的具体可分为如表6-1所示的四类。

表6-1 绩效考核目的及内容表

绩效考核目的	内容
确定晋升资格	注重能力,全面综合考核晋升候选人,判定其晋升资格
核查提薪资格	观察分析职务担当情况,推测其成果和能力提高,判定提薪资格
核查奖励资格	据一定期间的工作成果,排除偶然因素,判定获一次奖励的资格
能力开发调动调配	据能力方面的特长、性格、素质经历和特殊技能,进行岗位和职务调动,以利于员工能力发挥和成长

不同目的的绩效考核,有利于针对员工具体情况,因地制宜且多样化地考核、激励员工,调动员工积极性和促进员工成长。

(5)薪酬管理制度

薪酬是对企业员工劳动价值的肯定,也是对员工的人文关怀与尊重。合理的薪酬管理制度不仅对于员工的肯定、激励和保持员工的稳定性十分重要,而且对增强企业内员工凝聚力,促进企业与员工的关系和谐至关重要。薪酬管理是企业分配给员工直接和间接的货币激励及非货币激励的过程。[①] 直接的经济性报酬主

---

① 林平凡. 现代企业管理——构建新的竞争优势 [M]. 北京:中国社会科学出版社,2007:284.

要包括：基础工资、绩效工资、岗位工资、奖金、股权、红利和津贴等；间接的经济性报酬包括员工获得的各种福利（如保险、优惠、服务、带薪休假等）。而非货币激励则是工作本身、工作环境等带给员工的心理效应。

工资制度的原则是按劳分配、各尽所能，结合高速公路公司的生产、经营、管理特点建立规范合理的工资分配制度。综合考虑员工岗位责任、劳动绩效、劳动态度、劳动技能等指标，并考虑其他因素核定员工工资。具体制度安排包括年薪制、正式员工工资制、非正式员工工资制和奖金及特殊津贴制等。

公司董事长、总经理适用年薪制的工资模式，董事、副总经理是否适用，由董事会决定。公司经营者与业绩挂钩，其工资与经营利润成正比，即：

年薪=基薪+提成薪水（经营利润×提成比例）

除此之外，年薪制要综合考虑资产增幅程度、技术进步、工程质量、环保、安全等指标，综合评价经营者的业绩。

正式员工工资制适用公司所有有正式劳动合同的员工。工资模式采用结构工资制，即：

工资=基础工资+岗位工资+工龄工资+奖金+津贴

非正式员工工资制适用于未正式签订劳动合同的临时工、离退休返聘人员等。工资模式采用简单等级工资制。公司人力资源部同公司财务部、行政部协同对非正式员工的工作业绩进行综合评价，以确定非正式员工工资标准。

企业定期（一般每月一次）对各部门的绩效进行评核，确定效率奖金、年终奖金、个人奖励、团体奖励等的标准和水平。对于一些特殊岗位的员工适用特殊津贴、伙食津贴、独生子女补贴、保健津贴、伙食津贴、住宿津贴等与其他员工一致。

(6) 员工激励管理制度

激励不仅包括物质激励，还应包括精神激励。员工激励管理制度的确定和规范有利于激发员工的工作积极性和工作热情，鼓励员工积极提出有利于生产、建设、管理的建议，鼓励员工大胆发明创造，鼓励员工做好岗位工作争做模范员工，激励员工积极参与公司管理。员工激励管理制度是增进员工工作满足心理，发挥员工的潜能，提升员工工作水平和自身素质，提高员工工作效率和工作质量，鼓舞员工士气，从而促进公司更好发展的重要举措之一，有利于公司对员工的培养、管理、保持、提升，促进了丽攀公司员工培养机制的形成和完善。

在实际工作和生活中，丽攀公司拥有活力和谐、健康向上的丽攀文化，精神文明建设成果显著，涌现了一批先进集体和先进个人。丽攀公司获川高公司2011年度劳动竞赛先进集体，陈青等获劳动竞赛先进个人称号，工会财务获省交通运输工会2011年度先进集体和先进个人称号。丽攀公司还积极筹建了职工之家、党员活动室、团员活动室等活动阵地，为职工营造了温馨家园，丰富了职工的文化生活，搭建了职工交流、学习的平台。

（7）人力资源调整制度

人力资源管理制度要确定公司人力资源规划期内的人力资源政策及政策调整的原因、调整步骤和调整范围；确定人员招聘管理、劳动合同管理、员工档案管理、员工晋升和干部任命制度、员工变动管理等方面的人力资源管理政策。在具体实施情况中，丽攀公司制定了《丽攀公司中层干部管理办法（试行）》和《丽攀公司中层干部管理竞聘实施细则》，开展了中层干部竞聘上岗工作，实现了"能者上、庸者下、闲者让"的良性用人选人机制，对部分人员岗位进行了调整和优化，实现了人才资源的合理配置，为人才脱颖而出优化了环境。

为了激发企业活力，增强企业竞争力，提高人才的全能性，作为培养人才的必要措施，丽攀公司内部还进行了必要的职务轮岗制度。该制度既便于人尽其才，又便于保证员工的合理流动，还能保证公司利益不受损害。当员工不适合当前工作岗位或可能有更适当的工作岗位时，可由公司员工申请，也可由公司行政部和人力资源部协定调整员工岗位安排或调离员工，以确保公司员工在合适的岗位就职、公司岗位有合适的人员胜任。

对于公司员工存在1年内多次记过、连续旷工、工作疏忽、延误要务或徇私舞弊、挪用公款、收受贿赂款等情节严重者可给予辞退[①]。对于离职员工，企业要做好离职手续办理，工作移交、事务移交、档案移交等工作，确保公司正常运转。

---

① 韩明，包庆华. 人力资源管理职务说明与管理制度范本 [M]. 北京：中国纺织出版社，2007：344-345.

三、财务管理制度

财务管理是高速公路项目业主经济管理的核心,也是被实践证明行之有效的管理系统。实现高速公路财务管理的规范化和制度化有利于调动高速公路业主单位广大职工的积极性,有利于强化高速公路项目业主的内部管理,提高项目业主的经济效益。因此,丽攀模式下建立健全良好的财务管理制度对于丽攀公司的生存发展具有极其重要的意义,财务管理制度研究框架如图6-17所示。

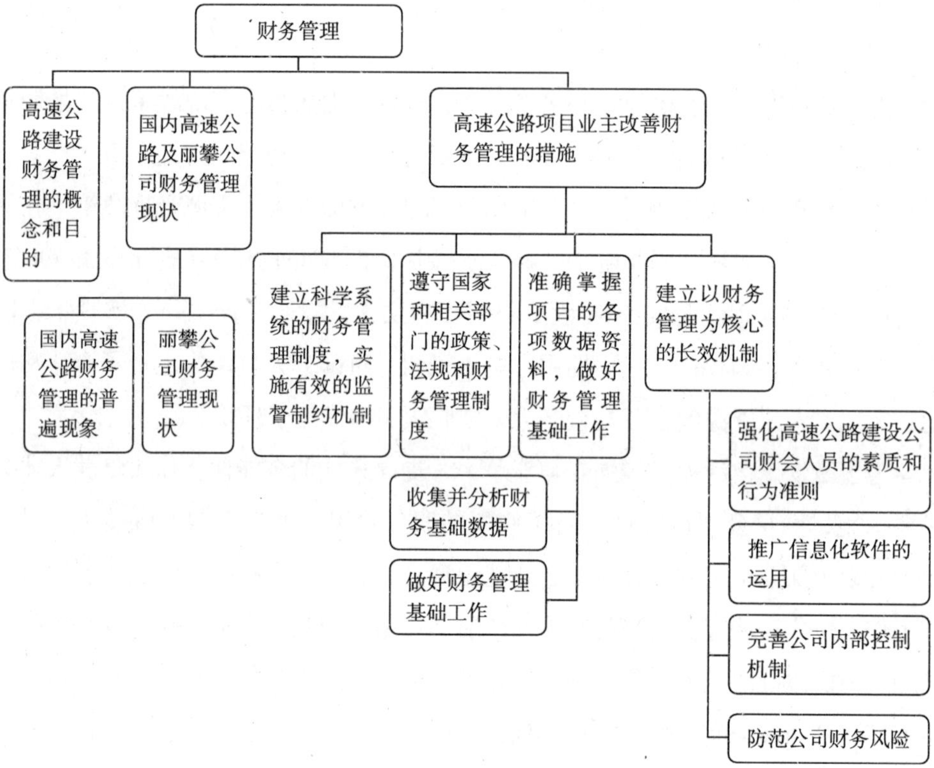

图 6-17 财务管理制度

1. 高速公路建设财务管理的概念和目的

财务管理是企业组织的财务活动,是处理财务关系的一项经济管理工作。高速公路的财务管理是为了适应我国高速公路建设、运营、管理的需要,规范公司财务行为,加强高速公路建设管理的财务管理和经济核算而产生的。对高速公路建设进行财务管理,实现其财务管理的科学化、规范化、制度化,将建设资金进行合理分配和有效管理,确保财务安全有效运行,从而确保建设工程及时交付使用并投入运营,尽快产生经济效益。

丽攀公司需要切实抓好建设资金预算、控制、监督及核算工作,严格执行计量支付程序、资金三方监管协议等,建立健全财务管理制度,保证工程建设资金安全合理地使用,其财务管理的基本任务和方法是:做好各项财务收支的计划、控制、核算、分析和考核工作,依法合理筹集资金,有效利用公司各项资产,努力提高经济效益。公司应建立健全财务管理制度,完善内部经济责任制,严格执行国家规定的各项财务开支范围和标准,如实反映企业财务状况和经营成果,依法计算缴纳国家税收,并接受主管财政机关的检查监督,保证投资者权益不受侵犯。①

2. 国内高速公路及丽攀公司财务管理现状

我国大型高速公路建设管理基本实现了"一路一公司"模式,高速公路项目业主大多采用现代企业形式,但项目业主的财务管理仍然存在许多问题。

(1) 国内高速公路财务管理的普遍现象

第一,高速公路项目业主缺乏有效的监督制约机制,财务控制存在漏洞,财务管理制度实施不力是高速公路项目业主财务管理中普遍存在的弊端;第二,我国高速公路建设公司财务管理的法制尚不健全,随着经济的快速发展和高速公路建设的迅猛推进,现行1997年颁布的《高速公路公司财务管理办法》已经滞后于现代高速公路公司财务管理,目前高速公路项目业主的领导越来越重视企业的财务管理,将其视为企业的一项重要的管理活动,但也不乏一些业主单位领导逾越法律界限,违法乱纪,造成高速公路建设公司发生巨大损失;第三,部分高速公路建设公司财务收支管理混乱,既无成本费用控制办法,又无用款审批权限规定,有的高速公路建设公司甚至出现负责人私设"小金库"、账外设账、以权谋私,公司会计工作秩序混乱,会计数据不正确、不完整,会计核算严重失实,财务报表被歪曲,会计工作缺乏独立性、权威性等情况,会计控制的应有作用未能

---

① 财政部、交通部1997年7月1日颁布实施的《高速公路公司财务管理办法》。

很好发挥。①

(2) 丽攀公司财务管理现状

丽攀公司财务部由财务经理、会计、出纳、审计人员组成，履行以下职能：认真贯彻执行国家有关财务管理制度和税收制度；建立健全财务管理的各种规章制度，编制财务计划，加强经营核算，反映、分析财务计划的执行情况，检查监督财务纪律的执行情况；厉行节约，合理使用资金，合理分配公司收入，及时完成需要上缴的税收及管理费用；及时掌握相关法律法规的变化，有效规范财务工作，及时提供财务报表和相关资料。

丽攀公司的财务管理基础工作完成较好，对资金的专项监管及预算等方面抓得严。建立了施工单位资金使用台账，对手续不齐、不符合要求的资金支付坚决不予办理。公司为确保建设资金专款专用，坚持以合同为依据、以资金管理为主线，抓好建设资金预算、控制、监督及核算，签订资金三方监管协议，对从业单位建设资金进行动态监管。

但是，由于高速公路建设存在建设工期长、建设难度大、工程质量重要、项目工程安全管理要求高、工程易拖延等难题，使得高速公路公司的财务管理也变得困难起来。简单的财务管理制度已经不能适应大型项目稳定、安全和高效运行的要求，现存的财务管理制度存在缺乏有效的监督制约机制、财务管理制度实施不力等问题，需要建立和完善科学有效可行的财务管理制度。

3. 高速公路项目业主改善财务管理的措施

(1) 建立科学系统的财务管理制度，实施有效的监督制约机制

高速公路项目业主应改变财务控制不力，缺乏有效的监督制约机制的现状。加强财务管理，规范公司日常财务行为，建立科学系统的财务管理制度，使公司财务部及其财务工作人员有章可循，又便于公司其他部门和员工对财务部工作进行有效的监督。

(2) 遵守国家和相关部门的政策、法规和财务管理制度

项目业主应熟悉掌握国家和相关部门对高速公路建设公司的政策法规，在法

---

① 张俊红，耿玉环. 高速公路建设财务管理浅析 [J]. 山西财税，2006 (8)：31-32.

律允许的范围内进行公司的财务管理活动和高速公路的建设管理工作。要严格执行财务管理制度，特别是严格执行建设资金的审批制度，保证资金的专款专用。

（3）准确掌握项目的各项数据资料，做好财务管理基础工作

首先，收集并分析财务基础数据。财务基础数据是经济分析的基础和重要依据，不仅可以为财务部进行财务分析提供必要的财务数据，而且会对经济性分析结果、投融资决策等活动产生重要甚至是决定性影响。因此，财务部应收集本建设项目相关的计划任务书、可行性研究报告、初步设计、预算资料、工程量清单、设备清单、主要材料购置等技术经济材料，并对所有资料进行分析研究。

其次，做好财务管理基础工作。做好财务管理基础工作，包括加强原始凭证管理，做到制度化、规范化，依据审核无误的原始凭证编制记账凭证；健全会计核算，按照国家统一会计制度的规定和会计业务的需要设置会计账簿，会计核算应以实际发生的经济业务为依据，按规定的处理方法进行，保证口径一致；做好会计审核工作，经办财会人员应认真审核每项业务的合法性、真实性、手续完整性和资料的准确性；定期对会计账簿记录有关数字与库存实物、货币资金、有价证券、往来单位或个人等进行相互核对，保证账证相符、账实相符、账表相符；建立会计档案，包括对会计凭证、会计账簿、会计报表和其他会计资料都应建立档案，妥善保管，按《会计档案管理办法》的规定进行保管和销毁。

（4）建立以财务管理为核心的长效机制

财务管理要规范化、制度化，需要建立以财务管理为核心的长效机制。

第一，强化高速公路建设公司财会人员的素质和行为准则。这首先要加强会计人员的职业教育，不断提高会计从业人员的素质，形成会计职业道德的自律机制；其次要根据激励与约束的原则，充分发挥会计人员的能动性，激励会计人员自觉遵守会计制度，并有制止和揭露违规行为的职业责任心，从而强化对会计人员的业务操作的过程控制；最后要转变高速公路建设公司会计内部控制与管理的理念，变对会计人员业务操作过程的事后监督为事先预警，真正使会计内部控制机制得以有效运行。

第二，推广信息化软件的运用。信息化软件在高速公路公司的推广运用，可以更加完善高速公路公司的财务数据，提高会计核算的准确性和完整性，提高高

速公路公司的工作效率。同时，通过软件运用统一财务信息系统，促进会计信息电算化，简化报表编制过程，便于信息传递，加快了信息披露的进度。

第三，完善公司内部控制机制。完善和积极推行高速公路公司内部会计控制制度，使各项工作有章可循，督促监测会计人员遵守财务管理制度，规范业务操作。加强企业的财务控制，重点抓收支两条线。严格按照《现金管理条例》的规定做好收支控制，严格"统收统支，收支两条线"管理及"专款专用"、"专户存储"管理。保证资金安全，做到开源节流，实现利润的最大化。

第四，防范公司财务风险。高速公路项目业主在投资建设、收费经营的过程中，都存在着财务风险。企业应根据所处行业的特殊性，预先做好风险防范工作，采取风险控制措施。

项目业主要根据自身特点，分析资金使用方情况，制定完整的《资金使用制度》。具体措施包括加大对承包商的资金使用监管，特别规定专款专用，承包商必须到公司指定的银行开户，资金的收入将通过指定的账户进行。通过指定的账户，项目业主可以定期了解承包商各个标段资金余额，搞清楚资金的来龙去脉。实施资产审计制度，聘请专业的会计师事务所对项目进行审计，审查公司资产负债情况、股东权益变动情况和现金流情况。

项目业主还要强化运营成本管理。财务部门每年制定一套完善的预算方案，并严格制定，密切监控预算的执行情况，及时对预算运行的差异进行调整。适时对预算方案进行动态调整，使预算方案既能符合公司实际情况，又能有效顺利地进行。

四、招标管理制度

1. 基本概念

高速公路建设涉及的招投标项目数量多、金额大，包括设计单位招投标、监理单位招投标、施工单位招投标等。招标是指发包方根据已经确定的需求，提出招标项目的条件，向潜在的承包商发出投标邀请的行为。投标是指投标人接到招标通知后，根据招标通知填写招标文件，并将其送交招标方（或招标代理机构）的行为。高速公路建设项目的招标是由项目业主作为招标人发布招标公告或投标

第六章 基于丽攀模式的建设企业管理

邀请书等方式将委托的工作内容和要求告知有兴趣参与竞争的投标人,让他们按规定条件提出项目实施方案、实施计划和价格,然后通过评审比较,选出信誉可靠、技术能力强、管理水平高、报价合理的中标人(如设计单位、监理单位、施工单位、供货单位)。

2. 国内高速公路及丽攀公司招标管理现状

(1)国内高速公路招标管理现状

随着我国经济建设的快速发展,高速公路项目招标制度也随之逐步建立并完善。我国 2000 年施行招标投标法,2012 年施行招标投标法实施条例,各个省市级地方政府也相应制订了相关的管理办法,初步建立了招标制度。这样通过招投标引入竞争机制,防止垄断和地方保护主义现象,保护建设市场,减少建设市场的行政干预,规范业主行为,一定程度上为国家和企业的基础设施投资节省了大量资金,既保护了当事人的合法权益,又实现了资源的合理配置。通过贯彻公平、公正、公开的原则,保护公平竞争,国家的社会利益和公开利益得到了保护。

虽然我国招投标管理体系已经基本建立,并对我国公路建设的招投标市场产生了重要的影响,但是我国高速公路建设的招标管理制度依然存在许多问题。具体而言,主要包括以下问题:

首先,投标企业资质的管理不严,招标项目审批的监管不力。当前某些地方并未完全履行招标的相关法律规定,特别是在对施工企业的资质审核上面走形式,对不具备投标资质的二级法人也允许参加招投标,从而使一些虚报资质等级的企业中标。而一些有资质的施工企业,只负责出资质,任人挂靠,从中收取管理费。这些现象严重违背了招标活动中的平等、公正原则,损害了合格合法的投标企业的利益。这是当前我国公路工程招标模式的一大漏洞,直接影响了公路工程施工的质量。另外,我国招标投标法规定,一定规模以下的财政性投资建设项目可以不实行招标。但是对此缺乏一个统一的标准和规范,导致在部分地区存在严重的违规操作现象。为满足地方利益,违规审批甚至规避招标,任意肢解工程,不仅不能有效控制工程质量及造价,而且违反了相关法律法规程序,同时还使得腐败现象滋生。

其次，项目招投标不规范，投资者的风险难以控制。投资高速公路项目所需资金量极大，且投资回报周期很长，因此无论是政府还是投资人对项目转让的可行性评估都应当高度重视。但目前我国的公路特许经营项目投资人只能从建设阶段开始参与，而对项目的规划设计过程均无法参与。而一些地方政府为了追求政绩，急于引资，对项目设计过于粗糙，导致一些项目招标失败，或者即使能够转让，项目的建设与营运实际操作也非常困难。

最后，招标市场不规范。为维护当地自身利益，有的地方政府没有让公路项目工程进入到市场的招投标环节，或是政府出于对地方的保护，将项目承包给当地的施工企业。这些行为不符合现行招投标规范的标准，更打乱了招投标的秩序，造成了高速公路投标市场的混乱。另外，建设单位对于总承包施工单位的选择没有按照标准程序严格执行，缺乏对分包项目管理的严密性，从而造成没有达到总、分包的明确划分，致使出现了层层包的现象，给公路工程质量工期和造价造成恶劣影响。

（2）丽攀公司招标管理现状

丽攀项目初始阶段，攀枝花市政府作为招标人，向社会公开召集项目建设公司，并进行询价协商，最终与川高公司签订投资协议，所有程序是在完全公开的情况下进行的。在项目立项和招标过程中，地方政府都拥有对该项目的控制权。丽攀高速公路项目已列入四川省高速公路网规划，按照基本建设程序，在"公开、公平、公正、诚实信用"等市场竞争准则的前提下，对项目的勘察设计、施工、监理、重要设备和材料采购都必须进行招标，确保招标工作公开、公平、公正，招标方式采用公开招标。

丽攀公司除建立纪检监察处对内部工作人员进行监督外，还接受国家有关行政监督部门及社会依法对招标投标活动实施的监督。保证了招标程序的公开透明、公平公正。

招标涉及高速公路建设项目的全过程，直接影响到项目投资者的成败，作为业主单位的丽攀公司应该规范招标管理，通过招标引进竞争机制，建立和完善招标管理制度，确保工程质量，缩短建设工期，降低工程造价，提高投资效益。

3. 丽攀公司招标管理制度设计

招标工作是工程建设成功与否的基础。在招标过程中要做到公开、公平、公正，对选择优秀的项目施工承包人，规范高速公路建设工程的招标管理，建立和完善公司招标管理制度意义深远。丽攀公司招标管理制度设计框架如图6-18所示。

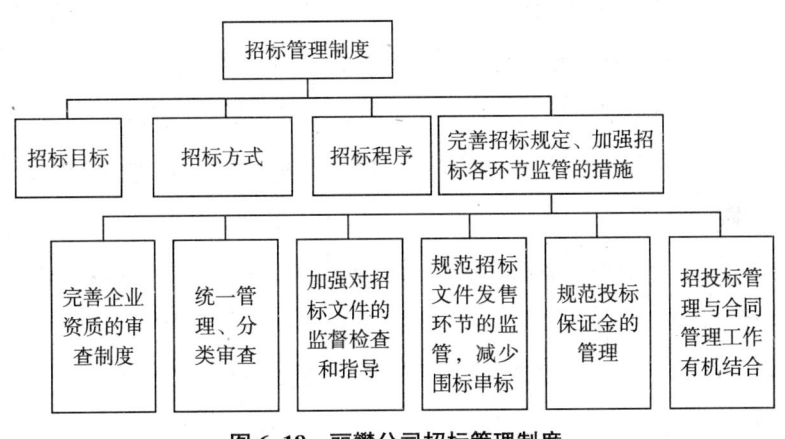

图6-18 丽攀公司招标管理制度

（1）招标目标

丽攀高速公路建设招标根据国家相关法规和基本建设程序进行，通过招标引入竞争机制，打破区域、行业界限，能有效地防止垄断和地区、部门的保护主义，真正实现"公开、公平、公正、诚实和信用"的市场竞争原则。选择造价和工期合理、社会信誉高的合格承包人，对保证项目质量、降低工程造价、实现工程进度目标等都有着重要的作用和意义。为使丽攀高速公路交通工程实现公司经济效益、管理效益、进度控制和社会效益四方面的目标，做好工程的质量、进度和投资控制，丽攀项目建设根据国家基本建设相关法规，实行国内公开招标。

（2）招标方式

依照招标投标法的规定，大型基础设施、公用事业等关系社会公共利益、公共安全的项目；全部或者部分使用国有资金投资或者国家融资的项目；使用国际组织或者外国政府贷款、援助资金的项目必须进行招标。根据我国的招标投标法，招标分为公开招标和邀请招标。而通常国际上有关法律和规则都规定有公开招标、邀请招标、议标三种方式。

公开招标是指招标人通过公开发布招标信息（面向国际或国内），广泛吸引符合条件的企业进行竞标，招标人从中选出合格中标人的招标方式，这是最完整、最规范和最典型的招标方式。招标人一般通过报刊、广播或电视等公共传播媒介发布招标公告吸引潜在投标人参与投标竞争，从中择优确定中标单位。

邀请招标，也称有限竞争性招标或选择性招标。是指招标人不公开发布招标信息，而向预先选择的若干家具备相应资质、符合招标条件的法人或组织发出投标邀请书，邀请其参与竞标，招标人从被邀请对象中选出合格中标人的招标方式。

议标，也称谈判招标或限制性招标，即通过谈判来确定中标者，属非竞争性招标。议标是指招标人通过与特定企业进行谈判确定中标者进而达成采购协议的一种招标方式。我国的招标投标法中，虽然明确的招标方式只包括公开招标和邀请招标，但同时又指出，对于不适宜进行招标的项目，按照国家有关规定可以不进行招标，其操作方式同国际惯例中的议标相似，在对招标方式的划分上，我国和国际惯例实际是保持一致的。

丽攀高速公路在招标前，首先通过四川省发改委评审，而后由地方政府进行项目招标，只有符合投标人资格的公司才能参与投标。丽攀高速公路项目采用公开招标，依照法定程序，两次向全国招标，最终与川高公司签订投资协议。招标时，对投标人的资格做了详细要求，做到最大限度内选择投标商，增强竞争性，有利于将工程项目交给可靠的中标人实施并取得有竞争性的报价，同时也可以在较大程度上避免招标活动中的贿标行为。

（3）招标程序

对高速公路建设而言，不同的招标项目虽有着不同的范围和内容，但项目招投标的基本流程都有着一个共同的一般程序（如图6-19所示），实际可划分为三个阶段，即招标准备阶段、招标投标阶段、评标定标签订合同阶段。

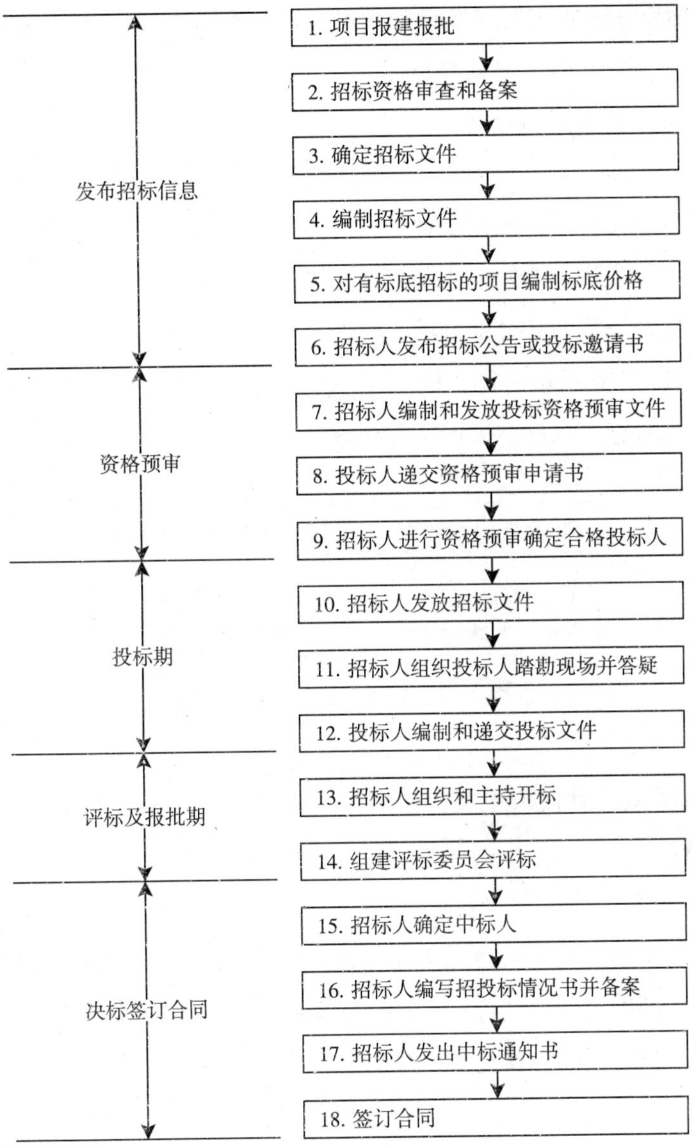

第六章 基于丽攀模式的建设企业管理

```
                    ┌─────────────────────────────┐
                    │ 1. 项目报建报批              │
                    └─────────────┬───────────────┘
                                  ↓
                    ┌─────────────────────────────┐
                    │ 2. 招标资格审查和备案        │
                    └─────────────┬───────────────┘
                                  ↓
                    ┌─────────────────────────────┐
发布招标信息        │ 3. 确定招标文件              │
                    └─────────────┬───────────────┘
                                  ↓
                    ┌─────────────────────────────┐
                    │ 4. 编制招标文件              │
                    └─────────────┬───────────────┘
                                  ↓
                    ┌─────────────────────────────┐
                    │ 5. 对有标底招标的项目编制标底价格 │
                    └─────────────┬───────────────┘
                                  ↓
                    ┌─────────────────────────────┐
                    │ 6. 招标人发布招标公告或投标邀请书 │
                    └─────────────┬───────────────┘
                                  ↓
                    ┌─────────────────────────────┐
                    │ 7. 招标人编制和发放投标资格预审文件 │
资格预审            └─────────────┬───────────────┘
                                  ↓
                    ┌─────────────────────────────┐
                    │ 8. 投标人递交资格预审申请书  │
                    └─────────────┬───────────────┘
                                  ↓
                    ┌─────────────────────────────┐
                    │ 9. 招标人进行资格预审确定合格投标人 │
                    └─────────────┬───────────────┘
                                  ↓
                    ┌─────────────────────────────┐
                    │ 10. 招标人发放招标文件       │
投标期              └─────────────┬───────────────┘
                                  ↓
                    ┌─────────────────────────────┐
                    │ 11. 招标人组织投标人踏勘现场并答疑 │
                    └─────────────┬───────────────┘
                                  ↓
                    ┌─────────────────────────────┐
                    │ 12. 投标人编制和递交投标文件 │
                    └─────────────┬───────────────┘
                                  ↓
                    ┌─────────────────────────────┐
                    │ 13. 招标人组织和主持开标     │
评标及报批期        └─────────────┬───────────────┘
                                  ↓
                    ┌─────────────────────────────┐
                    │ 14. 组建评标委员会评标       │
                    └─────────────┬───────────────┘
                                  ↓
                    ┌─────────────────────────────┐
                    │ 15. 招标人确定中标人         │
                    └─────────────┬───────────────┘
                                  ↓
                    ┌─────────────────────────────┐
                    │ 16. 招标人编写招投标情况书并备案 │
决标签订合同        └─────────────┬───────────────┘
                                  ↓
                    ┌─────────────────────────────┐
                    │ 17. 招标人发出中标通知书     │
                    └─────────────┬───────────────┘
                                  ↓
                    ┌─────────────────────────────┐
                    │ 18. 签订合同                 │
                    └─────────────────────────────┘
```

图 6-19 高速公路建设项目招标程序

1)招标准备阶段需要确定招标组织机构;准备拟招标项目进行招标应该具备的条件,报有关部门审查;确定项目招标方式,确定合同类型和合同段的划分;编制招标文件,并将招标文件报送上级主管部门审定;编制标底,报上级主管部门审核;发布招标公告或投标邀请书。

2) 招标投标阶段主要发放资格预审文件、审查确定合格的投标人名单；发放招标文件，组织现场考察回答投标人提出的问题，接受投标书及投标保函或保证金，并召集开标会组织开标。

3) 评标定标签订合同阶段负责审查投标文件，对投标人素质、信誉、技术力量、设备、质量保证体系以及评估标价进行评审比较确定中标人；发出中标通知书，并和中标人进行合同谈判和签订合同。

丽攀模式高速项目各分部分项工程的公开招标也不外乎这三个阶段，具体由技术部按照图 6-20 所示进行，概括起来主要包括以下六个环节：招标策划、标前准备、招标投标、开标、评标、合同签订。

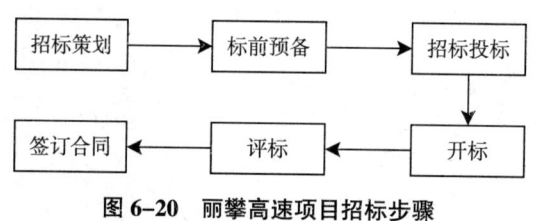

图 6-20　丽攀高速项目招标步骤

1) 招标策划。此阶段主要包括项目招标方式、招标范围的确定和编制招标计划。

2) 标前准备。此阶段主要包括：成立招标工作领导小组、设置招标办、对投标人的现场踏勘、收集问题或质疑、召开标前会议对投标单位提出的招标文件和现场踏勘中的有关问题进行解答、招标文件的编制、招标文件的补遗以及通过网络平台提供招标前的会议纪要、补遗书、估算价和有关通知等。

3) 招标投标。此阶段主要是颁发招标公告，同时在中国采购与招标网和四川省交通厅网站发布公告；投标人在规定的时间书面递交按要求密封完好的投标文件。另外，投标人在递交投标文件前，应按投标人须知规定向丽攀公司提交各标段人民币 20 万元整的投标担保。

4) 开标。丽攀公司定于投标文件递交截止的同一时间、同一地点举行第一信封开标，投标人派其法定代表人或委托代理人出席并签认开标结果。逾期送达的或者未送达指定地点的投标文件，公司将不予受理。

5) 评标。丽攀公司的招标采用资格后审,双信封形式;评标采用经评审的最低投标价法(其中,第一信封采用综合评估法,第二信封采用经评审的最低投标价法)从而确定最优且符合要求的投标人。

6) 合同签订。丽攀公司在经过招投标程序评定出最佳投标人后签发中标函,督促中标人提交履约保证金,同时编制合同协议。确定后的合同初稿按照《合同管理办法》规定进行合同的审核,批准后由招标管理部门组织合同的签订。

在项目招标投标的整个过程中会涉及很多的招标文档资料,主要包括招标记录、预算、招标文件、评标报告、监督报告、定标文件、合同文本、质疑答复及其他有关文件、资料等。招标工作结束后,丽攀公司技术部及时整理招标档案资料,按照文件形成的先后次序排列清楚,并剔除其中的废稿、重复稿和不重要的便条等,之后移给公司档案管理部门归档保管。归档的文件按照分类方案和立卷的原则、方法进行立卷,并对卷内文件进行系统化排列,编写张号、抄写卷内目录。立好的案卷以年为单位编制案卷目录,目录里页包含类目索引和整理情况说明。档案管理部门对档案的收进、移出、保管、利用、存毁和档案人员等情况进行了准确统计,每月定期检查维护,并对档案管理人员规定了严格的保密制度,确保档案的安全完整。

(4) 完善招标规定、加强招标各环节监管的措施

在招标活动中,项目业主除了要严格执行招标程序外,还需要加强措施完善招标规定、加强对招标各环节的监督。

第一,完善投标企业资质的审查制度。丽攀公司首先要对施工单位进行严格的资格审查,施工单位必须经建设主管部门审批、取得公路工程施工资格证书,且具有法人资格。同时,还可以适当采取一些激励手段调动施工单位的积极性。此外,应在招标投标监管环节中全面建立市场主体的信用档案,完善企业的信用管理机制,将公路招投标企业在市场主体的业绩和违反相关纪律等不良行为进行记录并向社会公布。

第二,对招标活动统一管理、分类审查。统一管理是在公司层面建立统一的招标制度、管理流程和评审专家库;在公司层面设立招标管理委员会和招标管理办公室,负责公司招标工作的统一管理。招标管理委员会是公司招标工作的最高

领导机构，负责统一领导公司招标管理体制调整、招标管理制度制定和招标工作考核奖惩等重大事项；招标管理办公室是招标管理委员会下设机构，负责组织落实招标管理委员会的各项部署和安排，综合协调处理招标工作中的各类问题等。分类审查，就是按照专业设置专业审查组，各专业审查组根据职能分工对项目的采购金额、采购方式、计价方式和替代方案等按专业类别进行审查。

第三，加强对招标文件的监督检查和指导。研究制定招标文件范本，通过制订招标文件范本来规范和引导招标人和投标人的行为，有利于预防"量体裁衣"、"明招暗定"等违法行为的发生，维护工程招标、评标、定标的科学性和公平公正性。

第四，规范招标文件发售环节的监管，减少围标串标。采取不记名方式出售招标文件、图纸等，招标人不得要求购买人出具授权书或单位证明，不得要求购买人登记姓名、单位、联系方式等相关信息。

第五，规范投标保证金的管理。为防止潜在投标人信息泄露，投标保证金交由工程交易中心统一管理。招标人在投标截止时间以前不得查询投标保证金到账情况，增加通过查询投标保证金的到账情况获取潜在投标人信息的难度，使潜在投标人的信息在开标前处于保密状态，使不法分子无空可钻，减少围标串标行为的发生。

第六，招投标管理与合同管理工作有机结合。对合同进行全方位监督。施工合同是工程建设投资、质量、进度控制的主要依据，加强合同管理是防止低价中标、高价结算问题的一种有效手段。在招标过程中及合同签订时，应尽可能地采用示范文本，确保合同内容完整严密，双方权利义务平等，违约责任明确，合同风险分担合理。在合同实施过程中，应加强日常施工现场监督，规范设计变更，洽商签证的程序和手续，严格控制建设投资。

五、合同管理制度

合同管理是为企业总目标和项目总目标服务的，它的任务是根据法律、政策和企业经营的目标要求，运用指导、组织、监督等手段，促使当事人依法签订、履行、变更合同和承担违约责任，使合同争执较少，合同各方面能相互协调，确保工程项目顺利进行，制止和查处利用工程合同进行违法活动。合同管理包括对建设工程项目相关合同的签订、履行、变更和索赔进行监督检查，对合同履行过程中发生的纠纷或争议进行处理，以确保合同依法订立和全面履行。它是综合性的、全面的、高层次的、高度准确的、严密的、精细的管理工作。合同管理制度研究框架如图6-21所示。

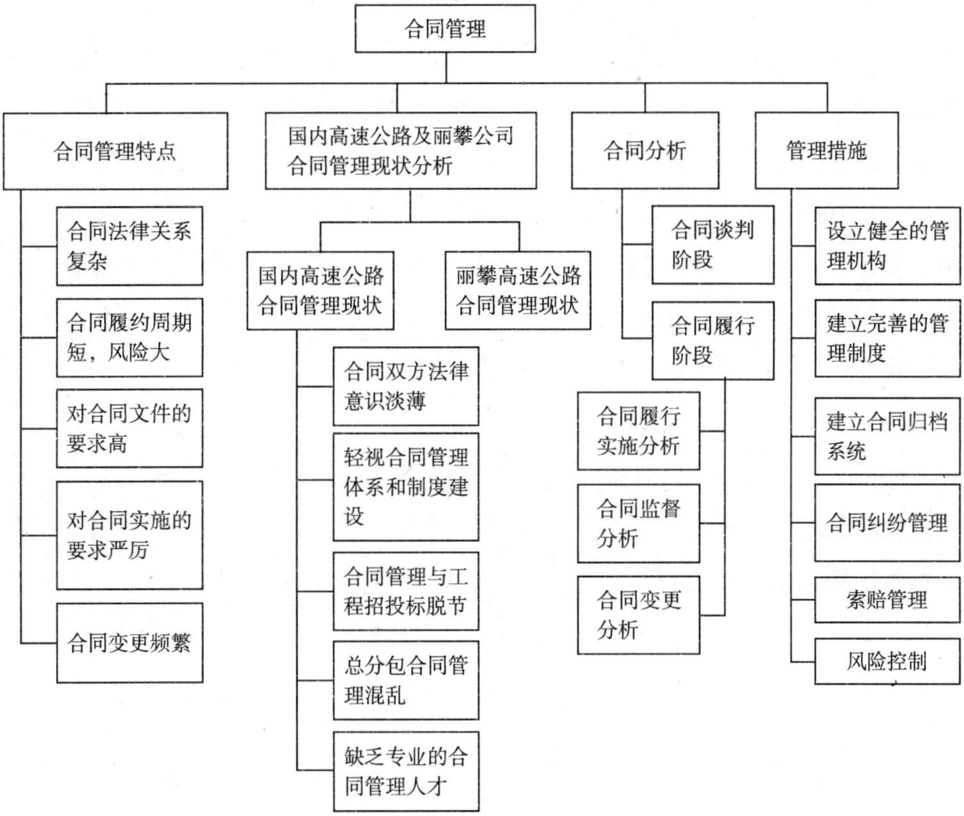

图 6-21 路地共建模式合同管理机制

1. 合同管理特点

（1）合同法律关系复杂

丽攀高速项目的参与单位和协作单位多，涉及融资单位、业主、承包商、材料供应商、设备供应商、勘察设计单位、施工单位、监理单位、运输单位、评估机构、银行以及保险公司等。在合同体系中，相关的同级合同之间，主合同与分合同之间错综复杂的关系都要通过经济合同来体现。因此，丽攀高速建设工程不是靠孤立的一份合同就能完成的，而是由相关联的几十份甚至上百份合同共同协作完成的，这些复杂的合同关系使得丽攀项目的合同法律关系也变得相当复杂。

（2）合同履约周期短，风险大

丽攀项目攀枝花段全长 50.363 公里，于 2011 年 8 月由四川省交通运输厅批示获得开工许可，于 2013 年 12 月建成通车，建设工期短，合同管理受外界环境的影响大。政治、法律、经济、社会和技术条件的变化都可能会妨碍合同的正常实施，造成经济损失，并且由于工程实施时间比较短，即使发生了经济损失，也不容公司有足够的时间来挽回，因此风险较大。另外，合同本身也常常隐藏着许多难以预测的风险，合同中除一般条款外，还包括许多特殊条款，并涉及保险税收、专利等多项内容，合同的另一方当事人常常在合同中提出一些苛刻的条款损害公司的权益，如单方面约束性条款、责权利不平等条款等。

（3）对合同文件的要求高

合同管理是极为复杂、繁琐，但又要求高度准确、严密和精细的管理工作，因此要求合同文件的内容也必须高度准确、严密。因为合同文件中即使对一个词的解释不同都有可能造成重大的合同纠纷，从而使公司在人力、财力、物力等方面遭受浪费和损失。丽攀项目建设工期短的特点也进一步提高了对合同文件的要求。

（4）对合同实施的要求严厉

合同的实施不仅包括签约后的设计、施工等，还包括签约前的招投标、合同谈判以及工程竣工后的运营期和缺陷责任期。因此在整个过程中，必须严厉监督合同的实施，避免疏忽和失误造成工程拖延甚至建设失败，进而引起经济损失或者遭受诉讼威胁。

（5）合同变更频繁

由于签订合同、设计图纸时预见性不强以及丽攀项目在建设过程中存在许多内外干扰事件，导致丽攀项目各种合同在实施过程中经常会出现变更设计方案或修改合同条款等情况，所以丽攀公司必须不断地根据变化了的实际情况对合同实施调整,并做好合同控制,为索赔、变更或终止合同提供依据。

2. 国内高速公路及丽攀公司合同管理现状分析

(1)国内高速公路合同管理现状

高速公路工程建设的复杂性决定了施工合同管理的艰巨性,目前我国高速公路建设行业发育尚不成熟,合同管理中存在诸多问题,主要表现在以下五个方面:

第一,合同签订双方的法律意识淡薄。合同签订双方法律意识淡薄,企业合同管理水平不能满足行业发展需求。施工企业管理层对投标、签约工作较重视,但对合同履行过程中的监督、检查、统计、考核、奖惩等缺乏有效的措施和方法。高速公路建设合同管理往往出现合同有失公正,合同文本不规范,合同履约程度低等现象,在工程建设中存在着合同管理与项目管理脱节的现象。

第二,轻视合同管理体系和制度建设。一些高速公路建设项目不重视合同管理体系的建设。合同归口管理、分级管理和授权管理机制不健全。合同管理程序不明确,或有制度不执行,缺少必要的审查和评估步骤,缺乏对合同管理的有效监督和控制。

第三,合同管理与工程招投标脱节。在实际操作中,有的省市建设行政主管部门把施工合同管理和招投标管理工作划分到不同的业务管理处;有的则把签订施工合同和工程招投标作为两个毫不相干的业务对待,使两者在实施过程中严重脱节。①

第四,总分包合同管理混乱。我国目前尚无规范的总分包合同文本,缺乏对专业分包和劳务分包队伍管理的相关法律法规。一些承包商为了获得建设项目承包资格,不惜以低价中标。在中标之后又将工程肢解然后以更低价格非法转包给一些没有资质的小的施工队伍。分包市场管理混乱,建设单位随意肢解工程,严重制约了工程项目管理水平的提高。

第五,缺乏专业的合同管理人才。高速公路建设公司对专业的合同管理人才的培养不够重视。我国的合同管理起步较晚,合同管理人才缺乏。另外,企业内

---

① 胡季英,关柯.我国建设工程合同管理存在的问题及对策探讨[J].建设监理,2003(4):29-30.

部还没有形成重合同的意识和重视合同管理人才培养的环境。

(2) 丽攀公司合同管理现状

为推动丽攀模式的顺利实施，丽攀公司相应地制定了详细、严密的合同管理制度，从而确保丽攀高速建设工程项目依法顺利推进。丽攀高速公路的建设采取两阶段实施，第一批实施路段的土建路基、监理及监理试验室招标工作于 2010 年 3 月完成，第二批实施路段土建招标工作于 2011 年 4 月结束，施工合同于 2011 年 5 月底签订，工程项目绿化、机电及机电监理工程招标于 2012 年 10 月 18 日顺利完成。

丽攀高速公路建设工程不是靠孤立的一份合同就能完成的，而是由相关联的几十份甚至上百份的合同协作完成的，因为在建设过程中，丽攀高速项目的参加单位和协作单位多，涉及融资单位、业主、承包商、材料供应商、设备供应商、勘察设计单位、施工单位、监理单位、运输单位、评估机构、银行以及保险公司等。相关的同级合同之间，主合同与分合同之间错综复杂的关系也要通过经济合同来体现。

另外，合同的实施不仅包括签约后的设计、施工等，还包括签约前的招投标、合同谈判以及工程竣工后的运营期和缺陷责任期。合同中隐藏的单方面约束性条款、责权利不平等条款等也会造成许多难以预测的风险。

因此，丽攀公司加强对土建路基、路面、机电、绿化施工和监理单位及监理试验室等参建单位的管理，对不能适应工作要求的主要进场人员进行变更并完善了相关手续，定期、不定期开展对各参建单位的人员、组织机构、设备、工地试验室及工程进度等方面履约情况进行检查，并对存在的问题督促整改。违法分包、转包等不良行为的出现频率相对较低，但前面的研究分析发现国内其他高速公路公司合同管理中出现的合同签订双方的法律意识淡薄；轻视合同管理体系和制度建设；合同管理与工程招投标脱节；违法签订转包、分包合同情况普遍存在，总分包合同管理混乱；缺乏专业的合同管理人才等问题不能保证在"丽攀高速"中不会出现。因此，建立严格科学的合同管理制度十分必要。

3. 合同分析

合同分析是合同管理中一项十分重要的工作。通常在合同订立前，在合同实施过程中，都需要进行合同分析。丽攀项目的合同分析包括合同谈判阶段的分析（也称合同审查）和合同履行实施阶段的分析。

（1）合同谈判阶段的合同分析（合同审查）

合同审查，是指合同确定前，丽攀公司从履行合同的角度对合同文件进行一次全面的审查分析，及时纠正发现的问题，提出对策应对隐含的风险，通过合同谈判维护自己的合法权益，使合同目标能与本公司目标相符，最终形成一个符合要求、对公司有利的合同。合同审查主要是对尚未生效的合同草案的合法性、完备性和公平性等方面进行审查和评价。

1）合同合法性分析。合同合法性分析的内容有：履行合同的当事人是否具备相应的民事权利能力和民事行为能力；丽攀项目建设所需的各种批准文件、建设资金来源是否已经落实；合同条款及所致行为是否符合法律规定；各类合同订立是否按照法定程序进行等。

2）合同完备性分析。在合同签订之前，丽攀公司会对该合同涉及的各种文件进行审查分析：文件是否齐全，包含内容是否都与该合同内容相符，合同所确定的工作范围是否已涵盖项目的大部分工作，影响合同管理目标的各种文件是否都已收集。另外，在合同文本的形式上，丽攀公司尽量采用合同示范文本，非特殊情况不使用发包承包双方自行拟设的合同文本格式。另外，再根据工程具体情况和合同双方的特殊要求，补充合同专用条款，这样可以有效地防止所拟定的合同出现缺项、漏项，保证了合同的完备。

3）合同公平性分析。合同公平性主要是指拟定的合同条款应公平合理地分配合同双方当事人的义务、权利和责任。丽攀项目通过使用标准合同文本、选用标准的合同条款，保证了合同双方权利和义务的对等、平衡。某些不平等和免责条款，显然违反了公平原则，则予以删除或修改，使得行使该权利的当事人承担相应的责任，避免了权利滥用的可能，从而降低丽攀项目工程遭受的损失和风险。

4）各合同间的协调分析。丽攀高速项目的参与单位和协作单位多，订立的合同各式各样，包括《丽攀项目土建路基工程施工合同》、《丽攀项目施工监理合同》、《丽攀项目勘察设计合同》、《丽攀项目建筑材料与设备采购合同》等，这些合同之间的关系纷繁复杂。丽攀公司在进行合同分析时对此做出了周密的分析和协调,其中既有整体的合同策划,又有具体的合同管理问题,从而保证了各项合同的安全实施,确保工程建设的顺利进行。

5) 合同条款的准确性分析。对合同条款解释的基本原则是"诚实信用",所有合同都应按其文字所表达的意思准确而正当地予以履行。合同签订前,丽攀公司通过分析合同条款所定义的合同事件和合同问题在时间上和空间上的实施顺序、技术上和管理上的相互依赖关系、合同双方权利义务的平衡和制约关系、合同的计价方式、工程质量的检验、款项的计量和结算支付、争议解决方式、索赔条件等保证各条款间不出现缺陷、矛盾、不足或逻辑上的问题。

(2) 合同履行阶段的合同分析

合同履行阶段的合同分析是从履行角度分析和解释合同,对已生效的合同解决"如何履行"的问题,它不同于合同谈判阶段的合同审查,其目的主要是明确合同目标,落实合同规定,分解合同结构,解释合同条款,使其能够指导具体的专业工作和管理工作,保证合同的顺利履行。合同履行实施分析、合同监督分析、合同变更分析是这一阶段合同分析的重要内容。

1) 合同履行实施分析。合同的履行是指合同生效后,当事人双方按照合同约定的标的、数量、质量、价款支付、履行期限、履行地点、履行方式等,完成各自应承担的全部义务的行为。丽攀高速项目对补充和完善国家西南部高速公路网具有重要作用,将成为四川省西南部重要的出川大通道,对四川融入东南亚经济圈具有重要意义,所以丽攀项目受到了四川省政府和攀枝花市的高度重视,在人力、物力、财力上都对丽攀项目给予了大力支持。因此,丽攀公司一方面采取积极合作的态度切实履行合同,比如根据合同中的规范、设计图纸和有关标准建设并检验工程施工情况等;另一方面在合同履行过程中还对合同履行的条件进行合同诊断分析,分解落实合同中属于各工程小组或分包商负责的部分,发现合同实施会导致损失时及早采取措施补救。

2) 合同监督分析。合同义务是通过具体的合同实施工作完成的,除了在签订合同时要求当事人提供担保或缴纳保证金来提供履约保证以外,合同监督分析也可以为"项目工程实施工作按照合同内容稳步进行"提供合理保障。丽攀公司在合同实施过程中派专人监督原材料和设备的采购、项目资金的管理、项目公司施工情况、拆迁公司拆迁进度安置房建设等。另外，丽攀公司还随时搜集工程资料和实际数据并进行整理，得到反映工程实施状况的各种信息（如工程进度报告、工程质量报告、进度款收支、成本核算报告、工程验收报告等），将它们与原合同条款的规定进行对比，发现差异，找出偏离，然后采取相应措施进行纠正，保证合同的全面履行。合同监督分析结果形成分析报告，定期和不定期地总结合同履行的全面情况，提炼成功的经验，汲取教训，也为改进合同管理工作提出了不少建议。

3）合同变更分析。合同变更分析是合同分析中的一个极其重要的部分。合同一般是在工程开始前订立的，是基于对未来情况的预测基础上，受合同主体的自身条件的限制，签订的合同并不能保证工程设计的完备性。丽攀项目工程量大、建设工期短、技术和质量要求高、工程环境的多变性使得丽攀高速在建设过程中会发生许多未预见的事件，如公司内部权责变化、原材料和设备价格上涨、政府部门对工程新的要求和干涉、货币贬值以及新技术和知识的产生等，这些都会导致已订立的合同不再符合丽攀项目的实际情况，这时丽攀公司就不得不对合同进行调整和变更，甚至解除现有合同重新订立新合同。另外进行合同变更分析，也防止了对方当事人运用环境变化恶意变更合同而损害丽攀公司的权益。

4. 合同管理措施

（1）设立健全的管理机构

丽攀公司建立了健全的合同管理机构。公司技术部为公司合同的管理机构，并外聘法律咨询顾问；公司财务部门和业务部门负责合同的分类专项管理，分别负责合同的财务审核和合同的业务审核；公司的业务、财务、法务人员有权依据各自的职责对合同进行审核监督，相关部门应当给予支持和配合；公司合同管理实行承办人责任制，业务、财务部门的承办人应对其职务行为负责。配备具有法律、经济、工程技术等相关专业知识背景的合同管理人员，使工程合同管理专业化、正规化，使合同管理覆盖单位的每个业务单位。

(2) 建立完善的管理制度

合同管理环节繁多，包括合同的洽谈、草拟、评审、签订、下达、交底、学习、责任分解、履行跟踪、变更、中止、解除、终止等。为了使合同管理规范化，丽攀公司在设立专门的合同管理机构外，还建立了一套完善、合理和可操作的合同管理制度，使公司的合同管理有章可循。

1) 合同审查批准制度。在合同签订前，丽攀公司技术部门承办人应首先将合同草案及与合同有关的资料提请技术部门主管审核；技术部门主管应出具审核意见，并对该意见负责；涉及资金使用的合同，技术部门承办人应将合同草案、与合同有关的建议书（如需要）、审核意见表及法律意见书（如有）提交财务部门审核；财务部门应出具审核意见，并对该意见负责。重大合同通过技术部门主管审核后，技术部门承办人应将合同草案、与合同有关的资料、技术部门主管审核意见表提交法律事务部门审核。法律事务部门应就合同条款进行审核，并根据审核结果出具法律意见书。各审核部门在审核合同草案时，发现重大错误、遗漏、不妥时，应在审核意见中予以明确并提出修改意见，连同全部文件资料退还承办人。承办人修改之后应重新提请审核，审核期限重新计算。各审核部门须及时地提出审核意见，不得拖延。审核签订成功的合同必须呈报上级主管部门登记、批准或报工商管理部门鉴证、公证处公证的，应办理有关手续。

2) 印章管理制度。丽攀公司的合同印章（包括合同专用章、公章）由公司综合部门负责管理和使用。合同印章管理员，只能在根据公司合同管理制度办理了全部会签和签批手续后的合同上盖章，并在盖章前要求承办人在印章使用登记簿上签字确认合同名称、份数。未加盖印章的合同，财务部门以及相关部门有权拒绝执行。对外签订合同应当使用合同专用章或者公章，不得使用部门印章替代。确需使用部门印章替代的，应当经公司的书面授权。承办人不得随身携带合同印章或者已盖章的空白授权委托书、空白合同出差，如必须随身携带的应当经公司法定代表人或者其授权的代理人批准。已盖章的空白合同、授权委托书，以及已签订的合同遗失时，应当及时报告，并按规定及时登报声明作废。

(3) 建立合同归档系统

合同签订后，合同承办人应按规定对其经办的合同资料和工程资料进行收

第六章 基于丽攀模式的建设企业管理

集、整理和档案保存；各项档案文件须按公司保密制度有关规定确定合同的密级并采取保密措施，密级标注于合同正本的封面；合同履行过程中形成的各种文件、报表、单据、凭证和其他相关材料都须标准化，并附于所属档案中；档案文件须及时移交本部门合同管理员集中保管，不得据为己有；合同管理员根据档案管理规定有权要求承办部门补齐相应资料，承办部门应当予以补齐或者说明情况；重大合同应将副本提交法务人员备案；合同管理员按照公司档案管理有关规定管理合同的外借；合同管理员应对合同以组织、部门、合同项目、合同种类及文件序号为索引进行分类编号、登记造册，统一保存于带锁的固定文件柜中，避免混乱，防止丢失，便于查询，并移交公司档案管理部门统一保管；对合同的借阅、使用严格按档案管理制度执行。未经批准，不得向公司以外的第三人出示或泄露合同的内容。

（4）合同纠纷管理

合同纠纷由合同承办部门负责处理。涉及多个部门的，由公司领导确定一个部门负责处理。对合同发生纠纷负有直接责任的人员，没有特殊原因，在纠纷解决前不得调离所在部门或者单位。纠纷发生后，承办人应及时向所在部门、合同管理员和法务人员递交合同纠纷说明，同时应迅速收集相关证据的原件或复印件，比如合同文件、授权委托书、票证票据、完税凭证、鉴定报告等。合同纠纷经双方协商达成一致处理意见的，应订立书面协议，由双方代表签字并加盖法人公章。纠纷处理完毕后，由法务人员负责向公司分管领导报告；重大合同的纠纷处理，应随时向公司领导及董事会报告进展情况。合同纠纷解决的首选方式是协商，其次是调解，在调解不成的情况下才采用仲裁和诉讼的方式。

（5）索赔管理

在工程实施过程中，由于当事人违约、不可抗力或不利的物质条件、合同缺陷、合同变更、监事任指令或者其他第三方原因会导致丽攀公司与承包商、总（分）包商、项目公司、材料供应商、拆迁部门、银行、沿线单位和居民等之间都可能有索赔或反索赔。合同管理人员承担着丽攀公司与这些利益相关者的索赔（反索赔）任务，负责日常的索赔（反索赔）处理事项。主要包括：对收到的对方的索赔报告进行审查分析，收集反驳理由和证据，复核索赔值，起草并提出反索赔报告；对由于干扰事件引起的损失，向责任者提出索赔要求；收集索赔证据和理由，分析干扰事件的影响，计算索赔值，起草并提出索赔报告；参加索赔谈判；对索赔（反索赔）中涉及的问题进行处理。

(6) 合同风险控制建议

合同风险是指与合同相关的，或由合同引起的不确定性。在丽攀高速公路建设项目中，丽攀公司面临的合同风险主要是与融资单位、业主、承包商、材料供应商、设备供应商、勘察设计单位、施工单位、监理单位、运输单位、评估机构、银行，以及保险公司等之间错综复杂合同关系造成的。合同风险一经发生，可能就会导致丽攀高速公路项目建设费用增加、工期拖延或工程质量欠缺等，给工程的实施带来影响，给项目业主带来损失。

按照合同主体行为分类，丽攀公司面临的合同风险可以分为客观性合同风险和主观性合同风险。合同的客观风险是指根据相关法律法规、合同条件以及国际惯例的规定，其风险责任是合同双方无法规避的，且通过人的主观努力往往也无法控制的一些不确定因素。而主观性合同风险则是由人为因素引起的，同时能通过人为因素避免或控制的合同风险，因此本节就主要针对客观性风险为丽攀公司的合同风险控制给予建议。

客观性合同风险主要是指合同缺陷导致的风险。包括：

1) 合同条款不全面、不完整，没有将合同双方的责权利关系全面表达清楚，没有预计到合同实施过程中可能发生的各种情况。导致合同过程中的激烈争执，最终导致损失。

2) 合同表达不清晰、不细致、不严密、有错误、矛盾、有二义性。

3) 合同签订、合同实施控制中的问题。对合同内容理解错误，不完善的沟通和不适宜的合同管理等导致的损失。

面对这些合同风险，项目业主可以采取以下几种方法来进行风险控制，避免因合同缺陷造成损失：

1) 成立风险预警小组，在谈判和签订施工合同前要对项目进行科学论证，对可预见及不可预见的风险进行分析研究，在合同中使用保留条件、附加或补充说明，这样可以给合同谈判和索赔埋下伏笔。而对于承担风险过多、对公司不利、有失公平的合同宁可不签。

2）起草合同时，根据风险预测分析的结果，充分考虑合同实施过程中可能发生的各种情况，在合同中予以详细明确的规定，防止意外风险，对合同条文拾遗补阙，使之完整，减少合同漏洞，明确合同双方的责任和风险分配。

3）签订合同时，力争对责权利不平衡条款、单方面约束性条款作修改或限定，使风险型条款合理化，防止独立承担风险。通过合同谈判，丽攀公司应该争取在合同条款中增加对公司自身权益的保护性条款，采取明智的风险分配方式。

4）在投资预算中考虑可能的风险，留有一定的风险准备金，在工程量表中设置一定数额的暂列金额，以考虑在合同实施中可能有遗漏或不确定的工作的费用。

5）购买工程保险或寻求担保（如银行保函等）转移风险。工程保险是丽攀公司转移风险的一种重要手段。当出现保险范围内的风险，造成公司利益损失时，丽攀公司可以向保险公司索赔，以获得一定数量的赔偿，减少一定程度的风险承担。通常工程保险有工程一切险、第三方责任险、施工设备保险、人身伤亡保险等。丽攀公司应充分了解这些保险的风险范围、保险金计算、赔偿方法、程序、赔偿额等详细情况，以做出正确的保险决策。

第七章 路地共建效益评价

为了准确衡量高速公路路地共建模式的实施效果,评判丽攀模式与其他路地共建模式的差异,本书对丽攀高速和其他类似高速公路进行了以经济效益、管理效益、效率效益和社会效益四个方面为评价内容的综合比较,路地共建效益评价的过程应是一个定性分析与定量研究相结合的过程。

第一节 路地共建效益评价的研究思路与方法

一、研究思路

本书定义高速公路路地共建效益评价为:以高速公路建设项目为基础,在建立一套科学合理的评价指标体系和评价模型的基础上,坚持定性与定量相结合的原则,通过比较分析的方法来评价高速公路建设项目的影响因素及预期效益,估算项目的经济、社会及自身建设效率和管理效率的价值。要进行这一评价过程,首先需要建立一套对系统要素及影响因素进行量化的指标体系,确定效益评价的各指标;其次,在该指标体系的基础上确定各指标对效益评价目标的权重,同时运用合理方法测算出各指标的实际得分值;最后运用加权平均法求得被评价目标的实际值,从而通过比较分析的方法来实现对高速公路路地共建效益的最终评价。

高速公路路地共建效益评价涉及范围广，内容复杂，且项目产生的影响具有滞后性，因而构建一个相对科学、全面的效益评价指标体系显得尤其重要。本书中指标体系的构建主要遵循以下原则：

1. 相关性原则

这是构建评价指标体系所必须遵循的首要原则，直接关系到效益评价的准确性。一般来说，相关程度越高，客观性越强，准确性也就越高。

2. 综合性原则

由于路地共建模式效益评价的时点延伸覆盖了项目从决策至运营的全过程，所以其绩效评价不再仅仅是项目本身的效益，而是从全社会的角度出发，综合考察路地共建模式对高速公路建设和地区社会经济等所带来的影响，以科学准确地综合反映该模式带来的效益。所以，在构建指标时，要注重综合性或全局性原则的应用。

3. 系统性原则

高速公路项目路地共建评价指标体系是对其所处的社会状况、经济条件、自然环境以及行业技术组成的复合系统进行科学的抽象和描述，这个复合系统决定了指标体系的各指标之间以及各层次之间具有紧密的内在联系。因此构建的评价指标体系必须能全面包含高速公路项目各个层次绩效的情况，同时保证各指标的独特性、不交叉、不重复，使所构建的指标体系能够准确、充分、科学地反映路地共建的绩效。

4. 定量与定性相结合的原则

由于路地共建效益评价的内容不仅广而且复杂，同时并不是所有的指标都是有形的、可以量化的，对于无形的、难以量化的指标必须进行比较性描述或定性分析，因此，构建绩效评价指标时应采用定量与定性相结合的原则。

参照以上构建原则，本书建立的路地共建指标体系，需要针对路地共建的实施效果，以高速公路项目建设效益为评价对象，确立高速公路建设项目的评价指标体系。由于高速公路行业独特的经济特性与社会特性，具体评价指标的选择从影响因素中归类选择，所选指标为交通部近几年在相关文件中要求的重点检查指标及项目业主单位最为关心的指标。该评价体系从定性和定量两个角度来考察路地共建的各方面效益。定性研究方面，主要从社会效益和管理效益两个维度来分析高速路地共建的预期效益。定量研究方面，首先对效益评价理论和方法进行梳理，针对路地共建的建设模式，考察各进度的完成情况和经济效益。因此，评价的基本内容主要包括经济效益、社会效益、效率效益和管理效益四个方面。

丽攀高速项目沿金沙江两侧布线，全部位于攀枝花市辖区内，主线大部分路段（约35公里）贯穿攀枝花市城区，具有自然地理条件差、工程技术复杂、工程量大、征地拆迁量大、地方协调难度大等特点。丽攀模式强化了地方政府职能，对保障项目建设的顺利进行起了关键的作用，但丽攀模式与其他共建模式相较是否更有优势？本书在确定了评价指标体系的基础上，结合问卷调查和实地调研，对与丽攀高速同处川西地区、建设期接近、具有类似管理体制的其他两条高速公路同时进行同一标准的评价，从而科学合理地对高速项目路地共建模式效益进行综合评判。

二、评价方法

本书采用层次分析法（Analytic Hierarchy Process，AHP）作为路地共建效益评价的方法。在经济、管理、环境、社会等学科的评价与评估研究中，特别在对目标对象进行综合评价的过程中，常常需要确定指标体系中各指标的权重，层次分析法（AHP）是常用的权重确定方法之一。高速公路路地共建效益评价的过程应是定性分析与定量研究相结合的过程，而层次分析法能够统一处理决策中的定性与定量因素，它不仅适用于存在不确定性和主观信息的情况，允许以合乎逻辑的方式运用经验、洞察力和直觉，还直接影响指标体系建立的合理性。本书可以层次分析法确定高速公路路地共建项目指标的权重，利用评价等级隶属度方法确定各定性指标的定量值并进行规范化处理。

层次分析法（AHP）是美国运筹学家萨迪（T.L.Seaty）教授于20世纪70年代初期提出的。这是一种定性和定量相结合、系统化、层次化的分析方法。AHP从本质上讲是一种思维方式。它把复杂问题分解成各个组成因素，又将这些因素按支配关系分组形成递进层次结构，通过两两比较的方式确定各个因素的相对重要性，然后综合决策者的判断，确定决策方案相对重要性的总排序（权重）。它具有系统性强、适用范围广、简洁性显著等突出优点，特别适合于社会、经济系统和大型系统工程的决策分析使用。

利用层次分析法确定权重的基本计算步骤如下：

1. 建立递阶层次结构

根据对问题的了解和初步分析，把复杂问题按特定要求分解，并按属性不同分层排列。同一层次的因素对下一层次的某些因素起支配作用，同时它又受上一层次因素的支配。形成了一个自上而下的递阶结构。整个 AHP 计算过程都是围绕层次结构图展开的。

2. 构造判断矩阵

建立起递阶层次结构模型后，指标体系上下层之间各因素的隶属关系就被确定了，问题即转化为层次中的排序计算。针对上一层次某因素，对本层次有关因素就相对重要性两两比较。即每次取两个因子 i 和 j，以 b_{ij} 表示 i 和 j 对 A 的影响大小之比，全部比较结果用矩阵 $B = (b_{ij})_{n \times m}$ 表示，称 B 为比较判断矩阵（简称判断矩阵），如表 7-1 所示。

表 7-1　层次分析法判断矩阵表

A	B_1	B_2	...	B_m
B_1	b_{11}	b_{12}	...	b_{1m}
B_2	b_{21}	b_{22}	...	b_{2m}
...	...	...	...	...
B_m	b_{m1}	b_{m2}	...	b_{mm}

关于如何确定 b_{ij} 的值，Seaty 等建议引用数字 1~9 及倒数作为标度。表 7-2 列出了 1~9 标度的含义。

表 7-2　判断标度的设定

标度	含义
1	表示两个因素相比，具有相同重要性
3	表示两个因素相比，前者比后者稍重要
5	表示两个因素相比，前者比后者明显重要
7	表示两个因素相比，前者比后者强烈重要
9	表示两个因素相比，前者比后者极端重要
2、4、6、8	表示上述相邻判断的中间值
倒数	若因素 i 与因素 j 的重要性之比为 b_{ij}，那么因素 j 与因素 i 重要性之比为 $b_{ji} = 1/b_{ij}$

对于判断矩阵的元素 b_{ij}，显然有性质：$b_{ij} > 0$；$b_{ii} = 1$；$b_{ij} = 1/b_{ji}$。判断矩阵 B 是一个互反矩阵。

在构建判断矩阵时，只需作 $m(m-1)/2$ 次判断即可。

3. 层次权重值的确定及一致性检验

依据判断矩阵求解各层次指标的相对权重问题，在数学上也就是计算判断矩阵最大特征根及其对应的特征向量问题。

首先求出正互反矩阵 B 的最大特征值 $\lambda\max$，其次利用 $BW = \lambda_{max} W$，解出 λ_{max} 所对应的特征向量 W，W 标准化（归一化）的结果即为 B 层中第一元素相对于上一层次（A 层）相对重要性的排序权重值。一般利用随机一致性比率 CR（Consistency Ratio）作为判断矩阵是否满足一致性的检验指标。其中，$CR=CI/RI$，$CI = (\lambda_{max} - n)/(n - 1)$，$\lambda_{max}$ 为判断矩阵的最大特征值，n 为判断矩阵的阶数。RI 由 T. L. Seaty（常大勇，1996）给出，如表 7-3 所示。

表 7-3 Seaty 的判断矩阵 RI 值表

N	1	2	3	4	5	6	7	8	9
RI	0	0	0.58	0.94	1.12	1.24	1.32	1.41	1.45

当 $CR < 0.1$ 时，可以认为判断矩阵具有满意的一致性，否则必须调整判断矩阵中的元素。这时从判断矩阵中计算出最大特征根所对应的特征向量，经过标准化后，就可以作为该层次指标体系的权重值。

三、评价对象

丽攀高速经四川省交通厅批准，由川高公司投资成立丽攀公司作为项目业主承担丽攀高速项目的建设任务。川高公司从 1993 年始在四川省交通厅的领导下，经过不断的创业和发展，已先后发起和参与组建了近三十家高速公路公司，基本形成了高速母子公司的结构框架。为了对丽攀模式的共建效益进行更为准确且直观的评价，有必要对同处川西地区、建设期接近、具有类似管理体制的其他高速公路同时进行同一标准的评价，从而科学合理地对高速公路路地共建效益进行综合评判。本书选取同属川高公司的公路公司所建设的巴南、巴达两条高速公路作为丽攀高速的比较样本。

巴南高速建设期从 2010 年 6 月至 2013 年 3 月，全长 116 公里，概算总投资 80.04 亿元，其中征地拆迁概算 8.7653 亿元，预计实际需支出 8.2 亿元，节概 5653 万元。国土资源部批复土地征用面积 10961.68 亩，预计实际征用土地 10910 亩，目前红线内占地 10432.6 亩，红线外占地因线外工程未完工暂未统计。与地方政府签订征地拆迁协议亩均单价分别为巴州区 5.83 万元/亩、仪陇县 6.07 万元/亩、南部县 6.35 万元/亩、西充县 5.85 万元/亩，征拆协议以外的杆管线和专项拆迁总量达 874.48 万元。

巴达高速建设从 2010 年 9 月至 2013 年 11 月，总里程 110.33 公里，总投资 102.735 亿元，其中征地拆迁概算 6.722238617 亿元。国土资源部批复土地征用面积 652.29 公顷（9784.35 亩），预计实际征用土地 10792.35 亩，其中红线内占地 8395.84 亩，红线外占地 2404.51 亩，超（节）批复用地面积 1008 亩。征拆协议以外的杆管线和专项拆迁总量达 3159.842 万元。

丽攀高速从 2010 年 6 月预开工，至 2013 年 12 月通车，全长 50.289 公里，概算总投资 53.99 亿元，由攀枝花市政府筹资 4 亿元承担征地拆迁和补偿安置费用。红线内需征地 3696.0235 亩，签订征地拆迁补偿协议 1289 户，签订房屋拆迁补偿协议 1191 户，农转非社保安置 1120 人，拆迁房屋面积 221443 平方米，拆迁高压电力铁塔 17 座，新建高压电力铁塔 48 座，拆迁电力通信电杆 773 根，拆除管线 171704 米。

丽攀高速在三条公路中，里程最短、总投资额最低，但却是单位里程投资额最高的，由此也从一个侧面反映了丽攀高速的建设难度。但高速公路具有位置固定性和差异性，因此，本书通过建立多层次的指标体系来对不同的类似高速公路进行综合评价和比较，从而考察丽攀模式的建设效益。

第二节 构建基于层次分析法的指标体系

一、评价指标的建立

指标体系的建立主要是指标的选取以及指标之间结构关系的确定。本书首先采用系统分析法、整合法,从国内外文献中,对各种指标进行统计分析,选择那些使用频度高的指标,同时在考虑高速公路项目绩效评价关键因素的基础上,综合选择那些针对性较强的指标。然后依据各指标的内在相关性和高速公路项目的系统层次划分理论,整理各指标并将其分类,初步建立高速公路路地共建三层次效益评价指标体系(详见表7-4)。

表7-4 路地共建效益评价指标体系

目标层	准则层	指标层
路地共建效益评价 A	经济效益 B_1	财务能力 C_1
		国民经济 C_2
		抗风险能力 C_3
	管理效益 B_2	组织决策管理 C_4
		质量管理 C_5
		安全管理措施 C_6
	效率效益 B_3	供地效率 C_7
		资金供给效率 C_8
		形象进度 C_9
	社会效益 B_4	社会影响 C_{10}
		社会维稳 C_{11}
		公众参与机制 C_{12}
		自然环境影响 C_{13}

经济效益评价主要从项目本身的财务能力、国民经济和项目的抗风险能力三个方面来评价路地共建模式为高速公路建设产生的经济效益;管理评价主要从项目业主(建设方)的项目管理质量和水平来考察其对项目前期及建设期的影响,

包括组织决策管理、质量管理和安全管理三个方面；效率评价主要从供地效率、供给资金的及时性以及形象进度三个方面来体现，这也是考察路地共建模式是否产生积极效益的重要考察点之一；社会效益评价则是综合考察项目实施以及路地共建模式的运作产生的社会影响和环境影响以及社会维稳和公众参与机制的运作情况。社会效益评价具有宏观性、间接性、滞后性和定量难的特点，故从定性的角度来考察，涉及对利益相关者各方发放调查问卷的方式统计获得。

根据表 7-4 的评价指标体系，建立高速公路路地共建模式绩效评价的递阶层次结构图，如图 7-1 所示。

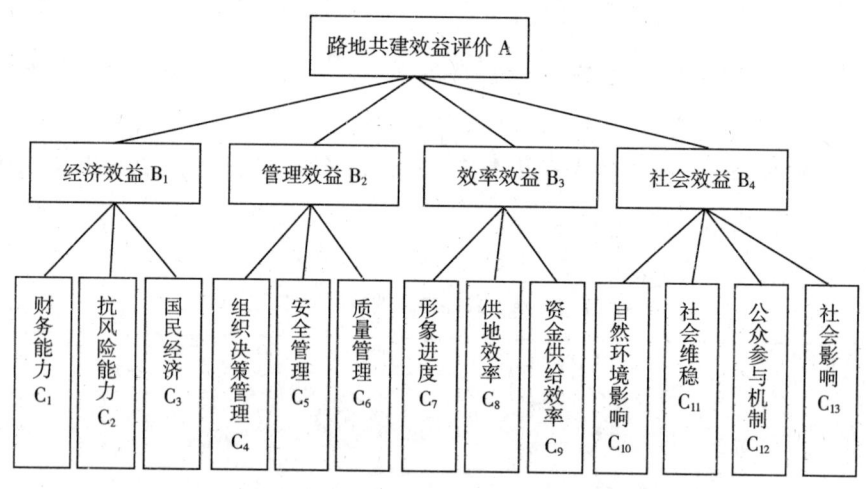

图 7-1　高速公路路地共建模式效益评价的层次结构图

根据层次结构（见图 7-1），运用层次分析法可以计算各指标权重，结合模型构建方法就可构建高速公路项目路地共建模式综合评价模型。构建评价模型的方法主要有模糊综合评价、专家评价、加权评分、熵评价等。由于高速公路项目路地共建模式的绩效具有模糊性，本书采用专家打分等途径，利用加权平均的模糊评价法构建模型进行指标的合成运算，然后通过不同路地共建模式最后得分的比较，评判丽攀模式的成败。

其基本思路是：首先计算出各定量指标和定性指标的实际得分；其次将所有指标的实际得分与各指标的权重加权平均即得项目评价的得分；最后，比较各条高速公路最后得分的高低，分析丽攀高速项目各项指标的效益。效益评价计算得分的模型公式为：

$$b_j = \sum_{i=1}^{n} (\omega_i \cdot r_{ij})$$

其中，ω_i 是各个指标权重，r_{ij} 是各个指标得分。

二、指标体系的权重

路地共建效益评价各指标之间的相对权重采用专家调查问卷（问卷见附录A）的途径获取，调查问卷根据层次分析法（AHP）的形式设计，在同一层次下对影响因素的重要性进行两两比较。

1. 专家调查问卷说明

本次调查对象界定为高速公路建设方面的专家，既有理论研究者，也有高速公路建设实务人员。我们选取了重庆大学经济与工商管理学院和建设管理学院的专家以及攀枝花市高建办的领导、川高公司领导、交通系统职能部门负责人进行了问卷调查。调查发放专家调查问卷13份，回收11份，有效问卷11份，有效回收率为85%（川高公司的两份一直未收到）。

2. 指标权重体系的建立

根据图7-1的层次结构图，按照层次分析法的要求，综合各位专家的调查意见，高速公路路地共建模式效益评价的递阶层次结构各指标的两两判断矩阵如表7-5至表7-9所示。

表7-5 效益评价中准则层指标的权重体系

A	B1	B2	B3	B4	WI权重
B1	1	1	1/5	1/3	0.0905
B2	1	1	1/7	1/5	0.0732
B3	5	7	1	3	0.5700
B4	3	5	1/3	1	0.2663

$\lambda_{max} = 4.0819$ CR = 0.0307

表7-6 经济效益评价之中子指标的权重体系

B1	C1	C2	C3	WI权重
C1	1	1/3	3	0.2583

续表

B1	C1	C2	C3	WI 权重
C2	3	1	5	0.6370
C3	1/3	1/5	1	0.1047

$\lambda_{max} = 3.0385 \quad CR = 0.0370$

表 7-7　管理效益评价之中子指标的权重体系

B2	C4	C5	C6	WI 权重
C4	1	3	5	0.6370
C5	1/3	1	3	0.2583
C6	1/5	1/3	1	0.1047

$\lambda_{max} = 3.0385 \quad CR = 0.0370$

表 7-8　效率效益评价之中子指标的权重体系

B3	C7	C8	C9	WI 权重
C7	1	1/3	3	0.2583
C8	3	1	5	0.6370
C9	1/3	1/5	1	0.1074

$\lambda_{max} = 3.0385 \quad CR = 0.0370$

表 7-9　社会效益评价之中子指标的权重体系

B4	C10	C11	C12	C13	WI 权重
C10	1	1/5	1/7	1/3	0.0550
C11	5	1	1/3	3	0.2634
C12	7	3	1	5	0.5638
C13	3	1/3	1/5	1	0.1178

$\lambda_{max} = 4.1169 \quad CR = 0.0438$

各判断矩阵中分量权重的计算采用特征根法通过幂法循环计算得出，计算结果见各判断矩阵列表，每个判断矩阵的最大特征根 λmax 和随机一致性比率 CR 均附于各矩阵表后（如表 7-5 至表 7-9 所示），各判断矩阵的随机一致性比率 CR 都小于 0.1，故各判断矩阵具有满意一致性。根据经济效益、管理效益、效率效益和社会效益的指标权重矩阵以及这四大效益内部的子指标权重矩阵，可以得到专家的综合指标体系的总排序权重矩阵（如表 7-10 所示）。

表 7-10 路地共建效益评价的权重体系

目标	准则层指标	指标层	准则层指标权重	指标层指标权重	总评价权重
丽攀项目效益评价	经济效益	财务能力	0.0905	0.2583	0.0234
		抗风险能力		0.6370	0.0576
		国民经济		0.1047	0.0095
	管理效益	组织决策管理	0.0732	0.6370	0.0466
		安全管理		0.2583	0.0189
		质量管理		0.1047	0.0077
	效率效益	形象进度	0.5700	0.2583	0.1472
		供地效率		0.6370	0.3631
		资金供给效率		0.1074	0.0597
	社会效益	自然环境影响	0.2663	0.0550	0.0147
		社会维稳		0.2634	0.0701
		公众参与机制		0.5638	0.1501
		社会影响		0.1178	0.0314

3. 指标权重分析

表 7-10 的指标体系权重计算结果反映了被调查专家综合后的观点，即所调查对象意见的折中。该指标体系对高速公路的建设效益评价具有一定的参考价值，尤其是在相似条件下的多种建设模式选择时，可以起到了重要的比较作用。总体来看，效率效益的权重最高（57%），高速公路作为基础设施对沿线的物流、资源开发、招商引资、产业结构调整、横向经济联合起到了积极的促进作用，其建设周期长、资金需求量大，建设效率直接影响了高速公路综合价值的实现，因此对高速公路建设的评价中最为看重效率效益，其次是社会效益和经济效益，管理效益居末。在高速公路的长期发展中，施工技术和管理经验相对成熟，专家们认为在个别工程的建设中管理效益指标对项目整体的影响反而较低，仅占 7.32%。

高速公路的业主单位大多是国有企业或国有资本控股企业，国有企业一方面对于弥补市场失灵和国家发展战略发挥着至关重要的作用；另一方面类似于一般的企业，也必须实现价值最大化并且兼顾各个利益相关者集团的利益。但作为一种特殊的企业组织形式，其社会责任感往往较强。国有企业的公有制性质决定着其不仅仅是以实现价值最大化为目标的。从利益相关者的角度看，国有企业之所以被称为"国有"，是因为它的投资人为国家和人民。因此，对于国有企业而言，在社会责任、义务以及公共政策目标等方面的要求和标准要比其他类型企业高得多,即国有企业必须承担社会主义国家赋予的一系列其他类型企业无力或无法实现的责任,这就决定了我国的国有企业不仅要出于道德动机和经济动机承担起一般企业所要承担的社会责任,而且要出于政治动机承担起一系列的特殊社会责任。由此可见,国有企业的社会责任中包含着经济的目标也包含着非经济的目标,但其特殊的社会责任应更偏向于非经济的目标。这一点在高速公路的建设中体现得非常明显,对高速公路的决策往往是多方博弈的结果,而不仅仅是出于经济利益的考虑。但企业的社会责任和经济效益之间并不矛盾,按照哈佛大学教授迈克尔·波特的理论,企业社会责任只有想方设法与核心业务结合,提升企业核心价值创造的能力,履行社会责任才能实现多赢。因此,比较而言,对高速公路建设的评价会更加关注于社会效益而不是经济效益,这一点同本书的专家问卷调查结果相一致。

三、评价指标的测算

1. 定性指标值的测算

在以上建立的路地共建模式效益评价指标体系中,管理评价指标和社会评价指标为定性指标。对定性指标的量化问题,国内外学者进行了许多研究。定性指标量化的方法有Delphi法、模糊信息优化技术、灰色信息处理等,但由于问题的复杂性,至今仍没有一个完善的解决方法,没有一个公认的量化模式,在实际应用中通常综合使用多种方法。本书从实用的角度出发,采用评价等级隶属度的方法,结合具体技术参数等情况,首先给定性指标以明确定义,再根据指标定义和实际情况给予指标评分,对不同等级规定评分值,并作为该指标的标值,从而将定性指标定量化,定量化的标准使各评价指标之间具有可比性。

(1)定性指标量化的计算步骤

首先,建立定性评价指标集:$U = \{u_1, u_2, \cdots, u_m\}$,其中,$U_i$为各定性评价指标。

其次,建立指标评价的备选集 $V = \{$很好,较好,一般,较差,差$\}$,为了进行数据处理,将非量化的备选集数量化,即 $V = \{$差(1),较差(2),一般(3),

较好(4)，很好(5)}，备选集对应的模糊子集为 E = {E_1, E_2, E_3, E_4, E_5}。

最后，应用专家调查法，确定出评价指标集中第 i 个元素 ui 对备选集中第 j 个元素的隶属度。组织专家评价者 n 人分别对所调查的问题发表看法并统计结果，确定方法如表 7-11 所示。

表 7-11 定性评价指标隶属度的确定

评价指标 U	评价等级（备选集）V					专家人数
	(1)	(2)	(3)	(4)	(5)	
U_1	n_{11}	n_{12}	n_{13}	n_{14}	n_{15}	n
U_2	n_{21}	n_{22}	n_{23}	n_{24}	n_{25}	
…	…	…	…	…	…	
U_m	n_{m1}	n_{m2}	n_{m3}	n_{m4}	n_{m5}	

其中：$\sum_{j=1}^{5} n_{ij} = n$（i = 1, 2, …, m）

将以上矩阵 N = (n_{ij}) 中的元素采用等比重法加权平均，即可得到评价指标 U_i 对 E_j（j = 1, 2, 3, 4, 5）的隶属度向量中的元素，进而得到了隶属度矩阵 R。利用标准尺度即可确定各定性指标的无纲量化值。

(2) 专家调查问卷说明

本书的调查对象界定为高速公路建设方面的专家，既有理论研究者，也有高速公路建设实务人员。我们选取了重庆大学经济与工商管理学院和建设管理学院专家、川高公司领导、交通系统职能部门负责人进行了问卷调查，请他们同时对丽攀、巴南、巴达三条高速公路的效益评价指标的实际执行情况进行倾向性打分（专家调查问卷见附录 B）。调查发放专家调查问卷 13 份，回收 10 份，有效问卷 10 份，有效回收率为 77%。

(3) 指标值的获取

通过专家的倾向性意见打分，将各指标评语{很好，较好，一般，较差，差}转化为 [1, 5] 闭区间上的逻辑值。以丽攀高速为例，表 7-12 报告了丽攀高速项目定性评价指标的等级隶属度指标量化值。

表 7-12　丽攀高速项目定性评价指标隶属度的确定值

评价指标 U	评价等级（备选集）V					专家人数
	(1)	(2)	(3)	(4)	(5)	
组织决策管理 U_1	0	0	1	2	7	10
安全管理 U_2	0	0	0	2	8	
质量管理 U_3	0	0	0	2	8	
自然环境影响 U_4	0	0	2	1	7	
社会维稳 U_5	0	0	1	1	8	
公众参与机制 U_6	0	0	0	1	9	
社会影响 U_7	0	0	0	0	10	

在采用专家调查法和隶属度方法，对各条高速公路效益评价定性指标进行统计分析的基础上，得出了具体的量化得分值（如表 7-13 所示）。

表 7-13　高速路地共建效益评价定性指标得分值

准则层指标	评价指标 U	评价等级（评分）		
		丽攀高速	巴南高速	巴达高速
管理效益	组织决策管理 U_1	4.6	4.5	4.5
	安全管理 U_2	4.8	4.9	4.8
	质量管理 U_3	4.8	4.8	4.7
社会效益	自然环境影响 U_4	4.5	4.7	4.6
	社会维稳 U_5	4.7	4.7	4.7
	公众参与机制 U_6	4.9	4.8	4.7
	社会影响 U_7	5	5	5

2. 定量指标值的测算

在高速公路效益评价指标体系中，经济效益评价指标和效率效益评价指标为定量指标。具体的测算方法如下：

（1）财务能力

为了便于不同公路建设项目财务能力的比较，高速公路建设项目的财务能力评价采用税后财务内部收益率（FIRR）作为评价指标。其中，在计算内部收益率时，折旧年限按照运营期年限取值，采用直线法折旧，不计资产余值；收费收入参照项目可行性报告中的论证标准计算确定。

内部收益率是指投资项目计算期内各年净现值之和等于零（或收益现值等于

费用现值）时的折现率。内部收益率的计算公式为：

$$\sum_{\tau=0}^{n} C_t \times (1+\text{FIRR})^{-t} = 0$$

表 7-14 显示了各条高速公路的财务内部收益率测算结果。

表 7-14 财务内部收益率 FIRR

单位：%

	丽攀高速	巴南高速	巴达高速
税后	6.18	6.83	6.67
财务基准折现率	4.455	6	

（2）国民经济能力

国民经济效益分析主要从国家的宏观角度考察项目对国民经济的贡献，以及需要国民经济付出的代价，评价项目在宏观经济上的合理性，对引导和促进资源合理配置具有重要作用。该分析以国家发改委、原建设部 2006 年 7 月联合发布的《建设项目经济评价方法与参数》（第三版）（简称方法与参数）和原交通部 1996 年发布的《公路建设项目经济评价办法》为依据，并参照世界银行资助的《中国公路投资优化和改善可行性研究方法》（简称 PPK）报告提供的评价模型和方法进行分析。

参考各条高速公路建设的项目可行性研究报告，用经济内部收益率（EIRR）作为评价指标。经济内部收益率是投资项目计算期内的经济净现值等于零时的折现率，是对投资项目进行国民经济评价的最主要指标之一。经济内部收益率的计算公式为：

$$\sum_{t=1}^{n} \frac{C_t}{(1+\text{FIRR})^t} = 0$$

表 7-15 显示了各条高速公路的经济内部收益率测算结果。

表 7-15 经济内部收益率 EIRR

单位：%

	丽攀高速	巴南高速	巴达 B 公路
经济内部收益率	10.70	11.69	12.36
社会折现率	8	8	8

以丽攀高速公路为例进行说明，丽攀高速公路以项目建成通车后 20 年为评价期，采用社会折现率 8%；影子汇率换算系数取 1.08（影子汇率为国家外汇牌价乘以影子汇率换算系数），残值按项目经济费用的 50%，以负费用的形式列入评价期末年。经计算，丽攀项目经济内部收益率（EIRR）为 10.7%。

（3）抗风险能力

高速公路建设项目在建设、运营过程中可能发生不可预见因素影响工程造价、收费收入，使项目的经济结果受到影响。本书针对经济费用、收费收入的不同变化幅度，对项目进行敏感性分析，以经济抗风险能力为指标，采取费用增加 10%同时效益减少 10%的情况下的经济内部收益率来衡量。参照各高速公路项目可行性研究报告，调整后经济内部收益率分析结果如表 7–16 所示。

表 7–16　经济抗风险能力

单位：%

	丽攀高速	巴南高速	巴达 B 公路
调整后经济内部收益率	9.02	10.25	9.63

（4）供地效率

供地效率采用供地进度来量化。考虑到大规模供地时间一般较为集中，且在高速公路建设的开工首年存在开工时间的差异，本书采用的处理方法是：先将公路建设期间各年度的供地比例与年平均供地比例进行比较，选取年度供地比例大于年平均供地比例的供地比例数据，在此基础上用该数据除以所选取年度的月份数，得到最大的月供地比例作为测评值。表 7–17、表 7–18 和表 7–19 分别列示了丽攀高速、巴南高速和巴达高速各年度交地面积与应交地总面积的占比情况。

表 7–17　丽攀高速各年度当年交地面积与应交地总面积占比

年份	应交地总面积（亩）	当年交地面积（亩）	当年交地面积占应交地总面积的百分比（%）
2010	3873.51	2393.15	61.78
2011	3873.51	818.08	21.12
2012	3873.51	662.28	11.10
年均供地比例	—	—	31.33

表 7-18　巴南高速各年度当年交地面积与应交地总面积占比

年份	应交地总面积（亩）	当年交地面积（亩）	当年交地面积占应交地总面积的百分比（%）
2010	9839.82	950	9.65
2011	9839.82	8740.2	88.82
2012	9839.82	149.82	1.52
年均供地比例	—	—	33.33

表 7-19　巴达高速各年度当年交地面积与应交地总面积占比

年份	应交地总面积（亩）	当年交地面积（亩）	当年交地面积占应交地总面积的百分比（%）
2010	8283.79	1053.91	12.72
2011	8283.79	5508.78	66.50
2012	8283.79	1721.10	20.78
年平均供地比例	—	—	33.33

从表 7-17、表 7-18 和表 7-19 可以看出，丽攀高速公路当年交地面积占应交地总面积的百分比的最大值出现在 2010 年度，因此供地进度测评的时间区间选择在 2010 年。而巴南和巴达高速的供地进度测评区间选择在 2011 年。由于丽攀高速于 2010 年 6 月预开工，供地并没有贯穿全年，故在计算供地进度测评值的时候，分子月份数为 7。巴南和巴达高速在 2011 年则都是贯穿全年。因此，通过计算分析，得到三条高速公路的供地效率情况如表 7-20 所示。

表 7-20　各条公路的供地进度测评值

	测评值	计算由来
丽攀高速	8.83	61.78%/7
巴南高速	7.40	88.82%/12
巴达高速	5.54	66.50%/12

（5）资金供给效率

资金供给效率考察高速公路建设期间各年度实际完成投资是否达到计划投资的情况。本书采用各条公路各年度年初至年底的累计完成投资占年度计划的百分比的算术平均值作为考察的测评值，对三条高速公路进行比较。各条高速公路的具体资金供给效率测评值如表 7-21 所示，表 7-22 是表 7-21 数据来源的详细解释。

表 7-21　资金供给效率

单位：%

	测评值
丽攀高速	100.76
巴南高速	107.34
巴达高速	102.40

表 7-22　各条公路年平均资金供给效率的测算过程

单位：万元

公路名称	2010年			2011年			2012年			测评值
	下达计划	完成投资	实际投资/计划投资	下达计划	完成投资	实际投资/计划投资	下达计划	完成投资	实际投资/计划投资	年平均
丽攀高速	60000	69400	115.67%	160200	170800	106.6%	160000	161712	101.1%	100.76%
巴南高速	140000	150356	107.40%	175000	200090	114.34%	259000	259718	100.28%	107.34%
巴达高速	35000	40115	114.61%	280000	321112	114.68%	450000	350612	77.91%	102.4%

（6）形象进度

形象进度考察高速公路建设期间形象进度的完成情况。本章采用各年度各形象工程的每年实际完成进度的加权平均值作为考察的测评值，其中以各年度的实际完成投资占比作为权重，对三条高速公路进行比较。表 7-23、表 7-24 和表 7-25 分别报告了三条公路各年度的实际形象进度。表 7-26 显示了三条高速公路各年度实际完成投资占比。通过以上四个表的数据，可以计算得到三条高速公路的形象进度测评值，如表 7-27 所示。

表 7-23　丽攀高速各年度实际形象进度一览表

单位：%

	2010年	2011年	2012年
路基工程（土石方、涵洞、挡防等）	37.7	61.5	0.70
桥梁	31.4	31.5	29.30
隧道	25.9	66.9	7.20
二衬	10.7	70	17.90
平均值	26.43	57.48	13.78

表 7-24 巴南高速各年度实际形象进度一览表

单位：%

	2010 年	2011 年	2012 年
路基工程（土石方、涵洞、挡防等）	43.03	56.15	0.81
桥梁	62.89	21.2	15.91
隧道	61.12	37.08	1.8
二衬	36.90	51.67	11.43
加权平均值	50.99	41.53	7.49

表 7-25 巴达高速各年度实际形象进度一览表

单位：%

	2010 年	2011 年	2012 年
路基工程（土石方、涵洞、挡防等）	4.2	64.47	30.5
桥梁	3.7	39.3	57
隧道	10.9	79.31	9.79
二衬	1.33	78.67	20
加权平均值	5.03	65.44	29.32

表 7-26 各条公路的年度实际完成投资占比

单位：%

	2010 年	2011 年	2012 年
丽攀高速	17.27	42.50	40.23
巴南高速	24.64	32.79	42.57
巴达高速	5.64	45.11	49.25

表 7-27 各条公路的形象进度测评值

	测评值	计算由来
丽攀高速	34.54%	26.43%×17.27%+57.48%×42.50%+13.78%×40.23%
巴南高速	29.37%	50.99%×24.64%+41.53%×32.79%+7.49%×42.57%
巴达高速	44.24%	5.03%×5.64%+65.44%×45.11%+29.32%×49.25%

经过以上测算过程，路地共建效益评价各指标的测算值汇总如表 7-28 所示。

表 7-28 各测评指标量化后的值

准则层	指标层	项目评价指标值		
		丽攀高速	巴南高速	巴达高速
经济评价	财务能力	6.18%	6.83%	6.67%
	抗风险能力	9.02%	10.25%	9.63%
	国民经济	10.7%	11.69%	12.36%

续表

准则层	指标层	项目评价指标值		
		丽攀高速	巴南高速	巴达高速
管理评价	组织决策管理	4.6	4.5	4.5
	安全管理	4.8	4.9	4.8
	质量管理	4.8	4.8	4.7
效率评价	形象进度	34.54%	29.37%	44.24%
	供地效率	8.83%	7.4%	5.54%
	资金供给效率	100.76%	107.34%	102.4%
社会评价	自然环境影响	4.5	4.7	4.6
	社会维稳	4.7	4.7	4.7
	公众参与机制	4.9	4.8	4.7
	社会影响	5	5	5

3. 评价指标值的规范化处理

为了消除效益评价各评价指标数据量纲的不同对决策结果的影响。本书对表7-28中的指标测算值进行了适当的数学处理。我们将其分为成本型（属性值越小越好）和效益型（属性值越大越好）。

（1）成本型指标的规范化处理方法

当 $a_{ij} > 0$ 时，$f_{ij} = S(a_{ij}) = \dfrac{\min(a_{ij})}{a_{ij}}$，

当 $a_{ij} \leq 0$ 时，$f_{ij} = S(a_{ij}) = \dfrac{\max(a_{ij}) - a_{ij}}{\max(a_{ij}) - \min(a_{ij})}$。

（2）效益型指标的规范化处理方法

当 $a_{ij} > 0$ 时，$f_{ij} = S(a_{ij}) = \dfrac{a_{ij}}{\max(a_{ij})}$，

当 $a_{ij} \leq 0$ 时，$f_{ij} = S(a_{ij}) = \dfrac{a_{ij} - \min(a_{ij})}{\max(a_{ij}) - \min(a_{ij})}$。

式中，f_{ij}（i = 1, 2, ⋯, n; j = 1, 2, ⋯, m）为决策者对评价指标 C_i（i = 1, 2, ⋯, n）的属性值 a_{ij}（i = 1, 2, ⋯, n; j = 1, 2, ⋯, m）的无量纲化值，$S(a_{ij})$ 为 a_{ij} 无量纲化的标准函数，$\max(a_{ij})$ 和 $\min(a_{ij})$ 分别为评价指标 C_i 的最大值和最小值。各测评指标规范化处理的结果如表7-29所示。

表 7-29　各测评指标规范化处理后的得分值

指标层	指标得分			规范化处理值		
	丽攀高速	巴南高速	巴达高速	丽攀高速	巴南高速	巴达高速
财务能力	6.18%	6.83%	6.67%	90.48%	1	97.66%
抗风险能力	9.02%	10.25%	9.63%	88.00%	1	93.95%
国民经济	10.7%	11.69%	12.36%	86.57%	94.58%	1
组织决策管理	4.6	4.5	4.5	1	97.83%	97.83%
安全管理	4.8	4.9	4.8	97.96%	1	97.96%
质量管理	4.8	4.8	4.7	1	1	97.92%
形象进度	34.54%	29.37%	44.24%	78.07%	66.39%	1
供地效率	8.83%	7.4%	5.54%	1	83.81%	62.74%
资金供给效率	100.76%	107.34%	102.4%	93.87%	1	95.40%
自然环境影响	4.5	4.7	4.6	95.74%	1	97.87%
社会维稳	4.7	4.7	4.7	1	1	1
公众参与机制	4.9	4.8	4.7	1	97.96%	95.92%
社会影响	5	5	5	1	1	1

第三节　应用评价模型进行综合评价

根据本书建立的路地共建指标体系，运用效益评价模型即可对高速公路的建设效益进行综合评价。首先，交通系统有关责任人员可以利用拟建立的评价指标体系对高速公路路地共建模式的运行效益进行单项指标的评价，并进行横向与纵向的对比，找出其薄弱环节，为提出效益改进建议奠定基础。其次，在高速公路路地共建效益评价中，相关人员需要掌握各个指标的重要程度大小，以及每一个指标在指标体系中的权重情况。该信息的掌握，一方面可以为高速公路效益评价的指标选择的合理性、效益评价重点的把握提供依据；另一方面也便于对评价对象的运行效益进行综合评价，为高速公路建设模式的选择提供借鉴和理论参考。

运用上文构建的效益评价模型对丽攀、巴南、巴达三条高速公路建设进行综合评价，根据表 7-10 指标体系中的各指标权重值和表 7-29 的实际测评值，代入效益评价模型,计算得出各条高速公路路地共建效益的总评分(如表7-30所示)。

表7-30 路地共建效益评价结果

准则层	指标层	权重	丽攀高速	巴南高速	巴达高速
经济评价 B_1	财务能力 C_1	0.0234	90.48%	1	97.66%
	抗风险能力 C_2	0.0576	88.00%	1	93.95%
	国民经济 C_3	0.0095	86.57%	94.58%	1
管理评价 B_2	组织决策管理 C_4	0.0466	1	97.83%	97.83%
	安全管理 C_5	0.0189	97.96%	1	97.96%
	质量管理 C_6	0.0077	1	1	97.92%
效率评价 B_3	形象进度 C_7	0.1472	78.07%	66.39%	1
	供地效率 C_8	0.3631	1	83.81%	62.74%
	资金供给效率 C_9	0.0597	93.87%	1	95.40%
社会评价 B_4	自然环境影响 C_{10}	0.0147	95.74%	1	97.87%
	社会适应性 C_{11}	0.0701	1	1	1
	公众参与机制 C_{12}	0.1501	1	97.96%	95.92%
	社会影响 C_{13}	0.0314	1	1	1
总得分(权重×得分)		1.00	0.95263212	0.88715203	0.84993625

通过表7-30三条高速公路总评分的比较发现,丽攀高速效益评价总评分最高,为0.95。但从具体指标构成可以看到,丽攀高速的经济评价,不论是财务能力还是抗风险能力,以及国民经济贡献方面都是三条高速公路中最低的。丽攀高速攀枝花段的建成,虽然预期能为当地带来巨大的经济利益,但由于攀枝花位于我国西南川滇交界部,金沙江与雅砻江汇合处,主要以山地为主,城市分布呈带状,高速公路建设施工条件差、技术难度大,尤其是征地拆迁任务艰巨,从表7-14可以看到,丽攀高速财务基准折现率的选取就是三者中最低的,这也是之前丽攀高速项目两次流标的主要原因。但丽攀高速建设中的组织决策管理、质量管理、供地效率、社会适应性、公众参与机制、社会影响是三条高速公路中评价最高的或最高的之一,尤其是评价体系中权重最高的供地效率,丽攀高速较其他两条高速公路显著更高,在征地拆迁任务尤其艰巨的条件下,地方政府功不可没,而地方政府职能的有效发挥离不开丽攀公司的优秀管理和路地双方的积极配合和支持。

第七章 路地共建效益评价

第四节 基于评价体系的效益分析

通过以上的效益评价过程可以看到，丽攀高速项目的总评分位于三条高速公路之首。究其原因，采用丽攀模式强化了地方政府职能，对保障项目建设的顺利进行起到了关键作用。对路地共建效益的分析可以从两个方面进行：一是对项目本身进行评价，即项目从决策到竣工实施的状况怎么样；二是对项目周边环境的影响怎么样，及项目对区域经济发展、社会发展以及自然环境的影响。以下就根据本书建立的评价指标体系，对丽攀高速项目本身及其对周边社会经济环境的影响进行综合分析。

一、经济效益

从评价指标的测算过程可以看出，丽攀高速在经济效益方面不仅没有优势，且在三条高速公路中还是最低的，但是作为一条技术难度大且施工环境恶劣的公路来讲，能做到与其他公路保持接近的经济能力，丽攀高速的参与各建设单位付出了很大的努力。

丽攀高速建设过程中体现出的经济效益主要可以从投资控制、土地利用的合理性和区域宏观经济的提升三个方面来分析。得益于投资控制方面取得的成效，丽攀项目财务能力较强，在节流方面做好了榜样。进一步地考虑到国民经济方面的影响，丽攀高速的建设在土地利用的合理性保护和提升区域宏观经济水平两个方面表现明显。

1. 投资控制

在丽攀模式的运行中，丽攀公司坚持以合同为依据，以资金管理为主线，切实抓好建设资金预算、控制、监督及核算工作，严格执行计量支付程序、设计变更管理、资金三方监管协议等，严格按政策进行征地拆迁补偿，确保项目建设投资不超预（概）算、管理费不超预（概）算，确保国有资产保值增值，切实监管建设资金使用情况，严控项目造价。投资控制取得了显著成效主要得益于以下一些控制措施：

（1）落实内控制度

为加强资金风险控制，丽攀公司建立了相应的内控制度并得到严格执行和落实：所有支出资金必须由经办人员、经办部门负责人、公司分管领导、项目法人按程序审核签字后财务部门方可按规定办理，项目法人或其授权人未签字同意的支出，财务人员不能列支、报销。

（2）严格计量支付管理

计量支付是工程造价控制的核心，是工程质量、进度的有效控制手段。丽攀公司为加强合同管理，规范计量支付工作程序，确保及时、准确地办理计量支付，制定了《工程计量与支付管理办法》，对工程项目资金计量与支付做出了详细规定，包括计量支付程序、方法、各种表单及附件资料的填写方法。同时，积极组织培训参建单位所有计量支付人员，确保工程计量支付规范有序、标准化。及时对合格工程进行计量并支付工程款，杜绝超计、多计等违规计量支付行为。

（3）工程项目预算控制

丽攀公司将年度工程项目预算按月进行细分并制定"预算完成情况表"。按月度进行分析考核的措施保证了项目资金在预算范围内的合理使用，使得各建设项目以批准预（概）算为基础，以合同为依据，严格控制工程造价。项目业主采取工程造价动态控制办法，保证全过程、全因素控制建设成本，从而实现了工程建设总投资和建设单位管理费均控制在预（概）算以内。丽攀高速公路建设各项目段均实行精细化管理，将实际费用（合同）与（预）概算进行跟踪对比分析，按照不突破控制目标的原则安排各项技术和管理工作，积极推广应用新技术、新工艺、新材料、新设备，优化设计，达到了强化质量、合理优化控制工程造价的目的。

（4）加强工程设计变更管理

工程设计变更管理是工程造价控制的重点。项目建设遵循部、厅有关规定办理确需变更的工程，控制好建设规模和技术标准，以确保设计变更的合理性和准确性。对于一般变更的工程，实行设计变更现场会审、内审制度，一般变更设计方案需经业主、施工、监理、设计代表四方现场核对并共同签署纪要。而对于较大变更和重大变更则必须按照交通运输部和省交通运输厅的变更设计管理规定程序执行，依据合同及时确定变更细目的单价。

(5) 严格建设管理费开支

丽攀公司结合历年的预算管理水平，实行刚性控制，精打细算、厉行节约，建设期间总共发生的公用经费支出数没有超过公用经费定额预算控制总数。每年发生的公用经费支出数也均没有超过按照当年投资完成额占总投资概算的比例作为系数，乘以公用经费定额预算控制总数计算出的当年份额。

建设资金管理方面，丽攀公司严把工程计量款审核关，坚持程序合规、依据合法、金额可控的原则，严格按照基本建设资金拨付要求进行支付。同时，加强了建设资金监管工作，建立起施工单位资金使用台账，对施工单位手续不齐、不符合规定要求的建设资金不予支付，保证了工程建设资金安全、合理使用，做到了专款专用。

2. 土地利用合理性

土地资源有限，不可替代。土地是农业的基本生产资料，是国家建设的重要物质基础。丽攀高速项目的建设用地，以"十分珍惜、合理利用土地和切实保护耕地"的基本国策为指导，切实贯彻执行《中华人民共和国土地管理法》和原交通部2004年发布的《关于在公路建设中实行最严格的耕地保护制度的若干意见》等土地管理法律法规，依法、科学、集约规范用地。

丽攀项目的建设使工程占用土地范围内以耕地为主的生态系统被以公路运输为主体的建设用地取代，土地原有使用功能部分或全部改变，对当地的农田和农业发展产生了一定的影响，但通过采取复垦、农业结构性调整等措施，并提供良好的交通条件，农业和农村经济得到了更大的发展，农民收入和生活水平得到提高。

(1) 坚持节约用地设计原则

为加强对丽江至攀枝花高速公路攀枝花段项目建设用地的科学管理，适应公路建设和发展的需要，丽攀高速在勘察设计过程中，遵循了以下原则：根据公路建设的发展需要，结合自然环境、土地资源等条件，本着依法、科学、合理和节约用地的原则，综合确定经济合理的公路建设规模；项目用地应符合国家制定的土地利用总体规划，尽量利用荒地、劣地，少占耕地，特别是农田保护区的土地；同时，采用改地、造地、复地等综合措施节约用地；路线方案的比选，应通过技术经济论证项目用地的合理性，严格控制农用地转用；路线应尽量绕避基本农田。对于靠近城市或通过农田及经济作物区的高填路堤路段，尽量考虑设置挡防工程或建桥通过，以节约用地；路基、交叉工程的土石方调配方案，在技术经济比较的基础上，尽量移挖作填和集中弃土，并与改田、造地相结合，以减少取土坑、弃上堆的用地；采用新型桥梁结构，降低桥梁高度，以减少桥头引道长度和填土高度；在环境与技术条件可能的条件下，应尽量降低路堤高度；合理选择料场、取弃土场位置。对集中取、弃土（渣）的取土场、坑和弃土（渣）场堆、给排水管网以及其他工程用地，如仍能恢复使用的，应按照国家有关规定，待工程竣工后，立即进行复垦，恢复使用；公路的通信、监控、供电系统的管线设施，在符合技术、经济和安全的条件下，尽量共沟架设，并尽可能在公路用地的范围内布置。

（2）占用土地合理性分析

交通条件的改善有利于国土资源的均衡开发，提高土地资源的使用效率。据测算，每公里高速公路占用土地面积为二级公路的2~3倍，但通行能力为其6~7倍。按照交通量预测以及项目在路网中的功能，丽攀项目采用高速公路建设标准，通过通行能力和服务水平验算，合理地确定车道数并尽量减少用地量，达到了节约用地的目的。原建设部、国土资源部发布的《公路建设项目用地指标》（建标［1999］278号）对不同地形和标准的公路占地面积进行了限值规定，丽攀项目采用低值核定其用地指标：$(50.215 - 11.37) \times 7.8819 = 306.17$公顷。丽攀高速项目拟用地251.11公顷，用地规模未超出上述规定指标。

3. 区域宏观经济的提高

公路运输与区域经济、社会系统的发展密切相关。公路运输为区域经济的发展提供了有效的运输条件，区域经济的发展又对公路运输提出新的交通需求，供给与需求之间的相互作用，使社会系统形成由平衡—不平衡—平衡的相互转化。丽攀高速公路的建设对攀枝花地区国民收入的增加和区域产业结构的调整起到举足轻重的作用。

（1）促进区域 GDP 平稳较快增长及地方财政收入增加

丽攀项目所在地攀枝花市，在四川省和攀西经济区经济发展格局中占有重要的地位。2008 年，攀枝花市经济总量为 486.85 亿元，在全省排 13 位，其中全部工业增加值 296.31 亿元，排第 5 位，人均 GDP 37277 元，全省排名第 1 位，是全省人均 GDP 平均数的 2.42 倍。城镇居民人均可支配收入 13343 元，仅次于成都市，排名第 2，农民人均纯收入 5063 元，排名第 3。

目前，公路基础设施建设是我国抵御世界经济金融危机不利影响的十项措施之一。在丽攀项目建设期间，由于加大了对基本建设资金的投入，有利于扩大内需，为全社会提供更多的就业机会，带动相关产业包括建材、机械产业的发展，直接拉动经济的持续增长，其投资的乘数效应明显。丽攀高速建成后，将带动沿线的矿产资源和旅游资源的开发，形成新的经济增长点，加强攀西经济区和成都市的经济联系，改善项目影响区的交通条件和投资环境，发挥攀枝花市的优势产业，增强经济互补。

不言而喻，丽攀项目的实施提高了攀枝花市的综合运输实力，完善了攀枝花市区域性次级枢纽，能够促进地区生产总值的平稳较快增长及地方财政收入的增加，有利于促进项目沿线经济社会又好又快发展。

（2）促进区域产业结构调整

项目建设将对区域产业结构调整和生产力布局产生影响，吸引资金、技术、劳动力等生产要素向丽攀高速沿线聚集，有助于通道经济的形成。同时，丽攀高速的通车将提高路网对沿线城镇的服务水平，增强成都市对攀西经济区的经济辐射作用，提高运输效率，降低物流成本，使各种生产要素合理流通、优化配置，促进产业布局更加合理。

二、管理评价

从层次分析法的评价过程可以看出，丽攀高速在管理方面效益较好。这与丽攀公司在组织决策、质量和安全等方面的管理理念和管理执行力度是分不开的。

丽攀公司认真贯彻上级有关规定，努力践行"服务型"业主职能，争做金牌业主,着力打造"丽攀"品牌,在努力探索丽攀模式的有效路径的基础上进一步深化"路地共建"的内涵和外延,总结推广丽攀模式的成功经验,全面实施"精细化"管理。丽攀公司全体员工精诚团结、吃苦耐劳、讲政治、讲奉献,发扬"困难艰险吓不倒、目标任务重压不倒、技术复杂难不倒"的"三不倒"精神,成功变"双难"(征地拆迁难、施工技术难)工程为"双精"(精细化管理、精品工程)工程。

1. 组织决策管理

(1) 组织及制度建设

首先,丽攀公司高度重视制度建设工作,从成立之初就及时结合实际,本着"磨刀不误砍柴工,先定章法、再干实事"的原则,建立健全了相应的管理制度,目前已经制定了综合管理、安全管理、财务管理、廉政管理、工程建设管理等多项管理制度,建立起了公司管理的制度体系。同时,丽攀公司强化了制度宣贯工作,在全体参建单位、公司全员中通过以会代训、集中学习、书面考试等多种方式宣贯公司管理理念、制度、目标任务等,全体参建人员基本理解、掌握并自觉执行公司各项制度,实现了各项工作"有章可循,有据可查"。

其次,丽攀公司勇于创新工作机制,大力加强公司行政效能建设。公司对各部门每月的重点工作和重要文件的办理情况实行清单化管理,严格执行督查督办制,并及时上墙张榜公示,以充分发挥群众监督、民主管理的作用,努力提高工作效率,同时为领导决策和年终考核提供参考,取得了令人满意的效果。

最后,丽攀公司深化内部改革,着力营造良好的用人选人环境,为公司的发展提供了坚强的组织保证。公司坚持重大问题(包括"三重一大")集体研究决定,实现了决策科学化、民主化,也充分体现了公司领导班子敢于担当、勇于承担的模范引领作用,班子凝聚力进一步增强,群众信任度、满意度进一步提高,领导核心进一步确立。为进一步提高工作效率,公司根据实际情况及时优化了组织机构和人员,制定了《丽攀公司中层干部管理办法(试行)》和《丽攀公司中层干部管理竞聘实施细则》,开展了中层干部竞聘上岗工作,实现了"能者上、庸者下、闲者让"的良性用人选人机制,对部分人员岗位进行了调整和优化,实现了人才资源的合理配置,为人才脱颖而出优化了环境,为公司的高速、可持续发展打下了坚实的基础，为项目建设的稳步推进创造了条件。

目前丽攀公司机构健全、班子坚强有力、人员结构合理、制度完善、运转高效，基本建成了作风优良、务实高效、纪律严明、服务优质、管理有序的高速公路建设管理队伍，队伍建设成就斐然。

（2）廉政建设及惩防体系建设

丽攀公司高度重视廉政建设及惩防体系建设，着力打造阳光工程、廉洁工程，工作中始终坚持"标本兼治、综合治理、惩防并举、注重预防"的方针，制度健全、人员落实、责任明确、措施得力。各参建单位在签订施工合同的同时，与公司各部门签订了廉政建设目标责任书，签订率100%，实施了"五级廉政承诺制"，并加强监督检查，坚持逢会必讲廉政的习惯，做到警钟长鸣，时刻警醒警示全体员工廉洁从业。截至2012年12月底，公司未发生任何廉洁问题，确保了国有资产的保值增值，也为丽攀公司的发展提供了坚强的保障，实现了丽攀项目"全面落实党风廉政建设责任制，廉政合同、党风廉政建设目标责任书签订率100%，实现干部廉洁、工程优良、队伍优秀"的廉政目标。

（3）企业文化

丽攀公司始终突出"和谐、安全、成本"的管理理念，打造以"学习、和谐、正气"为内涵的企业文化，崇尚先进，鞭策后进，精神文明建设成果显著，涌现了一批先进集体和先进个人，团结紧张、活力和谐、健康向上的丽攀文化凸显，树立了思想统一、行动迅速、能战斗、能取胜的"丽攀"形象。

丽攀公司获川高公司2011年度劳动竞赛先进集体称号，陈青等获劳动竞赛先进个人称号，工会财务获省交通运输工会2011年度先进集体和先进个人称号。丽攀公司还积极筹建了职工之家、党员活动室、团员活动室等活动阵地，为职工营造了温馨家园，丰富了职工的文化生活，搭建了职工交流、学习的平台。丽攀公司积极参加了川高系统历届运动会，其中女子羽毛球在第三届运动会上获得第4名的佳绩。

2. 质量管理

根据交通部《公路工程质量管理办法》，丽攀公司始终坚持"百年大计、质量第一"原则，牢固树立"建一条公路，树一座丰碑"的思想，结合丽攀高速公路《质量管理实施细则》，要求各参建单位牢固树立"质量为本"的思想，建立岗位责任书，分级落实质量管理责任，切实强化施工过程质量控制。通过加强原材料源头控制，严格施工工序控制，实行质量责任追溯制、实名制和首件工程认可制，推行拌和场、预制场标准化建设，开展"混凝土质量通病治理"、"检测数据打假"等主题活动，确保了工程建设质量的可靠性。同时加强管理人员、施工技术人员对技术规范、施工图设计文件的熟悉、认识，重点对工程的开工、材料、工艺、检验等工作进行了规范和强化，督促施工单位严格执行规范，充分发挥监理的社会监督作用。

完善的质量管理和监督体系、规范有效的管理，确保了工程建设质量受控且可靠，实现了丽攀项目"工程总体质量达到优良标准，分项工程优良率力争达100%"的质量目标。丽攀公司项目建设质量情况良好，质量控制体系运转正常，各级质量管理责任明确，整体处于受控状态。在四川省交通运输厅质监局2012年度桥梁隧道专项检查中，攀枝花段项目除橡胶支座外，各项质量检测指标均达90%以上。

3. 安全管理

丽攀公司高度重视安全工作，强化安全意识，在公司上下树立了"安全就是进度、安全就是效益"的思想，始终坚持"安全第一、预防为主、综合治理"的指导方针，并认真贯彻落实了各项安全生产要求。按照四川省交通厅"杜绝特大事故、遏制较大重大事故、减少一般事故"的总体要求，丽攀公司建立了"预案、预控、预报、预警"安全管理长效机制，积极贯彻落实"接受政府监督、业主督促检查、监理现场监督、施工单位主体负责"的安全生产管理模式，建立了联合地方安监部门继续深化政企联动的安全监管机制，并深入开展安全风险预警机制研究，在施工过程中推行工程施工安全风险评估制以及非标设备验收准入制。丽攀项目安全生产管理到位，形势稳定，做到了安全管理横向到边、纵向到底。

虽然在2012年出现了C2标段"8·31"桥梁模板垮塌伤人事故、C12标段因大雨导致标段上方企业的尾矿冲毁施工现场等安全事故，但安全生产总体处于受控状态，未发生较大及以上安全生产事故，基本实现了"杜绝重大特大安全事故的发生，遏制较大、重大事故，最大限度地减少一般安全事故的发生"的安全生产总目标，基本完成了董事会制定的安全管理目标任务。

三、效率评价

从层次分析法的评价结果来看，丽攀高速在建设效率方面的表现突出，但实际过程却是喜忧参半，值得各参建单位和相关政府部门等总结和深思。下面从成功经验和阻碍因素两个方面来分析丽攀高速的效率效益。

1. 丽攀高速项目效率效益的成功经验

从效益评价过程可以看到丽攀项目建设过程中的供地进度快，供地效率高。这离不开丽攀公司的优秀管理和攀枝花市政府及政府各相关职能部门的积极配合和支持。

丽攀公司认真贯彻上级有关规定，努力践行"服务型"业主职能，争做金牌业主，着力打造"丽攀"品牌，努力探索丽攀模式的有效路径，全面实施"精细化"管理，力争变"双难"（征地拆迁难、施工技术难）工程为"双精"（精细化管理、精品工程）工程。截至2012年年末，各项工作基本按计划实施，扎实推进。

为了顺利完成进度安排，主要采取了以下一些进度管理措施：

（1）科学编制进度计划，合理分解进度目标

丽攀公司围绕项目总体进度目标要求，编制了项目总体进度实施计划，并分解落实各阶段性（年度、季度、月、周）进度目标。一方面，加强对目标计划实施情况的检查、考核、调整和修订，对制约工程进展的因素，及时发现，有效解决。另一方面，科学合理地安排建设工期，抓住关键工点、关键工程的形象进度，制定和落实关键、控制性工程（节点）的保证措施，倒排工期，挖掘潜力，分阶段、分地形地质区域、分合同段、分工点细化分解目标，加强动态监管，确保计划落实。

（2）严格对进度目标的考核、奖惩

丽攀公司将年度进度目标分解落实到相关参建单位和部门，明确责任人，签订目标责任书。为确保项目各阶段性进度目标的实现，建立了激励机制，严格执

行动态目标考核奖惩制度，依照相关规定和合同约定，对施工进度目标完成情况进行考核奖罚。对进度滞后的承包人，采取发通报、约见企业法人、发律师函、严格信用评价考核、指令分割工程任务，依照相关规定和合同约定进行经济处罚等方式，督促承包人分析进度滞后原因，采取措施加大人员、设备、资金投入，以达到有效整改。

(3) 实行目标完成情况通报制

川高公司每月将各建设项目工程建设进展情况通报全系统并上报，每半年对目标完成情况进行检查总结。丽攀公司坚持工程进度周报、月报制，对于个别特殊合同段，采用日报制，实时掌握工程进展情况，同时，将各合同段的进度计划与完成情况进行通报。

(4) 落实监理责任，将监理服务费与工程进度挂钩

丽攀公司强化监理作用，落实监理责任，严格项目监理目标考核。建设项目在监理服务合同条款中明确约定，将工程进度与监理服务费的支付挂钩，以此提高监理工作的积极性与有效性，充分发挥了监理工程师在工程建设中的作用。

丽攀高速项目建设阶段能够顺利实施除了得益于丽攀公司良好的进度管理外，一个不可忽视的保障就是路地共建模式。路地共建模式采取由政府出资出力负责征地拆迁工作，即政府由在传统的BOT模式公路建设中的协调者角色转变成了公路建设的直接参与者和实施者。政府角色的转变，强化了政府在公路建设中的职能作用，在征地拆迁过程中大大提高了征地拆迁的执行力，即保障了供地和资金供给的效率以及形象进度的顺利完成。

无论是项目业主负责，还是地方政府负责，征地拆迁工作都是老大难问题，川高公司和攀枝花市政府投资协议约定攀枝花市政府负责征地拆迁工作，项目业主必须依靠地方政府及时交地、营造良好的建设环境，才能全身心投入建设管理。因此，丽攀公司与攀枝花政府双方针对工作机制和责任落实出台管理办法，约束并规范各自的人员及工作程序，提高工作效率。管理办法的出台既是相互尊重，也是相互制约；既是明确责任，也是互相监督；既是增加压力，也是增加动力；既是地方政府领导小组对上负责的有效措施，也是项目业主对上负责的有效措施，出发点是为了丽攀高速公路建设的顺利开展。

攀枝花市把抓好征地拆迁工作和优化施工环境作为加快丽攀高速建设的首要任务和第一推动力，采取了4项举措，保障了丽攀高速建设的供地进度和形象进度的顺利开展。

（1）成立丽攀高速公路建设领导小组

为了配合和支持丽攀高速公路的建设，攀枝花市政府成立了由市委副书记任组长、市政法委书记、分管副市长为常务副组长，市政府分管副秘书长、市交通局局长为副组长，同时分管副秘书长兼办公室主任，市级相关部门及沿线政府、大企业为成员单位的丽攀高速公路建设领导小组，统一组织和领导丽攀高速项目征地拆迁补偿安置工作。沿线各区按"属地管理"原则成立了相应机构，是辖区内具体工作的实施主体和维稳责任主体，沿线大企业按"属事管理"原则也成立了相应机构，是本企业范围内具体工作的协调工作主体和维稳责任主体。特别是攀枝花市、区建设领导小组领导做到了亲临一线，靠前指挥，做到了及时解决有关矛盾和问题，为建设工作的顺利进行提供了强有力的领导力量和组织保障。

（2）加强宣传

攀枝花市、区领导小组和沿线各级党委、政府充分运用网络、电视、报纸、广播、板报、广告牌等媒体编写工作信息、简报，以及形式多样、大张旗鼓的宣传，既让征地拆迁相关法规、政策家喻户晓，又号召全市人民把丽攀高速公路建设当作攀枝花自己的事，举全市之力，以"只争朝夕、时不我待"的作风，共同为丽攀高速公路建设出力、服务。

（3）抓好政策基础

攀枝花市政府本着"有利于拆迁工作开展、有利于拆迁户拆迁、有利于节约拆迁经费"的思路，通过加强政策学习研究、调研摸底和外出考察借鉴，制定了《丽攀高速公路攀枝花段征地拆迁补偿安置工作指导意见》，具体对丽攀路征地拆迁安置补偿工作的指导思想、工作目标、工作规则、征地拆迁补偿安置、临时用地、资金管理、档案管理、监督考核等事项作了明确规定，体现了丽攀高速公路"一个政策、一把尺子"与"合法性、灵活性、可操作性"相结合的总体要求，为开展丽攀高速路征地拆迁工作奠定了政策基础。

（4）做好保障服务工作

攀枝花市、区相关职能部门本着"一切为丽攀高速公路建设提供优质服务"的宗旨，制定出地材料场、炸材供应、社会治安、施工供水、电力保障、环保、安全质量7个保障服务工作方案，按照"执行政策零折扣、优化服务零距离、工程建设零干扰"的要求，建立"零干扰"的服务机制。政府各职能部门坚持"精简高效，急事特办"的原则，摒弃地方意识，破除部门观念，全力以赴支持丽攀高速公路建设，在法律法规和政策允许的范围内，简化办事程序，主动为丽攀高速公路建设保驾护航。采用提前启动、主动介入、交叉作业、无缝搭接等多种高绩效管理方式，确保工作程序不减、进度加快、周期缩短、效率提高、目标按期实现。交通质监、造价部门围绕打造精品工程，严把关键环节和部位，使工程质量始终处于有效的受控状态；发改、财政及时组织拆迁资金；攀钢、攀煤、电力等单位识大体，顾大局，成立专门工作班子，出人、出力、出钱、出物、积极支持丽攀高速公路建设；检察院与丽攀公司建立防腐体系，以争创"工程优良、干部优秀"为抓手，打造"阳光高速"。

在技术支持上，一方面采取土地面积勘测定界统一实施和林地权属、地类、林种统一认定，即选定具备资质的专业勘测单位对丽攀高速公路建设用地的面积、地类、林地、林种一律以勘测单位实测数据为准。勘测单位利用当今先进的全站仪坐标解析法，测绘出来的数据准确、快速，加之提供1：500地形图，在图纸上就能把每宗地的边界、面积、地类、林种等准确而清楚的体现出来，确保数据准确性与公正性，改变以往由人工丈量数据与实际出入大、争议多、矛盾多的问题，达到减少争议、控制征地成本、提高工作效率、推动征地拆迁工作的目的。另一方面针对涉及城市房屋拆迁集中、量大的问题，为有利于改善居住条件、打造人居环境、提高生活质量、提升城市形象，同时也利于从源头上维护稳定，全线采取开发式安置，把拆迁安置房建设与经济适用房建设、廉租房建设、旧城改造、棚户区改造、沉陷区搬迁和城乡环境综合治理工作有机结合起来，主导以产权调换安置为主，货币补偿安置为辅的方式进行安置，在东区、西区分别选择115亩和60亩两宗地进行市场开发集中统一实施，安置城市房屋拆迁户。

2. 丽攀高速效率效益的阻碍因素

从效率效益评价过程可以看到，丽攀项目建设过程中的资金供给进度和形象进度在 2012 年明显下降，特别是 2012 年的形象进度并没有按目标完成。追溯其原因，正是在 2012 年上半年攀枝花市政府对《投资协议》中征地拆迁资金理解有异，致全线征地拆迁工作基本停滞。经丽攀公司与地方政府、川高公司等多方协调后，征地拆迁工作于 2012 年 6 月底才步入正轨。由于征地拆迁工作已进入后期，征迁量较少，所以从全年的统计数据来看，这并没有影响当年的供地总进度。但是此状况的出现严重地影响了施工建设的进展，并导致公路建设后期材料运输、环境污染等各种矛盾激化，施工环境保障困难日益增多。为了避免此类情况的发生，投资方和地方政府在签订投资协议的时候应尽量明确协议各方的职责，避免不必要的纠纷。同时，业主单位应时刻保持并加强与地方各级政府和职能部门的沟通，坚持路地联席会议制度和信息报送制度，积极化解各种矛盾，解决各种困难，努力创造良好的施工环境。

四、社会效益

丽攀高速项目的社会效益评价结果优于另外两条公路。分析其评价的构成，可以看到这主要得益于公众参与机制方面，正是由于公众参与度高、透明度强，从而有效地维护了公路沿线的社会稳定。在此，为了全面体现丽攀高速项目的社会效益，从社会影响、社会维稳、公众参与机制和环境影响四个方面来详细分析。

1. 社会影响

对于公路的发展，不能仅仅从经济方面考虑，还要从社会系统来考虑。当经济和社会系统发展到一定水平时，公路运输就需要可持续性发展，故要求公路运输的发展与自然资源和环境相协调，同社会进步相适应，从而促进区域经济和社会系统的全面发展。

丽攀高速项目地处攀枝花市境内，攀枝花市位于四川省西南部，地处金沙江与雅砻江交汇处，是一座以钢铁、能源和钒钛为主的新兴工业城市，也是以攀西阳光度假为特色纳入四川省规划的新五大景区之一。2008 年攀枝花市经济总量为 427.61 亿元，占全省经济总量的 3.42%，人均 GDP 为 37277 元，位于四川省各地市州中第 1 位。攀西地区有丰富的矿产资源，已建成世界上最大的钒钛基地。同时，随着金沙江水电的进一步开发，攀枝花至宜宾段将建成四川省最大的水电开发基地。钒钛基地和水电基地的建设和发展，需要提供高速公路通道支撑。

为深入贯彻落实科学发展观，推进四川省经济社会的又好又快发展，根据四川省委、省政府提出的"二枢纽、三中心、四基地"的战略构想，四川省将构建贯通南北、连接东西、通江达海的西部综合交通枢纽，将四川建设成为辐射西部、面向全国、融入世界的西部经济发展高地。丽攀高速公路是《西部综合交通枢纽建设规划》和《四川省高速公路网规划（2008~2030年）》确定的第 5 条南北纵线——宜宾至攀枝花高速公路的重要组成部分，也是国家高速公路京昆高速（G5）和大（理）丽（江）高速（G5611）的连接线，直接为攀西战略资源开发基地和攀西城市群服务，而且新增了四川省南部东西向出川通道，形成四川经云南通往东南亚最便捷的运输通道，对加快完善攀枝花区域性次级枢纽建设，加强川西南与滇西北之间的经济联系，充分发挥攀枝花市的经济辐射作用，为四川省最大水电开发基地和钒钛基地建设提供高速公路支撑，对四川建设西部经济发展高地都具有重要作用。具体归纳为以下七个方面：

（1）有利于扩大内需和增加更多的就业机会

攀枝花市 2008 年末总人口 111.18 万人。其中，农业人口 51.61 万人，占总人口的 46.42%。区域内人口密集，劳动力富余，农业生产以传统方式为主。丽攀项目的建设和营运将扩大内需、提供就业机会。公路建设是劳动密集型项目，需要投入大量的人力、物力。建设期间将增加对筑路材料的需求，促进经济的平稳增长，创造更多的就业机会。据粗略估算，丽攀项目建设期每天需要人工 20163 个，这些就业机会的相当部分为当地提供，单位投资直接就业效果为 0.037 人/万元。

随着丽攀项目的建成通车，将向全社会提供养护、管理、收费等就业岗位，诱发相关行业增加就业岗位，如服务产业、建筑材料工业和交通运输业等。同时，随着出行条件的改善，有利于区域劳务的输出，增加外出就业的机会。

（2）促进城乡一体化进程

丽攀项目直接影响区为攀枝花市东区、西区、仁和区、米易县、盐边县

2008年人均GDP分别为65844元、28503元、29113元、18622元、28189元，均高于四川省人均GDP水平。间接影响区如凉山州的会理县、会东县、盐源县，人均GDP都在20000元以下，发展不平衡，教育程度和医疗水平相对较低，易受自然灾害、社会经济风险的冲击。

丽攀项目的建设将推进社会主义新农村建设的进程，有利于沿线农村劳动力向城镇转移和产业结构优化。同时，公路沟通了沿线的城镇、交通枢纽之间的联系，改善了投资环境，增强了对社会投资者的吸引力，进一步缩短了城乡时空距离、缩小城乡差距，提高了沿线居民抵抗自然灾害、社会经济风险冲击的能力，促进了区域间的文化、教育、卫生事业的发展，加快了城镇化和城乡经济社会一体化进程，达到了持续增加农民收入的目的。

(3) 改善弱势群体的生存和生活环境

在通常情况下，弱势群体的含义包括：一是在现实生活中处于很不利的境况，特别是物质生活的贫困；二是在市场竞争中处于弱势地位；三是在政治和社会层面，表达和追求自己权益的能力处于弱势地位。在这里，弱势群体主要指老年人、残疾人、妇女和儿童。

老年人、残疾人是需要整个社会关爱的群体，他们的生存、生活需要社会的扶持和救助，这需要相适应的社会公益事业、慈善救助机构为他们服务。交通条件的改善，经济的发展，医疗服务得到改善，为公益事业、救助机构提供了交通和经济保障，从而为老年人、残疾人提供了和谐的生活环境，使他们生活得更加幸福。

妇女地位的提高有赖于自身教育文化水平的提高和经济地位的独立，也有赖于思想意识由传统型向现代型转变。传统农业生产方式制约了妇女能力的发挥，传统文化思想观念使实现男女平等受到限制。由于男性劳动力大量外出进城务工，更多妇女被推向家庭、管教子女和农业生产的主要岗位，收入水平一般较低。交通条件的改善将增加农村妇女的就业机会和就业选择，从而提高妇女的经济地位，尤其是外出务工促进了农村妇女的收入增加，进一步促进社会性别平等的实现。

(4) 推进实现四川省高速公路网规划

丽江至攀枝花高速公路攀枝花段，是四川省高速公路网规划的第5条南北纵线宜宾至攀枝花高速公路的重要组成部分,是四川省"十一五"期间重点公路建设项目。丽攀项目的建设不仅推进了四川省高速公路网的规划建设进程,而且新增四条四川省南部东西向出川通道,形成了四川经云南通往东南亚最便捷的运输通道,对建设区域性中心城市,加强川西南与滇西北之间的经济联系,充分发挥攀枝花市的经济辐射作用,加快完善攀枝花市区域性次级枢纽建设,为四川省最大水电开发基地和钒钛基地建设提高速公路支撑都具有重要作用。同时,丽攀项目东在云南境连G5611大理至丽江高速公路,西在四川境与G4北京至昆明高速公路相衔接,形成了国家西南部高速公路网的重要连接线,补充和完善了国家西南部地区幅员面积大约29.8万平方公里、人口约2800万人、高速公路网密度低的现状。

(5)提高公路运输质量和效果

丽攀项目影响区的相关公路有国道108线、省道214线、216线和310线。受攀枝花地形条件的限制,三条省道分布在攀枝花城区内,同时承担城市交通和公路交通,交通量大,服务水平低,交通拥堵时有发生。由于攀枝花市的经济特点是以能源、钢铁和煤炭为主,运输原料和产成品的车辆超载严重,造成路面破损、路况较差,存在较大的安全隐患。随着经济社会的发展,未来通道交通压力将更为严重。

丽攀高速公路建设项目具有通行能力大、服务水平高、运行速度快、抢险救灾应急反应能力强的特点,将有效分流过境交通,为攀枝花主要的支柱产业服务,提高运输效率,降低物流成本,缓解攀枝花城市交通压力,降低交通事故发生率,提高抢险救灾应急能力。

(6)推动沿线矿产资源的规模开发

攀枝花市是一座以钢铁、钒钛、能源产业为主的工业城市,矿产资源十分丰富。攀枝花市炼铁所必需的配料主要集中在四川省会理县、会东县及周边地区,钒钛磁矿、富铁矿达13.7亿吨,铅矿78.85万吨,锌矿267.04万吨,轻稀土保有稀土氧化物总理103.06万吨。煤炭主要集中在贵州省六盘水市、云南省昭通市和丽江市华坪县。其中,六盘水市储量711亿吨,煤质优良,煤种齐全,埋藏浅;云南省的昭通市,煤炭储量165.8亿吨,硫铁矿为全国五大矿区之一;丽江市华坪县,煤炭储量3.5亿吨,花岗石储量0.3亿立方米,石灰石储量约10亿吨，钒钛磁铁矿 0.3 亿吨。四川省会理县、会东县和云南省昭通市、丽江市华坪县、贵州省六盘水市均集中在东西向，区域经济互补性极强。目前，东西仅有 S310 线宁华路，由于公路等级低、路况差，难以承担繁重的交通运输任务，极不适应经济社会发展的需要。丽攀项目的建设满足了攀枝花市工业产品输出和原材料输入的需要，是一条适应川西南、滇西北经济产业链结构的高速公路，从而实现了区域经济的优势互补，促进了民族团结和民族地区经济社会发展。

（7）推动丽江、攀枝花两市旅游资源开发

攀枝花市是以攀西阳光度假为特色列入四川省规划的新五大景区之一。攀枝花市境内的主要旅游资源有二滩国家森林公园、米易龙潭溶洞、格萨拉和迤萨拉民族生态旅游区、红格温泉、苏铁自然保护区、金沙滩漂流基地等。随着旅游设施逐步配套完善，阳光休闲生态之旅已初具魅力，攀枝花市正在发展成长为川西南、滇西北的区域性中心城市和旅游目的地。云南省丽江古城是具有 800 多年历史的世界文化遗产，是全国乃至世界旅游爱好者的主要旅游目的地，"三江并流"、东巴文化、雪山、泸沽湖等，蜚声中外。丽攀项目的建设可带动两市旅游资源优势的有机结合，实现攀枝花市旅游产业融入川滇藏"大香格里拉生态旅游区"的产业目标，必将促进两省旅游业的发展，对于推动攀枝花旅游资源开发，打造攀西阳光旅游度假区品牌，做大做强香格里拉旅游环线具有重要意义。

2. 社会维稳

社会稳定是改革开放和社会主义现代化建设的前提条件，没有稳定的社会环境，社会主义现代化建设就不可能顺利进行，社会主义和谐社会也就不可能实现。社会维稳就是指所有对社会产生风险的要素的总和，其外延是维护社会稳定的所有方面，既有宏观的社会结构失衡，也有微观的突发公共事件。对于任何一条高速公路的建设，征地拆迁工作都是影响工程进度的重点也是难点。政府在公路建设中的角色转变带来的好处不仅仅反映在征地拆迁的执行力上，政府的职能是为人民服务，其在一定程度上代表了老百姓的利益，而作为被征地拆迁的单位和群众相对于项目业主单位也更愿意相信政府。因此，路地共建的建设模式特别是在环境协调方面表现出的优越性，对维持攀枝花地区的社会稳定起到了积极的作用。

参照项目可行性报告的社会适应性分析，通过发放调查问卷和深度访谈的形式,公众参与调查结果显示公众十分支持丽攀项目的建设,对丽攀项目的支持率达100%。96%的公众同意项目的路线走向,89%的公众对修建公路征地拆迁占用田地没有意见,55%的被调查者认为占用农田是影响农业生产的最大因素。

丽攀项目主要经过攀枝花市仁和区、西区和东区,路线先后穿越仁和区福田镇、西区格里坪镇、仁和区太平乡、仁和区前进镇、东区银江镇、仁和区金江镇,当地基层政府、企事业单位和社会团体等单位代表的主要意见归纳如下:100%的代表同意丽攀项目的建设;100%的代表认为丽攀项目的建设将有利于该地区公共事业的发展;100%的代表认为丽攀项目的建设将对群众生活出行带来方便,有利于提高居民生活质量;82%的代表认为丽攀项目的建设对该地区的自然保护区、风景名胜区、水源保护区、森林公园、地质公园不会产生不利影响。表7-31描述了从利益相关者、当地机构和项目环境三个方面考虑的丽攀项目与当地社会的适应性调查统计情况。

表7-31 项目与当地社会的适应性分析

社会因素	考虑因素	关注点	对项目的影响	受项目的影响	适应情况
主要利益相关者	投资人 运输专业户 商贩、果园承包者 区域内的企业 一般居民 拆迁居民	投资利益 道路状况的改善 运输条件的改善 投资环境、运输成本 出行方便、舒适 征地补偿和安置	大 小 小 小 小 小	大 较大 较大 较大 较大 大	投资人具有较强的社会责任感 受益人对项目实施的态度 搬迁居民对征地拆迁的满意度
当地机构	所在地区政府	交通基础设施的改善、投资环境的改善、经济社会的发展	大	大	当地各市、县(区)及乡(镇)政府对项目实施给予支持配合
项目环境	社会及人文环境	符合当地环境和人文条件	大	大	项目能为当地环境和人文条件接纳,现有技术条件满足项目建设需要

从以上分析可以看出,丽攀高速公路项目的利益相关者们是支持公路建设的。除了公路建设对社会产生的如上节所阐述的积极社会影响外,从作为高速公路建设主体的丽攀公司和攀枝花政府的角度来考虑,丽攀高速的建设受到利益相

第七章 路地共建效益评价

关者的支持还基于以下三个方面的努力：

第一，坚持"以人为本"的理念，有效解决群众合理诉求。丽攀公司深入了解并及时解决沿线群众的合理诉求，会同设计、监理和施工单位做大量的调查研究工作，修建施工便道、人行通道，并要求广大参建单位在施工过程中做好环境保护工作，如弃渣弃土的合理堆放、严禁大药量爆破、避免夜间施工等，保持沿线居民生产生活便利，最大限度地降低施工干扰，得到了沿线百姓的普遍称赞和支持。

第二，为沿线群众办实事、办好事，深化"路地共建"的内涵和外延。例如，丽攀公司在得知公司攀枝花驻地莲花村岩神山进山通道因资金匮乏而尚未改建的实情后，高度重视，积极组织动员公司全体员工、各参建单位捐资捐物，利用一个月时间为莲花村岩神山风景区改建了进山通道，不仅方便了莲花村父老的生产生活，也给外来登山的游客提供了便捷。公司还组织开展员工志愿服务，深入市福利院为孤寡老人、儿童奉送生活用品和社会的关爱，深入工地一线为农民工送去温暖和慰问。在丽攀公司的大力倡导下，全线各施工单位自觉将老百姓的冷暖挂在心上，自觉将老百姓的急事、难事当作自己的事，建设单位情系百姓换来的是老百姓对重点工程建设的理解与支持，开工以来，阻工事件都能在现场及时化解，良好的施工环境保证了施工的顺利实施。

第三，创造良好施工环境，保障工程建设顺利推进。丽攀公司主要做了以下一些工作：其一，协调施工引发的矛盾，如协调C3段高压铁塔影响半边街特大桥架设、C12标高压线二次迁改、C6~C11施工爆破影响、C13阻工和上访、村民无理阻工等事件；其二，协助社会治安综合治理，如针对施工单位建材被盗抢严重的问题，一方面协调公安部门加强对丽攀高速公路施工建材盗抢等违法行为的依法打击，加强施工现场的巡逻保护工作，另一方面指导对施工单位加强管护工作、完善制度和保障措施；其三，协调施工单位内部管理引发的矛盾，如及时解决C9标段内部纠纷导致的群体性事件。通过公司的积极努力，有效协调矛盾各方，化解各类突出矛盾，为施工单位创造了安全、良好的施工环境和条件，为建设顺利推进提供了良好保障。

3. 公众参与机制

按照四川省委、省政府加快推进西部综合枢纽建设的总体部署以及开展全省交通重点项目三年集中建设攻坚活动的要求，攀枝花市建设领导小组办公室与四川丽攀高速公路有限责任公司就丽江至攀枝花高速公路攀枝花段工程建设项目建设、征地拆迁和外部环境协调等工作建立联席机制。

联席会议的主要任务是研究丽攀高速公路建设与征地拆迁协同配合工作中的重大问题；研究提交市建设领导小组决定的重大事项；布置和检查决定事项的具体落实工作；协调解决贯彻决定事项进展中存在的问题。这一举措建立了路地"相处和谐、上下通畅、运转高效"的协调联席工作机制，明确规定在丽攀高速公路征地拆迁与工程建设工作中，攀枝花市各区领导小组、沿线乡（镇）、街道办事处、村、社及企事业单位与项目业主、施工单位间不得擅自签订任何协议或承诺。双方必须逐级自下而上分别通过攀枝花市领导小组与丽攀公司沟通协调明确工作职责与程序，各司其职，及时沟通，相互协作，协调联动，形成共抓高速公路建设的强大合力。

丽攀高速项目属于典型的"双难"工程，丽攀公司紧密依靠攀枝花市委市政府，主动接受地方政府的领导，创新工作模式，坚持路地联席会议机制，提出了"征地拆迁、不拖后腿，优化环境、不遗余力，质量安全、不打折扣，廉政建设、不留遗憾和创建省市共建典范"的总体目标，推行了"明确任务、落实责任，统一政策、统一步调，加强督促、强力推进，协同作战、顾全大局，阳光操作、和谐拆迁"等措施，实现了和谐征地拆迁，创造了攀枝花市公路建设史上最短时间交地、施工单位最短时间进场和最短时间全面开工的纪录，为项目的顺利实施给予了强力支持，被各级部门和领导誉为"路地共建"典范。

4. 环境影响

任何一条高速公路的建设都会对建设区域内的环境产生一定的影响，建设单位除了确保工程质量的合格外，还应当履行社会责任，采取一定的资金投入和环境保护措施，以最大限度地降低对环境的影响。丽攀高速公路公司在落实环境责任方面采取的措施主要有：

在设计阶段，结合公路沿线社会环境和自然环境特点，"高度重视、全面细致、经济实用、便于管理"的环保意识及设计理念贯彻于公路工程设计中。从路线线位布设到桥梁、隧道方案的选择,充分考虑环保、景观的要求,将沿线景观视线及范围作为一个完整的景观体系,形成"点、线、面"结合的链状景观体系,特别注意对沿线耕地的保护、沿线路段的生态防护、恢复措施以及征地拆迁对项目影响区的社会影响。

在施工阶段,注重植被保护、野生动物保护、基本农田环境保护、公路绿化等生态保护与恢复;防治施工噪声;防治水污染,加强桥梁施工环境保护与管理,进行沿河和跨河路段治理、隧道施工水环境污染防护、隧道施工水环境污染防护;防治大气污染和固体废弃物污染。

由于环境影响的效益不方便用定量方法衡量和评价,在此参考项目可行性报告的研究,从环境保护的投入与挽回经济损失的角度来定量考察其环境效益。

公路建成后,按没有实施环境保护和水土流失治理措施情况下的经济损失类型和采取环境保护和水土流失治理措施情况下减少的经济损失进行估算,项目环境经济效益如表7-32所示。

表7-32 项目环境经济效益

序号	影响内容	挽回经济损失(万元/年)	
1	人群健康	200	疾病预防、事故处理
2	环境空气污染治理	50	敏感点防护
3	噪声	300	重要敏感点防噪
4	风险事故	180	按一次事故危险品损失计
5	水土流失和生态损失	5000	水土流失治理和农业损失
6	营运期水质保护	800	水质保护
	合计	6530	

拟建公路环保措施的实施每年可挽回经济损失6530万元,而且可以得到较好的间接经济效益和社会效益,每年(折算营运期10年)用于环保的直接费用12082/10+10.5=1218.7万元(其中,12082万元为用于环境保护的一次性投资支出,10.5万元为环保设施年运行费用),环保费用的经济效益比为E=5.4,工程环保投资效益是比较明显的。

第八章 丽攀模式的工作建议

第一节 现行丽攀模式的阻滞

总体看来，丽攀模式的实施在丽攀高速公路的建设中体现出了巨大的优势，但实际建设管理工作并不是一帆风顺的，其中还是出现了部分反面事例，比较突出的如兰二小区的拆迁比原计划推迟了大半年，对施工单位造成一定影响（如窝工损失、民工队伍不稳定等），再加施工单位内部管理不善，导致 C9 和 C10 标工期严重滞后，并最终影响了整条公路的通车时间。这些现象究其根本在于丽攀模式在运行中出现了偏差，其原因主要体现在下述四个方面。

一、相关法律法规体系不完善

我国公路特许经营起步较晚，调整 BOT 项目投资的法律法规虽已初成体系，但极不完善，缺乏专门性的法律，许多问题法律没有明确规定，这是我国公路特许经营过程出现大量问题的首要原因。在公路建设实践中，相关法律的缺失使得我国很多地方采取的是"先特许，后规制"的做法，这就直接导致了一些合同再协商中双方的机会主义行为，增加了双方的协调成本，不利于项目的顺利推进。

目前，我国并没有专门的公路特许经营法规，运行公路项目相对权威的法律法规除了全国人大制定的《公路法》（2004年修订），国务院制定的《收费公路管理条例》（2004年）、《投融资体制改革的决定》（2004年）之外，其他涉及高速公路资产担保、公司管理等方面的规定则散见于《合同法》、《招投标法》、《担保法》、《公司法》等。BOT项目的实施是一项复杂的系统工程，牵涉面广，参与部门多，法可律关系错综复杂，需要系统的法律法规加以规范。但以上法律法规真正涉及具体可操作性问题时均缺乏相应的规定，例如特许授权文件与其他合同的关系问题、政府保证、公共利益的保护、项目运作过程中的风险分摊与管理问题等，这直接导致了政府部门可操作随意性大。四川省人民政府办公厅在2004年出台了相关的管理办法《四川省高速公路建设项目实施BOT方式管理办法（试行）》，但是这些专业立法不仅法律效力层次低，而且也有不少内容陈旧，根本无法解决目前公路特许经营中出现的新问题，无法满足实际工作的需要。

　　总之，法律法规的不完善增加了投资者的投资风险，为丽攀模式在四川省的广泛推广造成了很大的困难。但法律不完善不等于实务者无所作为，一方面，对法律中无明文规定的方面，地方政府与项目业主及其他当事方可以更加灵活，前提是不能违背法律的基本原则和政策；另一方面，可以通过立法建议的方式呼吁立法授权机关制定新规定，以尽快解决这一"瓶颈"问题。

二、征地拆迁中的执行错误和监督缺位

　　执行错误指的是政府常常成为土地交易活动主体，代替失地农民说话；或者由于高速公路建设与政府利益紧密相关，政府常为了地方利益、个别领导政绩压低高速公路征地补偿标准而影响供地进度。丽攀模式虽较其他路地共建模式有优势，但在征地拆迁过程中还是出现了不同程度的执行错误和监督缺位，尤其是执行错误方面对工程建设进度的影响较大。在拆迁、安置标准的制定过程中，由于政府已经明确制定了征地安置补偿标准，无可置疑和辩驳，但是在实地访谈过程中，无论是村干部还是村民，普遍反映最多和最激烈的就是关于征地安置补偿标准偏低的问题。和谐拆迁最根本的要求就是"以人为本"，政府对被拆迁人应给予更多的人文关怀。部分失地农民自身再就业能力差，又正是赡养老人和抚养孩子的阶段，家庭负担特别沉重。因此，他们希望征地补偿标准应适时适当地给予

第八章 丽攀模式的工作建议

提高,共享城市化的成果,以保证不因征地影响当前的生活水平,或者避免因征地导致断绝生活来源的可能也是在情理之中的。拆迁小组的部分成员为了自身的政绩,并未认真调研、广泛听取多方意见,适时提出调整房屋拆迁基准价格、搬迁补助费、临时安置补助费补偿标准和附属物的建议,且对特别困难、情况特殊的拆迁户在现有法律框架内,并未尽可能提高补偿标准,真正做到让农民"失地不失业,失地不失利"。

监督缺失指的是我国现行体制使政府既是高速公路征地的执行者,又是监督者和裁决者。这种既是运动员又是裁判者的双重身份,使高速公路征地工作缺少实质的监督,对征地者和被征地者而言均有失效率和公平。丽攀高速公路建设中政府的监督缺失的主要表现形式是:政府难以优化配置土地资源;政府有从土地审批和征地拆迁中谋利的动机和行为;对征地补偿款监管不严,挤占挪用补偿款现象严重;农民所获款项大打折扣,甚至遭到拖发、欠发。这些问题造成失地者和项目业主矛盾的进一步深化。

三、专注眼前利益而忽视公共服务理念

虽然攀枝花市政府在丽攀高速建设之初就出于招商引资的需要,重点强化公共服务职能,尽力确保良好的工程项目建设外部环境和服务氛围,但在具体执行过程中还是出现了专注短期利益和局部利益、忽视长远利益和整体利益的现象,这主要体现在三个方面:协调工作不及时、施工保障服务不到位与政府宣传指导不足。首先,在政府协调工作方面,当失地农民与施工单位发生征地纠纷时,部分政府人员以维护"弱势群体"名义偏袒农民一方,或者为避免直接承担责任而以不作为的方式推脱责任,甚至以官本位思想粗暴对待农民正常自身利益诉求。由此加深了高速公路建设单位和失地农民的矛盾。其次,由于施工保障服务的评价体系不容易量化,地方政府部分工作人员"搭便车"思想严重,施工保障服务过于形式化,造成施工保障服务的欠缺,当施工沿线百姓和施工单位出现利益冲突时,纠纷不能尽快解决,造成施工进度的拖延,无疑增加了项目业主的建设成本。如果建设成本持续增加,将会损害高速公路投资项目的效益,严重影响高速公路投资主体的积极性和可持续发展。最后,在政府拆迁宣传指导服务方面,政

府对引导群众正确认识高速公路公益性质和相关法规、政策的宣传等工作流于形式,并没有完全消除被拆迁户不解或不满情绪和害怕吃政策亏的顾虑,增加了后期工作难度。部分村民反映个别负责拆迁的工作人员或者村组干部工作态度粗暴,工作方法简单,召开拆迁动员大会完全是走形式,不愿意听取村民反馈意见,也不愿过多地向村民做说服解释工作。这些因素可能导致农民不满情绪升级,甚至引发上访、申诉事件。

四、特许经营合约的不完全性引发机会主义行为

高速公路特许经营合约的不完全性是特许经营制度发展过程中出现的一个内生缺陷。丽攀高速公路特许经营存在建设周期长、建设初期投资额大、利益方众多等特点,使得特许经营合同不确定因素远远超过了其他类型的合同。由于高速公路项目前期建设投入了高额的资金,这些投资形成的资产专用性很强,一旦投资就难以挪作他用,因此沉没成本很大,这样就很容易产生"敲竹杠"(hold-up)等问题。

《丽攀高速公路投资协议》中规定:"攀枝花市政府作为丽攀高速公路征地拆迁工作的责任主体,在4亿元内承担丽攀高速公路建设用地的征地拆迁(含地面、地下建构筑物和其他附着物)和被征地农民的失地安置工作。如有结余,结余款全额补贴给项目公司,专项用于丽攀高速公路建设。"上述双方签订的投资协议内容并没有明确规定征地拆迁费用超支的责任人,当面临征地拆迁资金超支时可能引发责任主体缺位,双方互相推诿和"扯皮"现象。由于丽攀高速拆迁区域的互通立交除庄上和金江枢纽立交外其余四座都位于居民密集地区,全线仅拆迁房屋就达20余万平方米,杆管线纵横交错,错综复杂,拆迁杆线长达175.4千米,导致拆迁成本远远高出了在《投资协议》中规定的4亿元,高达7亿多元。3亿多元的巨大缺口,路地双方相互推诿,经过多次协商无果,导致工程建设在2012年上半年几乎停滞。正如威廉姆森所说特许合约天生就是不完全的,但是作为不完全合约最重要的自我履行机制应在于再协商。在出现不可预见的事件后,地方政府和项目业主应本着保障高速公路顺利通车的大局观,搁置争议,通过再协商过程找到填补合同灰色地带的有效办法,避免了机会主义行为的发生。

第八章 丽攀模式的工作建议

第二节 政策建议

由于丽攀模式在丽攀高速公路建设中尚属于初次实践,以及政策法规不够完善等原因,路地双方在项目实施过程中仍然遇到一系列阻滞,因此提高政府和项目业主的运作能力就显得极为重要。

一、丽攀模式下的地方政府工作建议

高速公路建设离不开地方政府的参与和支持,尤其是在征地拆迁和施工环境保障环节,市高建办各成员靠前指挥、亲力亲为、督查有力,超常规推动了征地拆迁工作,保障了丽攀高速公路建设的顺利进行。丽攀模式最大的优势就是将地方政府从项目辅助者演变为项目建设者,使其工作能动性在项目建设中得到充分体现。但是,在丽攀模式的实践中,也不可避免地有其他利益因素影响到部分地方政府工作人员的效率和积极性,政府工作存在一定的缺陷。

1. 明确责任、加强监督

首先,应加强对政府的内、外部监督。丽攀模式虽可以从一定程度上缓解政府征地拆迁的工作缺陷,但监督机制仍是丽攀模式地方政府工作所欠缺的。在丽攀模式中,政府工作可以从以下三个方面来改善:一是成立政府项目服务工作监督组,对高速公路建设项目的服务工作进行督查,一旦发现基层政府有阻挠项目建设的行为,及时制止警告;二是成立财务监督小组,对土地补偿款和其他补偿款的发放工作进行监督;三是成立安置房建设监督小组,对安置房和安置区配套设施建设的质量进行监督。

其次,应建立征地拆迁责任制度及责任追究机制。责任制度保障就是要明确规定征地拆迁的责任主体、责任内容、责任范围,并同时建立相应的责任追究机制。在攀枝花市政府的征地拆迁过程中,一旦发现土地征用存在过错,理应根据过错的性质与实际损失,追究相关人员的相应责任。由于在实际征地过程中,政

府工作人员的失误往往会引起失地百姓的纠纷,影响供地进度或造成阻工现象,征地责任制度与责任追究机制有利于纠正政府工作人员的失误,保证征地拆迁过程的公平性,避免遗留问题。

2. 强化管理、创新服务

首先,地方政府要更充分地发挥组织协调作用,体现地方政府的主体地位。政府从征地方案开始,至交地给项目业主结束,对征地补偿、安置方案、补偿评估结果、安置操作过程等方面,需要进一步做足宣传工作,可以采取多种媒体公开,确保民众的知情权,积极听取失地农民意见,减少失地方与项目业主、施工单位的矛盾。

其次,地方政府的高层领导应重视有关项目建设工作,积极制定项目建设服务工作细则,明确各级政府的工作权限职责,指导上下级政府积极应对项目建设服务工作以及拆迁工作。攀枝花市政府应制定出政府征地拆迁工作条例,明确各个部门的工作内容与职责,各个市区高建办分别制定丽攀高速公路建设领导小组办公室管理制度、丽攀高速公路补偿资金管理和支付实施办公法以及丽攀高速公路工程建设征地调查操作规范制度,确保丽攀高速建设项目的顺利进行。

3. 立足长远利益,搁置路地分歧

当高速公路建设中遇到与政府切身经济利益密切相关的问题时,如涉及增加征地拆迁费用或临时用地还建复垦建立基础设施等,政府方面的政策扶持力度往往会大打折扣,并采取消极应对工程建设的方式来表达诉求,从而导致工程建设工期拖延,造成更大的社会经济效益损失。当地方政府与项目业主间的矛盾分歧暂时不能达成协议时,可以采取暂时搁置争议的办法,寻找双方利益的交叉点,共同商讨解决方案,从而实现共赢。丽攀高速项目的征地拆迁工作,就因地方政府对《投资协议》中征拆资金理解有异,致2012年上半年的工作基本停滞,尤其是C1~C2、C9~C10标段。经地方政府、丽攀公司、川高公司等多方协调后,征地拆迁工作于同年6月才步入正轨。在此过程中,攀枝花市政府与川高公司从2011年底就此问题进行了多次沟通和洽谈,在省交通运输厅、省发改委的理解和支持下,双方基本达成意向性共识。后期,地方政府与川高公司将再次会商,就征地拆迁总费用问题,商定出资渠道和签订项目投资补充协议。可见,在面临路地分歧时，地方政府应从长远着眼，解决当地民众的大型基础设施问题才符合群众利益，切忌为了眼前利益而丧失了关乎民生大计的社会工程。

4. 加强与项目业主的沟通，形成良性互动

丽攀模式顺利运行的前提是路地双方互相信任。地方政府与项目业主之间出现矛盾分歧时，双方不能绝对划清责任，互相推诿、怠慢，需要路地双方之间充分体谅，加强沟通，跟进合作。作为政府方面不能以本伤人，通过消极工作、拖延工程的方式来做谈判筹码，应明确职责，保持主动性、积极性，与项目业主反复沟通，形成良性互动，以主人翁的态度持续、稳定、高效地做好征地拆迁工作和环境保障工作。

地方政府和项目业主可定期举行路地联席会议，共同商讨施工建设工作、征地拆迁工作及环境保障工作中出现的问题。路地联席会议参加人员涉及施工单位、监理、地方政府等，是一个能使地方政府、项目业主、施工单位及相关各方很好地交流沟通以解决问题的平台。路地联席会议包括几个层次：施工单位、村组干部、乡镇相关部门（电力、水利等）及乡镇领导定期召开的工地例会、协调会；区县级领导、相关水利电力部门、项目部和施工单位召开的县级、区级联会；市级联会；市领导、项目公司总经理及负责征地拆迁领导小组举行的路地联席会。地方政府和项目业主要充分利用路地联席会议这样一个平台，及时抓住当前紧急的事务，把握工作的重点，攻克项目的难点问题。路地双方对项目需解决的实际问题进行认真梳理，跟进合作，做好后期工作安排。

5. 避免地方政府领导人换届造成丽攀模式运行受阻

地方政府领导人换届，可能会对前任的工作采取搁置或否定的态度。丽攀模式的运行离不开地方政府的支持，新的领导人可能暂时无法理解、接受丽攀模式的运行机制，也不能完全赞同路地双方已达成的共同意见。因此，路地双方需要经历一个磨合的过程，通过地方职能部门反复解释、项目业主及时沟通，让双方排除障碍，达成共识，逐渐加深新任领导对丽攀模式的认同感和。只有经历了这个磨合过程路地双方才能再次找到目标利益的契合点，然而在这个磨合过程中，工程建设已受到重大影响。因此，为避免地方政府领导人换届造成丽攀模式运行受阻，本书在前文提出了将丽攀模式纳入政府采购的设想。

6. 建立社会维稳风险评估机制

重大项目建设征地拆迁工作是一项系统的社会工程，涉及面广，影响重大、深远。攀枝花市委市政府在土地征收、房屋拆迁前，要对征迁项目进行认真调研和充分论证，广泛征求社会各界特别是被征迁群众的意见，进行社会维稳风险评估。对于没有经过社会维稳风险评估或群众意见较大的征迁项目，一律不得启动征迁程序。攀枝花市委市政府要对社会维稳风险评估报告的真实性和有效性负责。市国土资源局、市住房城乡建设委会同市维稳办、市监察局等部门负责制定具体的评估办法。

7. 转变思想观念，加强特许经营的扶持力度

政府作为决策者，部分政府官员对转让经营性公路收费经营权往往会存在观念障碍，对于高速公路经营所获得的利润耿耿于怀，却忽略了转让公路收费经营权的目的就在于缓解高速公路建设的资金短缺思想观念。政府工作人员应该从个人思想认识、廉政建设、目标责任三个方面转变陈旧的思想观念，切实履行高速公路建设投资过程中制定的优惠政策，提高高速公路经营企业的投资积极性。

（1）提高个人思想认识

思想政治工作是一切工作的生命线，也是加快推进高速公路工程建设的重要保证。

首先，提高思想认识需要结合实际。思想政治工作只有贴近实际、贴近工作，才能发挥应有的作用。切忌从理论到理论，只务虚不务实地空谈思想，必须把实践同理论结合起来，把抽象内容具体化，切实同高速公路建设的思想实际挂钩，否则，思想政治工作做得再多也是空谈，也不会取得实际效果。系统化思想政治工作内容，将思想政治工作的内容设想为三个板块，即时事政策教育、基础教育、即时教育。时事政策教育主要是指国内外大事及党和国家大政方针的教育，特别是关于公路建设的时事，要根据形势变化或上级党组织的指示进行；基础教育应以科学理论、思想道德、法规法纪、行为准则、建设管理等多方面的教育为主，形成基础教育内容体系，按上级组织统一安排和计划进行；即时教育就是注重经常性的教育，结合高速公路建设实践面临的困难各部门自行组织实施。

其次，提高思想认识需要注重多样性。主要有三方面：①变"灌输式"为

第八章 丽攀模式的工作建议

"启发式"。要充分发挥自我教育、平等对话、典型启迪等启发式方法，以增强思想政治工作的吸引力。②变"封闭式"为"开放式"。要运用参观学习、社会调查等"走出去请进来"的方法开展思想政治工作。③变单一式为多方式并举。积极组织开展读书讲演、讨论会、知识竞赛等轻松、高雅的活动，达到调节情趣、增长知识、提高觉悟的目的，进一步增强思想政治工作的渗透力。

最后，提高思想认识强调规范性。要彻底改变政府有关部门职责不清、赏罚不严的状况，把思想政治工作软指标硬化，除了从思想认识上纠正忽视思想政治工作的倾向外，重点是把思想政治工作纳入政府的目标管理规范轨道。①相关部门要制定年度思想政治工作目标，进一步细化、量化考核指标和内容，将无形变有形，把定性变定量。②要明确政府干部的职责，把目标和责任分解到具体人的头上。③要制定详细的考核标准，严格实施奖惩。

（2）切实加强工程廉政建设

各级政府部门应该清醒地认识到"预防工程建设领域职务犯罪，推进社会管理创新"是保障公路建设市场健康发展的主要举措。未雨绸缪，超前安排，预防职务犯罪是减少工程腐败的有效措施。在公路建设开工前，各高速公路负责部门应与当地检察院联合开展预防职务犯罪工作，制定专门预防职务犯罪工作的实施方案，明确职务犯罪预防的重点部分和关键环节；坚持"开工先开廉政课、警示教育要先行"的原则，举办预防职务犯罪培训班，省、市检察机关的领导和专家亲自授课，对高速公路的政府管理人员进行预防职务犯罪的专题培训，提高干部职工遵纪守法的自觉性；加强廉政教育，采取定期印发教育材料的形式，教育材料以党规党纪、法律条规、案例剖析等为内容，为使学习教育收到实效，还应不定期组织干部职工交流心得体会，使廉洁制度真正入脑入心。

此外，应完善制度全力构建预防腐败的约束机制。健全完善管理制度是有效预防腐败的关键。政府高速公路管理小组和项目公司共同协议制定《征地拆迁补偿标准》、《计量支付管理办法》、《工程变更管理办法》、《质量管理办法》等工程管理制度，完善工程廉政建设管理、政府管理人员廉洁自律等行政管理制度，形成了一整套全面、科学、规范、严谨的工作运行机制。积极实施"阳光工程"，推进权力公开透明运行。把工程建设中的招投标、征地拆迁、施工过程管理、质量检查验收、工程设计变更、资金拨付使用、农民工工资支付情况等主要环节全部向社会公开，公布举报电话，设立举报箱，坚持实行阳光运作，主动接受社会监督和司法监督，有效预防职务犯罪的发生。政府和项目公司签订廉政合同，进一步明确双方在工程建设和廉政建设中的责任和义务，确立违约责任，保障征地拆迁资金的安全、有效、正常使用。

（3）明确目标责任

地方政府的高速公路建设领导小组应明确职责，加强自身在高速公路建设过程中的综合协调作用。首先，建立项目前期推进工作机制，落实领导负责制。丽攀高速公路属于省高速公路网项目，攀枝花市主要负责同志担任项目前期工作推进组组长，负责项目的前期指挥协调。市建设领导小组是征地拆迁、移民安置工作的领导机构，代表政府对该工作进行动态管理和权属管理；区统征协调办具体组织落实征拆测量、调查、统计、复核、公示及有关协议的签订和资金的拨付工作；乡（镇）协调委员会协助上级统征协调办做好征地拆迁、移民安置的宣传、动员、调查、登记和协调工作。其次，实行部门负责制。市发改委、市财政局要加强资金筹措力度，确保征地拆迁补偿安置所需资金；国土、林业、公安、电业、规建、城管、环保、水务、交通质监等市、区相关职能部门根据各自职责，按照所制定的保障服务方案，建立"绿色通道"，主动服务、及时办理相关手续；公安部门要切实维护高速公路建设的治安环境，对阻工事件要及时出警、依法查处；宣传部要积极组织各新闻媒体充分利用各种行之有效的形式，加大宣传力度，对正反两方面的人和事要及时宣传或曝光。各部门提高执行力，对工作不力、懈怠、延误的人员要立即调整，并问责追究。最后，落实倒逼工作机制。按照高速公路前期工作推进进度节点目标倒排工作时间表，按照相关责任制，将协调工作纳入政府目标考核范围，包干完成。不能按时完成任务的单位要向高建办领导小组报告，以加强力量，及时解决问题，避免延误工作。对全面完成工作任务的单位按年度给予目标考核奖，对于先进个人考虑按比例加倍给予奖励。

我国政府正处于从管理型政府跨向服务型政府的转型时期，而丽攀模式的产生正是政府工作改革的成果之一，随着政府工作探索脚步的不断前进，政府工作弊端势必会不断改善优化。上述建议对于进一步提高高速公路建设中的政府工作

第八章 丽攀模式的工作建议

效率、改善政府工作机制有一定的参考借鉴作用。

二、丽攀模式下的建设管理工作建议

1. 树立和谐的征地拆迁理念

丽攀高速公路 BOT 建设模式即丽攀模式是四川省独有的。项目公司和攀枝花市政府相互配合支持的重要性显得更加突出。没有地方政府及时提交的土地就不可能开展项目的建设，没有良好的地方建设环境就不可能有建设的进度。因此项目公司（包括各参建单位）与地方各部门、各区的和谐共处至关重要。

首先，应做到政府与项目业主的和谐。丽攀公司有关责任领导和项目负责人在每个项目启动前应深入征地拆迁一线，密切配合政府人员做好政策宣传解释工作，积极查找工作薄弱点和突破口。在工作方式上，不仅仅是依靠政府的行政手段强制推动，而且要依靠市场手段、经济手段、法律手段来协助征地拆迁。其次，应做到施工单位与当地居民的和谐。项目经过地区与居民、各单位（企业）或多或少有干扰，各参加单位必须精心组织妥善安排，注意文明执法，文明动迁，取得群众最大限度的支持和理解，促进征地拆迁和谐稳定。最后，保障施工单位、监理和项目业主之间的和谐。做到各负其责又相互配合，避免相互推诿和指责，不越位、缺位和错位。要做到责任有人负、工作有人做、办事有章法、目标能完成。

建设管理过程只有相关部门和各参建单位做到目标一致，思想认识高度统一，充分理解项目建设顺利推进的目的意义，才能做到统一和谐。只有实现和谐的环境才能各司其职、各负其责，共同努力推进项目建设。只有做到和谐才有工程建设的进度。在某种意义上讲，和谐地处理好各方的利益关系丽攀建设项目的成败，因此全体建设管理人员都要树立和谐管理的理念。

2. 增强征地拆迁工作组织保障力

丽攀公司应紧密依靠市委市政府，积极配合政府开展的征地拆迁安置工作，主动接受攀枝花市委市政府的领导，构建建设环境保障体系，定期向市委市政府报送征拆、环境协调和工程建设情况。实施文明施工，最大限度减少施工干扰，解决群众合理诉求，力争地方政府和沿线群众对项目建设最大的理解和支持，营造良好的建设环境。

丽攀公司的每一位员工都应树立建设征地拆迁工作的责任感和紧迫感，克服畏难情绪和厌战心理，特别是公司的领导干部要率先垂范，带头深入拆迁征地一线，负责监督、管理并督促施工单位主动接受地方政府的领导，做好临时用地的复垦工作，对施工单位未能按原标准给予恢复的，督促其按有关规定支付复垦费。对征地拆迁中遇到的困难和问题，善于利用自身的经验优势研究、分析，协助政府解决难题。树立服务全局的观念，人与人之间、部门与部门之间要相互联动，统一协作，扎实推进征地拆迁工作，高度重视工程质量和安全问题，努力打造"优质工程"、"放心工程"、"阳光工程"。

3. 加强廉政建设，为建设管理提供纪律保证

项目公司应充分认识加强工程廉政建设的重要意义，坚持标本兼治、综合治理、惩防并举、注重预防的方针，以建设惩治和预防腐败体系为依托，抓好廉政教育，扎实搞好廉政宣传，创新工作机制，强化监督检查。加强对招投标、工程变更、计量支付、资金拨付等关键环节的监管，进一步完善相关管理制度，把党风廉政建设的要求融入各项管理制度之中，着力提高从业人员廉洁自律意识并形成有效的监督、核查机制，避免权力集中化和缺乏监督、制约的现象出现。建立业主、监理、施工单位相互监督、相互制约、相互促进的工作机制，规范业主、监理、施工单位的行为，防止"吃拿卡要"的现象出现，确保各项工作规范进行。各部门领导签订《廉政建设责任书》，部门员工签订《廉政建设承诺书》，公司与各中标单位签订《廉政合同》。另外，聘请公司法律顾问开展以廉政建设为主要内容的法制讲座，确保实现"干部廉洁、工程优良、队伍优秀"的目标。

4. 签订完善的《特许权经营协议》

高速公路特许经营合约虽然具有先天的不完备性，但在我国当前的情况下，仍然存在减少合约不完备性和不确定性的空间，因此投资人应该做足合约拟定前的准备工作，约束地方政府行为，尽力将高速公路特许经营合同的不完备性降到最低。

签订一份内容完善的《特许权经营协议》，能够有效防范丽攀模式下进行高速公路建设过程中的各种风险，比如拆迁难风险、政策变化风险、材料价格风险

等。根据丽攀高速的建设实践，本书认为，对于川高公司来说，在目前国情下很难通过其组建的丽攀公司来完成拆迁安置补偿工作，因此签订《特许权经营协议》时应明确约定征地拆迁安置补偿工作的责任由地方政府承担，并避免政府在共建工作中的直接经济利益关系。以政府公权力和信誉为保障，一方面可以尽可能通过完善相关政策机制，保障被拆迁人的利益；另一方面可协助投资人解决"钉子户"等征地拆迁难问题，有助于高速公路加快建设进程。

5. 重视舆论对政府的监督作用

高速公路得以顺利推进其中最重要的一环就是加强对政府职能部门的监管。由于在特许经营过程中，政府不可避免地会成为合同的一方，在企业与政府的博弈中，企业处于严重的弱势地位，如果对于规制机构没有任何约束，难免出现政府规制过度现象。而舆论监督对推进政务的公开化和规范监管部门的行为有积极作用，因此项目投资人（在丽攀高速项目即为川高公司）应重视舆论的监督管理作用。

附 录

A. 效益评价指标权重调查问卷

一、问卷描述

此调查问卷以丽攀高速项目路地共建效益评价指标为调查目标，对丽攀高速效益评价指标使用层次分析法进行分析。层次结构模型如下图所示：

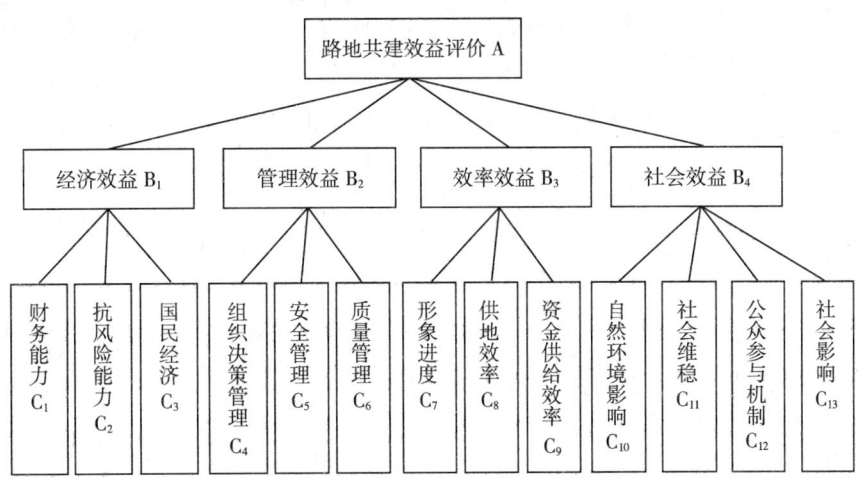

二、问卷说明

此调查问卷的目的在于确定丽攀项目路地共建效益评价各指标之间的相对权重。调查问卷根据层次分析法（AHP）的形式设计。这种方法是在同一个层次对影响因素重要性进行两两比较。衡量尺度划分为5个等级，分别是绝对重要、十分重要、比较重要、稍微重要、同样重要，分别对应9、7、5、3、1的数值。靠左边的衡量尺度表示左列因素重要于右列因素，靠右边的衡量尺度表示右列因素重要于左列因素。根据您的看法，在对应方格中打钩即可。

如果您觉得5个级别不能精确地表达您对某个比较问题的看法，例如您认为您对一个比较的看法应该介于十分重要和比较重要之间，那么您可以通过在十分重要和比较重要两个方格之间画圈来表达您的看法。

示例：您认为在丽攀项目路地共建模式效益评价中，相对于总效益是经济效益重要还是管理效益重要？如果您认为经济效益相对于管理效益十分重要，那么请在左侧（十分重要）下边的方格打"√"。

样表　对于评价丽攀项目效益，各影响因素的相对重要程度表

A	评价尺度									B
	9	7	5	3	1	3	5	7	9	
经济效益		√								管理效益

注：衡量尺度划分为5个等级，分别是绝对重要、十分重要、比较重要、稍微重要、同样重要，分别对应9、7、5、3、1的数值。

三、问卷内容

● 第2层要素

■ 评估"路地共建效益评价"的相对重要性

影响因素	说　明
经济效益	包括财务能力、国民经济和抗风险能力三个方面
管理效益	包括组织决策管理、质量管理和安全管理三个方面
效率效益	包括供地效率、资金供给效率和形象进度三个方面
社会效益	包括社会影响、社会维稳、公众参与机制和自然环境影响四个方面

下列各组比较要素，对于"路地共建效益"的相对重要性如何？

A	评价尺度									B
	9	7	5	3	1	3	5	7	9	
经济效益										管理效益
经济效益										效率效益
经济效益										社会效益
管理效益										效率效益
管理效益										社会效益
效率效益										社会效益

● 第3层要素

■ 评估"经济效益"的相对重要性

下列各组比较要素，对于"经济效益"的相对重要性如何？

A	评价尺度									B
	9	7	5	3	1	3	5	7	9	
财务能力										抗风险能力
财务能力										国民经济
抗风险能力										国民经济

■ 评估"管理效益"的相对重要性

下列各组比较要素，对于"管理效益"的相对重要性如何？

A	评价尺度									B
	9	7	5	3	1	3	5	7	9	
组织决策管理										安全管理
组织决策管理										质量管理
安全管理										质量管理

■ 评估"效率效益"的相对重要性

下列各组比较要素，对于"效率效益"的相对重要性如何？

A	评价尺度									B
	9	7	5	3	1	3	5	7	9	
形象进度										供地效率
形象进度										资金供给效率
供地效率										资金供给效率

■ 评估"社会效益"的相对重要性

下列各组比较要素,对于"社会效益"的相对重要性如何?

A	评价尺度									B
	9	7	5	3	1	3	5	7	9	
自然环境影响										社会维稳
自然环境影响										公众参与机制
自然环境影响										社会影响
社会维稳										公众参与机制
社会维稳										社会影响
公众参与机制										社会影响

问卷结束,谢谢合作!

B. 效益评价定性指标调查问卷

一、问卷说明

此调查问卷的目的在于评价巴南高速、巴达高速以及丽攀高速的效益评价定性指标分值。衡量尺度划分为5个等级,分别是差、较差、一般、较好、很好。根据您对三条公路的了解和看法,在对应方格中打钩即可。

二、问卷内容

1. 管理效益指标

(1) 组织决策管理 U_1:指组织的制度建设,惩防体系建设,综合管理、财务管理、廉政管理、工程建设管理等体系。三条高速公路的组织决策管理做得如何,请做出评价:

U_1	评价尺度				
	差	较差	一般	较好	好
丽攀高速公路					
巴南高速公路					
巴达高速公路					

(2) 质量管理 U_2：指项目工程以"质量为本"的思想，建立岗位责任书，分级落实质量管理责任，切实强化施工过程质量控制，完善的监督体系和规范有效的管理。三条高速公路的质量管理做得如何，请做出评价：

U_2	评价尺度				
	差	较差	一般	较好	好
丽攀高速公路					
巴南高速公路					
巴达高速公路					

(3) 安全管理 U_3：指项目工程以"安全第一、预防为主、综合治理"的指导方针，建立安全风险预警机制，推行工程施工安全风险评估制。三条高速公路的安全管理做得如何，请做出评价：

U_3	评价尺度				
	差	较差	一般	较好	好
丽攀高速公路					
巴南高速公路					
巴达高速公路					

2. 社会效益指标

(1) 社会影响 U_4：指项目工程建设与自然资源和环境相协调，同社会进步相适应，提高地区就业率，促进城乡一体化，从而促进区域经济和社会系统的全面发展。三条高速公路的建设对社会产生了怎样的影响，请做出评价：

U_4	评价尺度				
	差	较差	一般	较好	好
丽攀高速公路					
巴南高速公路					
巴达高速公路					

(2) 社会维稳 U_5：指项目工程建设过程中，有效协调矛盾各方，化解各类突出矛盾，维护社会稳定。三条高速公路的社会维稳工作做得如何，请做出评价：

U_5	评价尺度				
	差	较差	一般	较好	好
丽攀高速公路					
巴南高速公路					
巴达高速公路					

(3) 公众参与机制 U_6：项目建设过程中能听取沿线乡（镇）、街道办事处、村、社及企事业单位的诉求，有效解决群众的合理要求，为沿线群众办实事、办好事。三条高速公路的公众参与机制做得如何，请做出评价：

U_6	评价尺度				
	差	较差	一般	较好	好
丽攀高速公路					
巴南高速公路					
巴达高速公路					

(4) 环境影响 U_7：项目建设应履行相应的社会责任，投入一定资金做好环境保护措施，以最大限度的减低对环境的影响。保障人群健康、有效治理环境空气和噪声污染、减少风险事故、防止水土流失和生态损失、加强营运期水质保护等。三条公路环境保护机制做得如何，请做出评价：

U_7	评价尺度				
	差	较差	一般	较好	好
丽攀高速公路					
巴南高速公路					
巴达高速公路					

问卷结束，谢谢合作！

参考文献

[1] Bruce E. Seely. Building the American Highway System [J]. Abel Wolman Award, Public Works Historical Society, 1988.

[2] Gabriel Roth. Liberating the Roads: Reforming U.S. Highway Policy [J]. Policy Analysis, No. 538. March 17, 2005.

[3] Kenneth A. Small, Clifford M. Winston, Carol A. Evans. A New Highway Pricing and Investment Policy [M]. Brookings Institution Press, 1989.

[4] James A. Dum. Jr. The French Highway Lobby: A Case Study in State-Society Relations and Policymaking [J]. Comparative Politics, Vol. 27, No. 3, Apr., 1995.

[5] Nishimura Hiroshi. A Turning Point and Challenges of Highway Policy in Japan [J]. Business Review, Vol.49, No.4, Page95-112 (1999).

[6] John A. Black, Peter J. Rimmer. Japanese Highway Planning: A Western Interpretation [J]. Transportation, March 1982, Volume 11, Issue 1, Page 29-49.

[7] 郭超, 樊建强. 高速公路管理体制现状与改革 [J]. 长安大学学报（社会科学版）, 2006（9）: 12-16.

[8] 何雄伟. 中外高速公路管理体制研究 [J]. 交通科技, 2006（5）: 114-116.

[9] 熊俊杰. 高速公路: 拉动经济发展的助推器[J]. 中国社会导刊, 2005(19).

[10] 史子然, 杨云峰. 美国的高速公路管理体制 [J]. 国外公路, 2000, 20（1）.

[11] 马睿军. 浅谈法国高速公路管理体制 [J]. 公路运输文摘, 2004（9）:

58-59.

[12] 贺小玉，徐海成. 对民营资本进入公路建设投融资体系的几点认识［J］. 交通企业管理，2005（9）：23-24.

[13] 陆伟. 浅析公司债的发行对解决我国公路融资问题的意义［J］. 交通财会，2007（12）：14-17.

[14] 古尚宣. 规范社会资金投资高速公路建设财务政策若干问题的探讨［J］. 交通财会，2008（2）：8-13.

[15] 刘志鸿. PFI在高速公路建设中的应用研究［J］. 求索，2007（9）：35-37.

[16] 刘振青，解宪明，薛晓霞. 高速公路建设项目BOT融资模式分析［J］. 中国高新技术企业，2008（17）：63-64.

[17] 王凌艳. 高速公路建设融资模式初探［J］. 交通财会，2007（6）：29-31.

[18] 谈谈对BOT的认识［EB/OL］. 中国中铁隧道股份有限公司，2004，http://www.cnteg.com/News/View/4199.aspx.

[19] 孙真真. 基于公共服务型政府导向的我国政府与企业关系研究［D］. 青岛：中国海洋大学硕士学位论文，2005（5）.

[20] 余航. 中国市场改革深化中的政企关系问题研究［D］. 武汉：武汉理工大学硕士学位论文，2006（4）.

[21] 吴庆玲. 城市基础设施项目融资模式存在的问题及对策［J］. 城市管理与科技，2007（2）：34-37.

[22] 郭捷. 项目风险管理［M］. 北京：国防工业出版社，2007.

[23] 中国项目管理研究委员会编.中国项目管理知识体系与国际项目管理专业资质认证标准［M］. 机械工业出版社，2002.

[24] 唐杰. 政企合作条件下征地拆迁问题研究［D］. 湘潭：湘潭大学硕士学位论文，2008.

[25] 王亚星. 中国政府采购的市场化运作［M］. 北京：红旗出版社，2003.

[26] 林平凡. 现代企业管理——构建新的竞争优势［M］. 北京：中国社会科学出版社，2007：275.

[27] 林平凡. 现代企业管理——构建新的竞争优势［M］. 北京：中国社会科

学出版社，2007：284.

[28] 韩明，包庆华. 人力资源管理职务说明与管理制度范本 [M]. 北京：中国纺织出版社，2007：344-345.

[29] 财政部、交通部1997年7月1日颁布实施的《高速公路公司财务管理办法》。

[30] 张俊红，耿玉环. 高速公路建设财务管理浅析 [J]. 山西财税，2006（8）：31-32.

[31] 胡季英，关柯. 我国建设工程合同管理存在的问题及对策探讨 [J]. 建设监理，2003（4）：29-30.

后 记

本书是在四川省交通厅研究项目"丽攀高速公路路地共建模式与效益评价研究"结题成果的基础上完成的。课题主持人晏国菀博士对全书的体系、内容和整体框架进行总体设计，对书稿进行修改和总纂。参加本书编写的人员有：晏国菀、刘柳、邱越、陆彦廷、陈艳英、宋国玉等。

本课题的研究过程与丽攀高速的建设工期同步，由于丽攀模式是初次运行，遇到了很多意料外的困难和阻滞，这些因素为课题的研究提供了许多新的方向和视角，但变化的环境也给研究工作增添了不小难度。如何解决新状况、新问题，并在理论研究中提高研究水平，成为课题面临的主要问题。就本书研究的预期目标而言，虽然已经取得了一定的成果，但仍与现实存在一定的差距。因此，未来还需要进一步努力探索。由于作者水平和资料的局限以及前述的原因，本书某些观点和看法可能还不成熟，需在将来做进一步的探索与完善，也可能存在其他方面的问题和缺陷，敬请读者批评指正。

最后，感谢经济管理出版社对本书的支持，以及责任编辑杨雅琳的辛勤工作。